RÉSIDENCES

ROYALES ET IMPÉRIALES

DE FRANCE

PROPRIÉTÉ DES ÉDITEURS

NOUVEAU LOUVRE (Porte).

RÉSIDENCES

ROYALES ET IMPÉRIALES

DE FRANCE

HISTOIRE ET MONUMENTS

PAR

M. L'ABBÉ J.-J. BOURASSÉ

CHEVALIER DE LA LÉGION D'HONNEUR
CHANOINE DE L'ÉGLISE MÉTROPOLITAINE DE TOURS
CORRESPONDANT DU COMITÉ IMPÉRIAL DES TRAVAUX HISTORIQUES
PRÉSIDENT DE LA SOCIÉTÉ ARCHÉOLOGIQUE DE TOURAINE

TOURS

ALFRED MAME ET FILS, ÉDITEURS

M DCCC LXIV

AVANT-PROPOS

Il y a quelques années, j'employais à étudier les monuments religieux dont l'Europe est couverte les moments de loisir que me laissaient des occupations plus sérieuses. Je fis ainsi aux sanctuaires les plus renommés un pèlerinage à la fois pieux et scientifique. Le souvenir de ces voyages en France, en Italie, en Belgique, en Allemagne, etc., reste toujours dans ma mémoire comme un des charmes du passé : le cœur du prêtre, non moins que l'esprit de l'archéologue et le goût de l'artiste, y rencontre à chaque pas, pour ainsi dire, des objets propres à procurer les plus douces satisfactions. Souvent encore je revois avec émotion les chefs-d'œuvre du génie chrétien; j'admire, comme le premier jour, le noble caractère de l'architecture du moyen âge, et tous ces ouvrages délicats et ingénieux, variés à l'infini, créés et exécutés durant les siècles de vive foi chrétienne.

Personne ne me contredira : il n'est pas nécessaire de sortir de France pour trouver un agréable et solide aliment à la curiosité des voyages. Nos provinces, sous tous les rapports, offrent aux esprits cultivés une mine inépuisable à exploiter : sites gracieux et pittoresques, paysages frais, grandioses ou en miniature, montagnes escarpées, vallées délicieuses, plaines fertiles, coteaux couronnés de vignobles, fleuves au cours majestueux, rivières tranquilles, ruisseaux encadrés de feuillages et de fleurs, forêts aux arbres gigantesques, bouquets de bois, haies, buissons, rochers, châteaux, chaumières. En une infinité de lieux la nature semble parée comme pour une fête; en d'autres endroits, elle se montre austère, presque triste : chacun y trouve des perspectives, riantes ou mélancoliques, en harmonie avec l'état de son âme. Dans nos villes et jusqu'au milieu des champs, se dressent des monuments magnifiques, trop souvent, hélas! en ruines. Tous néanmoins, dans leur splendeur comme dans leur désolation, font entendre un langage éloquent: ce sont les témoins des grandeurs et des douleurs de notre patrie. Il n'y a que les ignorants ou les ingrats qui puissent les regarder avec indifférence.

Si l'expérience constituait un droit pour donner un conseil, je dirais à une foule d'hommes qui s'imaginent que pour être agréable un voyage doive être lointain : « Pourquoi courir si loin? N'allez pas chez les autres, restez chez vous. La nature et l'art vous y convient. Nos villes et nos campagnes sont pleines de souvenirs historiques; vous y entendrez l'écho redire les exploits de vos pères, peut-être même murmurer encore le nom de vos familles. Ailleurs vous comprendrez à peine les sons d'une langue étrangère, vous visiterez des sites qui parlent aux yeux sans éveiller aucun sentiment patriotique. Ne l'oubliez jamais, on apprend à mieux aimer son pays en apprenant à le mieux connaître. »

En entreprenant mes pérégrinations archéologiques, je me proposais avant tout de voir, d'étudier et de décrire les édifices religieux; aurais-je pu passer à côté des monuments d'un autre genre sans y jeter un coup d'œil? Je visitai donc les antiquités gallo-romaines, les forteresses féodales du moyen âge, les manoirs gothiques, les ravissantes constructions de la renaissance. Il était aisé de faire une ample collection de notes, de dessins, en y rattachant, pour leur donner leur vraie signification, les souvenirs historiques les plus mémorables. Au lieu d'entreprendre une nouvelle exploration, je me suis mis cette année à feuilleter ces notes et ces croquis d'autrefois. Après les avoir mis en ordre, j'en ai détaché les pages relatives aux *résidences* des princes qui ont gouverné la France. Rien, je l'avoue, après l'histoire des grandes œuvres de l'Église, ne me paraît plus digne d'intérêt que le noble spectacle de l'action exercée dans le monde par la monarchie française. Les princes qui ont présidé aux destinées de la plus généreuse des nations méritent d'occuper une large place dans notre admiration et notre reconnaissance. C'étaient des hommes; par conséquent ils n'ont pas été exempts de fautes. Mais la mémoire de leurs bienfaits, de leurs grandes actions, de leur influence sur les progrès si pénibles de la civilisation, de leurs tentatives pour améliorer le sort des peuples, de leurs efforts pour placer notre patrie au rang élevé qu'elle occupe parmi les nations, ne doit jamais périr. Les plus beaux noms de notre histoire remplissent encore ces somptueuses *résidences*, qui à d'autres points de vue demeurent une des gloires de notre pays.

Ce n'est point ici le lieu d'établir aucune comparaison; mais on peut mettre en avant avec quelque fierté des noms tels que ceux de Clovis, de Charlemagne, de Philippe-Auguste, de saint Louis, de Charles le Sage, de Louis XII, de François Ier, de Henri IV, de Louis XIV, de Napoléon!

INTRODUCTION

La postérité, par un jugement sans appel, exalte ou flétrit la mémoire des souverains qui ont gouverné le monde.

Les peuples détestent également les rois fainéants, les âmes inquiètes, les esprits aventureux et les maîtres égoïstes.

Il en est bien autrement des princes vraiment dignes de l'autorité suprême. Épris de la sainte passion de faire du bien aux hommes, dédaignant la gloire trompeuse des armes, ils ont essayé de plus nobles et plus durables victoires. Le bonheur d'un peuple, le perfectionnement moral de la société, le triomphe de la justice basé sur le respect de la religion et des lois, le développement progressif des institutions publiques, la liberté civile, une protection équitable accordée à tous les intérêts légitimes, la concorde au dedans, la paix au dehors, l'honneur national supérieur à toute atteinte, la sécurité garantie aux faibles contre les forts : voilà le programme chrétien de la civilisation. Point d'emportements ni de pusillanimité; point d'ardeurs irréfléchies ni de lâches défaillances : tel est le progrès auquel l'Église, constante et fidèle alliée de la raison, convie toutes les nations; tel est le but que doivent atteindre les princes chrétiens; tel est aussi le fondement sur lequel il est possible d'asseoir solidement l'autorité et la liberté, ces deux grands principes et ces deux grands intérêts des sociétés humaines.

Après tout, il n'y a qu'un monument qui soit digne d'être éternel ici-bas, celui de la reconnaissance.

Hâtons-nous de le dire, la France, comblée des bienfaits de la Providence, nation ardente chez laquelle toute noble cause fait battre tous les cœurs, a eu le bonheur de compter parmi ses rois beaucoup de princes formés à l'école de la religion, de la sagesse et de la justice. Aussi Dieu a-t-il daigné se servir de ses enfants pour opérer de grandes choses dans le monde, et personne n'ignore les *gesta Dei per Francos*.

Parmi les souverains qui l'ont gouvernée, l'univers admire des représentants de toutes les vertus, de tous les mérites, de toutes les gloires. Même aux époques de crise et d'agitation, les cœurs se sont passionnés pour de grandes idées, et plus d'une fois nos erreurs ont eu pour cause, et offrent pour excuse, des émotions généreuses. Nos annales ont dû retracer des malheurs, des crimes même; mais les pages en sont surtout remplies du récit de belles actions, de traits de dévouement, d'abnégation, de courage et de grandeur d'âme.

Nous aurions ici mauvaise grâce à le taire : la valeur chez nous est naturelle, et la bravoure chevaleresque de nos armées est passée en proverbe. Si nous voulions parler d'exploits militaires, nous n'aurions pas besoin d'évoquer les lointains souvenirs de Clovis, de Charles-Martel, de Charlemagne, de Philippe-Auguste, de saint Louis et de Henri IV; il nous suffirait de rappeler les éclatantes victoires de Napoléon Ier, dont nos pères ont été les soldats; les batailles de Sébastopol, de Magenta, de Solferino, dont nos frères furent les obscurs et intrépides héros. Dans les notices qui remplissent ce volume, nous parlerons souvent des brillantes journées, l'honneur du drapeau français. Souvent aussi, et, peut-être avec une certaine préférence, nous arrêterons nos regards sur un spectacle moins saisissant pour le vulgaire, mais plus consolant pour le philosophe et l'historien. Nous contemplerons les effets admirables du travail mystérieux qui s'est opéré lentement, mais sûrement, au sein d'une nation aussi loyale qu'intrépide, grâce aux influences de l'Évangile, grâce aussi aux efforts d'un pouvoir animé d'une constante ardeur pour tout ce qui est bon, utile et estimable.

Nous tenons à le déclarer au début de cette histoire des Résidences royales et impériales de France, nous nous appliquerons avant tout à mettre en évidence les services rendus au pays par les souverains dont nous visiterons les palais. Au milieu de ces magnifiques demeures, un des ornements de notre patrie, où les arts, les lettres et les mœurs élégantes jetèrent jadis un si vif éclat, nous pénétrerons jusque dans les appartements secrets, nous assisterons à des fêtes bruyantes, nous entendrons des conversations intimes; il nous arrivera d'errer sous des ombrages jadis très-fréquentés, trop fréquentés peut-être; mais, nous ne l'oublierons pas, le foyer domestique est un sanctuaire inviolable. La famille des princes, comme celle de leurs moindres sujets, doit être entourée de respect, d'égards, de discrétion. La vie individuelle doit rester cachée derrière un voile qu'un honnête homme ne peut pas se permettre de soulever. La conscience a des lois : Dieu juge, pour les récompenser ou les punir, les actions secrètes des petits et des grands. C'est assez dire que nous ne répèterons pas les anecdotes scandaleuses. Le récit de ces faits, parfois inventés par la jalousie, toujours grossis par la malignité, ne serait d'aucun profit assurément pour les lecteurs de cet ouvrage. Aujourd'hui surtout que la majesté du trône est presque méconnue, ce serait une lâcheté de se faire l'écho de bruits injurieux à tant d'illustres personnages, qui rencontreraient peu de défenseurs.

PALAIS DES THERMES.

I

RÉSIDENCES DES ROIS MÉROVINGIENS

Aussi loin que nos regards puissent atteindre dans le passé, dès que la monarchie française est constituée, nous apercevons les rois mérovingiens installés à Paris dans le palais des Romains. La majesté quelque peu sauvage des princes francs se trouvait mal à l'aise dans ces grands édifices : ils n'étaient guère sensibles alors aux raffinements de la civilisation. Pouvaient-ils cependant voir sans surprise ces immenses constructions, dont les ruines grandioses excitent encore l'étonnement? Le palais romain de Lutèce était comparable aux Thermes de Dioclétien et d'Antonin Caracalla, dont les débris gigantesques attirent à Rome la curiosité de tous les voyageurs. Il était connu des anciens sous le nom de *Thermes de Julien*, quoique le fondateur fût probablement Constance Chlore : vastes bâtiments qui couvraient jadis une des pentes de la montagne Sainte-Geneviève, et dont les restes mutilés produisent aujourd'hui une vive impression, non-seulement sur l'esprit des archéologues qui les admirent, mais encore sur l'imagination des curieux qui les examinent pour la première fois. Julien y fut proclamé empereur en 360. Valentinien et Valens y passèrent l'hiver de l'année 365. Rien maintenant ne fait soupçonner la magnificence de cette opulente demeure. Sous le nom de Thermes, les empereurs romains réunissaient en une même enceinte tout un ensemble de palais. On y voyait des salles splendidement décorées, des appartements où le luxe étalait toutes ses recherches, des salles publiques ou réservées pour les bains, une bibliothèque, un salon de conversation, où les rhéteurs venaient déclamer leurs compositions, et les poëtes débiter leurs vers; un temple, un théâtre, des casernes et des logis pour un peuple de serviteurs. On peut juger des dimensions de la résidence impériale de Paris, quand on saura que la salle voûtée, qui subsiste encore et qui n'a pas moins de vingt mètres de long, sur une largeur de onze mètres cinquante centimètres, et une hauteur de dix-huit mètres, était simplement la pièce destinée aux bains froids.

Au xiie siècle, quoique abandonnés et démolis en partie, les Thermes de Lutèce excitaient l'enthousiasme de Julien de Hauteville, qui dit, dans son langage poétique, que « le faîte des bâtiments touche aux cieux, et que les fondements pénètrent jusqu'à l'empire des morts. »

Maître des Gaules, Clovis y établit sa résidence.

Accoutumé à respirer au grand air, il étouffait entre ces murailles : il préférait le tumulte des camps. Childebert Ier y demeura. Venance Fortunat, plus tard évêque de Poitiers, en vante la grandeur, et chante les agréments du jardin qui l'entourait. « Le printemps, dit le poëte, sans doute d'après une réminiscence des auteurs classiques, le printemps y est éternel; l'air y est embaumé du parfum des roses; des fruits délicieux y flattent à la fois l'odorat et le goût. » C'est là pourtant, au sein de ce séjour enchanté, que s'accomplit un des plus noirs forfaits dont l'histoire ait gardé le souvenir.

La pieuse Clotilde veillait à l'éducation des jeunes fils de Clodomir; elle espérait les voir un jour monter sur le trône de leur père. Childebert et Clotaire, sourds à la voix de la conscience pour n'écouter que celle de l'ambition, avaient résolu de mettre à mort leurs neveux, faibles enfants qu'aurait dû protéger contre leur fureur la tendresse d'une mère et d'une aïeule. Les deux princes mandèrent au palais des Thermes les fils du roi d'Orléans, pour les placer, disaient-ils, sur le trône. « Allez, mes enfants, leur dit Clotilde; je ne croirai pas avoir perdu mon fils, si je vous vois maîtres de son royaume. » Affreux artifice! à peine les victimes ont-elles dépassé le seuil de la maison maternelle, que des émissaires présentent à la veuve de Clovis une épée nue et une paire de ciseaux. La reine a compris tout de suite le sens de cette terrible allégorie. « J'aime mieux, s'écrie cette femme éperdue, les voir morts que tonsurés. » Elle a prononcé ainsi, sans le vouloir, l'arrêt fatal. Apprenant cette réponse, Clotaire saisit l'aîné des trois frères, le jette à terre et le tue d'un coup d'épée à travers la poitrine. Aux cris d'angoisse poussés par l'infortuné, son frère se précipite aux genoux de Childebert, suppliant son oncle de lui sauver la vie. Childebert est ému jusqu'aux larmes. La grâce, la jeunesse, l'innocence, la prière de son neveu vont le désarmer. « C'est toi! s'écrie Clotaire avec rage, c'est toi qui m'as décidé à commettre ce crime, et tu recules! Péris toi-même, ou abandonne-moi cet enfant! » Childebert cède; la seconde victime est immolée. Il en restait une troisième à égorger. On réussit à cacher Clodoald. Mais ce malheureux prince fut pris d'un tel dégoût des grandeurs de ce monde, après avoir été témoin du trépas de ses frères et de la férocité de ses oncles, qu'il n'hésita pas à se couper lui-même la longue chevelure que portaient les princes francs, préférant l'humilité de l'état monastique aux orages sanglants de la puissance. Plus tard, il fut ordonné prêtre, se distingua par ses vertus, et mérita les honneurs de la canonisation. Il laissa son nom au village de Saint-Cloud, près de Paris. Les deux bourreaux, encore couverts de sang, se partagèrent les États du roi d'Orléans. Pendant qu'ils s'éloignaient du théâtre de leur crime, Clotilde fit placer les petits corps sur un brancard, les conduisit vers l'église des Apôtres, où ils furent ensevelis, avec les honneurs dus à leur naissance royale, au milieu des manifestations de la douleur et de la consternation universelles.

Encore quelques années, et le palais des Thermes voit paraître de nouveaux hôtes dans ses salles et ses jardins. Ce sont toujours des têtes couronnées. Si nous demandons leurs noms, on répondra : Chilpéric, Sigebert, Frédégonde, Brunehaut.

Sigebert venait de quitter Paris, pour attaquer son frère. Auprès de ce dernier se tenait Frédégonde, digne femme d'un pareil mari. Frédégonde avait mis le poignard à la main de deux sicaires qui surprirent Sigebert et le frappèrent de deux longs couteaux empoisonnés. Chilpéric, suivi de sa cruelle compagne, accourt à Paris. Brunehaut est encore au palais des Thermes, comptant les heures dans une terrible angoisse. N'osant pas espérer de sauver sa vie, elle cherche du moins à préserver celle de son fils. Elle réussit à le descendre la nuit dans une corbeille par une fenêtre du palais. Tandis que l'enfant prend furtivement la route de Metz, elle attend tristement et fièrement l'arrivée de ses ennemis. Elle n'a aucun souci de ses trésors; elle ne tient guère à la vie; elle fera ses efforts seulement pour garder l'honneur de ses filles : son fils est en sûreté.

Chilpéric, ébloui à la vue des richesses accumulées au palais des Thermes, n'a d'yeux que pour l'or, les bijoux et les tissus précieux. Mérovée, son fils, n'en a que pour la jeune veuve de Sigebert, dont la douleur concentrée et l'orgueil blessé relèvent encore la beauté. De ce jour il s'attache à elle pour jamais. Alors commence une longue et épouvantable série de crimes, où l'on voit avec effroi en quel abîme les passions allumées dans deux cœurs de femme peuvent plonger une famille et un pays !

A partir de cette époque, le silence règne dans la royale demeure. Les Mérovingiens d'ailleurs n'éprouvèrent jamais d'attrait pour les résidences situées dans les villes : ils préféraient les grandes fermes en plaine ou sur le penchant des coteaux, où tout favorisait leurs habitudes d'indépendance, et rappelait les perpétuels mouvements de leurs ancêtres. Ces habitations rustiques, où régnait l'abondance bien plus que l'élégance, mieux appropriées aux mœurs bourgeoises d'un riche propriétaire entouré de sa famille qu'aux réunions bruyantes et agitées d'une cour princière, n'offraient en rien l'aspect militaire des châteaux du moyen âge. Si l'on veut s'en faire une juste idée, qu'on se figure un vaste bâtiment entouré de portiques dont les forêts voisines avaient fourni les matériaux. Les bois polis étaient regardés comme un luxe digne d'admiration : ce qui montre assez que ces colonnades étaient formées ordinairement de troncs d'arbres à peine dégrossis. Venance Fortunat nous apprend cependant qu'à la maison royale de Braine, à peu de distance de Soissons, il y avait des sculptures sans nombre. Peut-être les descriptions du poëte sont-elles empreintes d'exagération[1]. Autour du principal corps de logis se trouvaient disposés par ordre les logements des officiers du palais, soit barbares, soit Romains d'origine, et ceux des chefs de bande qui, selon la coutume germanique, s'étaient engagés avec leurs guerriers sous la dépendance du roi, en lui prêtant serment de fidélité. D'autres maisons de moindre apparence étaient occupées par un grand nombre de familles qui exerçaient, hommes et femmes, toutes sortes de métiers, depuis l'orfévrerie et la fabrique des armes, jusqu'à l'état de tisserand et de corroyeur; depuis la broderie en soie et en or, jusqu'à la plus grossière préparation de la laine et du lin[2].

La plupart de ces familles étaient gauloises, nées sur la portion du sol que le roi s'était adjugée comme part de conquête, ou transportées violemment de quelques villes voisines pour coloniser le domaine royal; mais si l'on en juge par la physionomie des noms propres, dit M. Augustin Thierry, il y avait aussi parmi elles des Germains et d'autres barbares dont les pères étaient

---

[1] Singula silva favens ædificavit opus.
Altior innititur, quadrataque porticus ambit,
Et sculpturata lusit in arte faber.
(*Carm.*. lib. IX, cap. xv.)

[2] Aug. Thierry, *Récits des temps mérovingiens*, tom. 1er, p. 364.

venus en Gaule, comme ouvriers ou gens de service, à la suite des bandes conquérantes. D'ailleurs, quelle que fût leur origine ou leur genre d'industrie, ces familles étaient placées au même rang et désignées par le même nom. Des bâtiments d'exploitation agricole, des haras, des étables, des bergeries et des granges, les masures des cultivateurs et les cabanes des serfs du domaine complétaient le village royal, qui ressemblait parfaitement, quoique sur une plus vaste échelle, aux villages de l'ancienne Germanie. Dans le site même de ces résidences il y avait quelque chose qui rappelait le souvenir des paysages d'outre-Rhin; la plupart d'entre elles se trouvaient sur la lisière et quelques-unes au centre des grandes forêts mutilées depuis par la civilisation, et dont nous admirons encore les restes[1].

Là, continue le même auteur, s'accomplissaient les principaux actes de la puissance royale. Là se réunissaient en synodes les évêques des villes gauloises. Les ambassadeurs des rois étrangers y recevaient audience. Le roi y présidait les grandes assemblées de la nation, suivies de ces festins traditionnels parmi la race teutonique, où des sangliers et des daims entiers étaient servis tout embrochés, et où des tonneaux défoncés occupaient les quatre coins de la salle.

Nous complèterons le tableau d'une de ces grandes

[1] Aug. Thierry, *Récits des temps mérovingiens*, tom. Ier, p. 365.

résidences mérovingiennes, en ajoutant que les bâtiments principaux étaient entourés d'un mur de clôture, d'un fossé ou d'une simple palissade. L'ensemble des constructions était une imitation, modifiée en quelques points, de la villa romaine. L'habitation des Romains opulents dans les Gaules, autant qu'on en peut juger par les traits épars échappés à la plume de saint Grégoire de Tours, et surtout d'après les ruines que l'archéologie a découvertes en plusieurs provinces, paraît avoir été composée d'un assez grand nombre de bâtiments isolés, destinés à l'exploitation des terres, à la conservation des récoltes, au logement des familiers et des colons. Nous connaissons, à la vérité, quelques enceintes fortifiées de l'époque gallo-romaine, comme celle de Larçay près de Tours, la mieux conservée peut-être qui existe en France. Mais ces forteresses avaient été élevées à la hâte et sous l'empire de la crainte, pour servir de refuge au moment de l'invasion. Ce n'étaient point des lieux de résidence habituelle; le danger passé, chacun reprenait les habitudes de la vie commune.

De la villa mérovingienne il ne reste que des souvenirs; à peine en peut-on retrouver aujourd'hui sur le sol d'informes débris. Nous devons citer cependant, comme un échantillon des plus curieux, les ruines situées à mi-côte dans les jardins du château de Langeais, en Touraine.

Les restes du palais des Thermes, échappés aux

ravages du temps et des hommes, sont encore considérables. On y reconnaît aisément, au petit appareil régulier et aux chaînes de briques espacées symétriquement, l'œuvre des derniers temps de la domination romaine dans les Gaules. Dans l'état actuel, tout annonce la solidité de la construction primitive; c'est une architecture vigoureuse et sévère, telle qu'elle convenait au caractère du peuple-roi.

Longtemps ces ruines furent abandonnées. En 1218, Philippe-Auguste en fit don à Henri, son chambellan. C'était un acte de largesse royale qui ne dut alors exciter la jalousie d'aucun courtisan. Plus tard elles devinrent successivement la propriété de Jean de Courtenay, de Simon de Poissy, d'un archevêque de Reims, d'un évêque de Bayeux jusque vers 1340, époque à laquelle Pierre de Chalus l'acquit au nom des religieux de Cluny. Deux abbés de cet ordre, Jean de Bourbon et Jacques d'Amboise, élevèrent au même endroit le charmant hôtel de Cluny, aujourd'hui transformé en musée.

Après Jacques d'Amboise, qui réunit en même temps dans sa personne les titres d'évêque de Clermont, d'abbé de Cluny, d'abbé de Jumiéges et de Saint-Allyre, grand seigneur d'ailleurs par sa naissance et par les alliances de sa famille, puisqu'il appartenait à cette maison d'Amboise et à la branche de Chaumont, qui donna à l'Église et à l'État de zélés et intelligents serviteurs, l'hôtel de

Cluny eut pour hôtes la veuve de Louis XII, Marie d'Angleterre; Jacques, roi d'Écosse; le cardinal de Lorraine, et les nonces de la cour pontificale. Après avoir servi de demeure aux princes et aux grands, il donne maintenant asile aux chefs-d'œuvre des arts et à un incomparable trésor d'antiquités nationales. Cette collection intéressante s'accroît chaque jour. Nulle part on ne trouverait réunis en pareille quantité, classés avec une plus savante méthode, autant de modèles achevés de toutes les époques artistiques : antiquité, moyen âge et renaissance.

PALAIS DE LA CITÉ.

RÉSIDENCES ROYALES ET IMPÉRIALES.

II

PALAIS DE LA CITÉ

Un monument à Paris résume, pour ainsi dire, l'histoire de la monarchie française. Nos vieux chroniqueurs l'appellent simplement LE PALAIS. Longtemps, en effet, nos rois y firent leur résidence habituelle. Inspirés par le génie même de la France, ils y conçurent et exécutèrent des desseins qui élevèrent notre patrie à une hauteur que toutes les nations ont admirée et enviée. Ils y rendirent ces ordonnances fameuses qui, dans toutes les branches de l'administration publique, peuvent être regardées justement comme le point de départ du progrès. Dans les occasions solennelles, ils s'y entourèrent de toutes les lumières et de tous les nobles sentiments au sein de ces grandes cours de justice qui, devenant permanentes, donnèrent naissance à une des plus illustres institutions du monde, le parlement. La majesté des rois n'y pouvait être dignement remplacée que par celle des lois : c'est aujourd'hui le Palais de justice.

Quelle en fut l'origine? Maîtres des Gaules, les Romains, se trouvant à l'étroit dans Lutèce, avaient fixé leur principale résidence sur les pentes adoucies et fertiles qui viennent mourir au bord de la Seine. Ils étaient trop adroits politiques pour quitter entièrement la Cité. N'avaient-ils pas à surveiller constamment des populations vaincues et non soumises, naturellement passionnées pour l'indépendance? Les Thermes étaient une habitation de plaisance ; un établissement militaire, à l'abri de toute surprise, devait garantir la soumission des habitants de la Cité. Des travaux récents ont amené la découverte de débris considérables où l'archéologie a reconnu sans peine l'œuvre des Romains. Là, sans doute, était le prétoire, siége du gouvernement, centre de l'administration judiciaire, civile et militaire. Les principales cités de la Gaule présentaient alors un établissement analogue. L'étude de nos antiquités nationales, à l'aide des textes et surtout grâce à l'examen attentif des ruines, est parvenue à restituer les dispositions générales de ces lourds édifices, vrai boulevard de la domination étrangère. Une muraille épaisse et flanquée de tours en assurait les approches. Aucune des précautions alors usitées dans la défense des places n'avait été négligée. On s'entourait même d'un véritable luxe de précautions : murs, fossés, palissades, postes d'observation, surveillants en armes, attestaient sinon la faiblesse, du moins l'extrême défiance des gouvernants. L'invasion des Francs était proche, et déjà des nuées de barbares, peu respectueux pour la majesté romaine déchue, avaient à plusieurs reprises franchi les frontières de l'empire. Il faut en convenir d'ailleurs, le droit de conquête est de soi précaire et transitoire. La force n'est pas destinée en ce monde à couvrir à jamais les excès de la violence; un moment arrive où la justice triomphe, où l'exploitation d'un peuple par un autre devient impossible, et ordinairement ce moment est accompagné de circonstances propres à dérouter tous les calculs des prévisions humaines. Vainement les hommes crient et s'agitent; les décrets de la Providence doivent s'accomplir.

Les plus anciens documents historiques font mention d'une tour ou d'une forteresse dans la Cité. Quand l'armée des Francs, marchant de victoire en victoire, eut effarouché les aigles impériales, pour les forcer bientôt à reprendre leur vol vers les Alpes, la tour romaine de Paris reçut de nouveaux hôtes. Les princes mérovingiens s'y logèrent, et Grégoire de Tours nous y montre la douce figure de Clotilde, au moment où elle s'apprêtait à quitter Paris pour venir à Tours, près du tombeau de saint Martin, consoler son veuvage par les exercices de la piété et la pratique des œuvres de charité. Après le départ de cette princesse, Caribert, le seul peut-être de sa race, montra une prédilection marquée pour Lutèce. Il détestait, il est vrai, les rudes occupations de ses ancêtres, la chasse et la guerre, et il affectait un goût prononcé pour les habitudes polies des Gaulois formés à l'école de Rome. Le roi se plaisait à des exercices littéraires, et, s'il fallait ajouter foi entière au témoignage d'un poëte, il aurait surpassé par la pureté de son langage les plus élégants auteurs du temps [1].

Bientôt il ne s'agit plus de beaux discours, de poésie, de phrases élégantes, des délicatesses de la littérature. La féodalité commence. Les échos de la tour de Paris vont retentir de clameurs guerrières. Enhardis par la faiblesse des fils de Charlemagne, de trop puissants seigneurs, dans toutes nos provinces, essaient de secouer le joug assez doux de l'autorité royale. Une sorte d'impatience de tout frein semble s'être emparée de quiconque porte une épée. Chacun veut être indépendant. C'est une désorganisation générale, d'où sortira, après mille luttes sanglantes, cette constitution féodale, dont les complications sans nombre et sans issue firent longtemps le désespoir du peuple. L'invasion des Normands mit le comble à l'anarchie.

La tour de la Cité devint le refuge et comme le symbole de la féodalité, d'abord pour le comté de Paris,

---

[1] . . . . . . Nos Romanos vincis in eloquio.
Fortunat, *Carm.*, lib. IV.

ensuite pour la France entière. Là s'établirent les comtes de Paris et les ducs de France. Là fit son apprentissage au trône la glorieuse race de Robert le Fort, qui sauva Paris de la dévastation des Normands, et lui épargna les désordres de l'anarchie. Robert surnommé le Fort, ou le Vaillant, se distingua d'abord en Anjou, où il fit ses premières armes contre les Bretons et contre les Normands. C'était un de ces hommes qui alors arrivaient presque nécessairement au pouvoir. Grand, vigoureux, audacieux, exercé dès l'enfance au maniement des armes, accoutumé à supporter les privations et les fatigues, il ajoutait à ces qualités naturelles celle de sa naissance; car, suivant une opinion reçue, dans ses veines coulait le sang des rois carlovingiens. Cent fois les Normands sentirent la force de son bras sur les rives de la Loire. Quand il apercevait les pirates du Nord, il se précipitait sur eux avec une sorte de rage. Son attaque était irrésistible : il ne revenait jamais du combat sans être couvert de sang. En 866, il fut invité par Charles le Chauve à venir défendre les bords de la Seine, et à cette date sans doute doit être rapportée l'élévation de Robert à la dignité de duc de France, qui lui fut conférée pour lui et sa postérité, avec le commandement de tout le pays situé entre la Seine et la Loire. Robert était déjà comte d'Angers, d'Auxerre et de Nevers. Son nouveau titre le laissait vassal du roi de France; et le valeureux guerrier demeura toujours fidèle à ses serments. Il mourut comme il convenait à un capitaine qui mérita le surnom de Macchabée, les armes à la main, en combattant les ennemis de la France. Eudes, son fils, fut d'abord comte de Paris, puis roi de France. Ainsi cette belle province d'Anjou eut l'honneur, à quelques siècles de distance, de voir ses comtes monter sur les trônes de France et d'Angleterre.

Eudes avait un frère du nom de Robert, grand-père de Hugues Capet, tige de la troisième race des rois de France. Il serait difficile de savoir ce qu'était l'antique tour de la Cité à la fin du xe siècle, à l'avénement des Capétiens. Elle ressemblait sans doute aux tours féodales, décrites par M. Viollet le Duc [1], où tout ornement est sacrifié à la solidité, et où les agréments de l'habitation ont fait place aux exigences militaires. Aussi le roi Robert regardait-il cette demeure comme indigne de la majesté royale. En montant sur le trône, il rencontra des obstacles dont il sut triompher. Suivant le système féodal, l'obéissance devait toujours remonter du dernier échelon jusqu'au premier : telle était la théorie; mais dans la pratique, il en était autrement. Le souverain, qui aurait dû être le mieux obéi, était le moins bien servi. Robert n'était peut-être pas de taille à être le plus fort; il comprit qu'il devait être le plus habile.

---

[1] *Dictionnaire de l'architecture française*, tome III.

Les premiers Capétiens réussirent ainsi, grâce à leur adresse, à jeter les fondements d'une grandeur et d'une puissance inconnues jusque-là aux dynasties royales.

Le nouveau palais de la Cité fut magnifique; tel est du moins le témoignage d'un historien contemporain, dont les yeux n'étaient pas accoutumés à tant de luxe. L'édifice achevé fut inauguré solennellement le jour de Pâques par un festin royal. Il paraît qu'à cette époque réputée barbare, comme à notre époque réputée savante et civilisée, une bonne fête n'était pas complète sans un bon dîner. Le roi Robert, cependant, il faut le reconnaître, était un prince lettré et ami des beaux-arts. Sous son règne, l'architecture éprouva en France une véritable renaissance. La justice régna plus d'une fois dans les actes des subordonnés; et ce n'est pas un médiocre éloge, en un temps où le chaos avait pris la place de l'ordre. On a remarqué, en plaisantant, que Robert aimait à chanter au lutrin; aux jours de fête on le vit, la chape sur les épaules, le sceptre à la main et la couronne en tête, présider au chœur des chantres. On voulait peut-être peindre un tableau grotesque.

Qu'on n'oublie pas un mot de Foulques le Bon, comte d'Anjou, aimant aussi à paraître au lutrin dans l'église Saint-Martin de Tours. Un jour de fête qu'il chantait parmi les chanoines, le roi Louis d'Outre-mer et ses courtisans se mirent à rire. « Sachez, dit aussitôt

le comte, qu'un prince illettré est un âne couronné [1]. »
Beaucoup de seigneurs alors, et même des rois, étaient
ignorants au point de ne pas savoir lire. Au lieu d'apposer leur signature au bas des chartes, arrivées jusqu'à
nous en si grand nombre, ils traçaient gauchement
une croix, dont les traits mal assurés attestent assez
clairement que dans leur main la plume était un instrument dont ils ne connaissaient nullement l'usage.

Le roi Robert eut à cœur de n'être pas un âne couronné. Ses connaissances étaient variées et étendues : il
possédait peut-être toute l'encyclopédie du temps. Mais
ce qui est plus glorieux pour sa mémoire, c'est l'éloge
que Raoul Glaber en fait dans sa chronique, en disant
que sous son règne *la paix et la concorde abondèrent
en France et dans l'Église.* Après la dissolution du mariage qu'il avait contracté contre les lois alors en vigueur avec Berthe sa parente, veuve du comte de Blois,
Robert épousa Constance, fille du comte d'Arles, femme
d'une humeur altière et d'un caractère difficile. Elle
n'aurait pas tardé, par sa fougue et ses emportements,
à brouiller les affaires de l'État; le roi eut le bon esprit
d'éloigner du gouvernement du royaume une femme
incapable de se gouverner elle-même. Les salles du Palais de la Cité retentirent plus d'une fois des doléances

---

[1] Noveritis, Domine, quod rex illitteratus est asinus coronatus. *Gesta Consul. Andegav.*

et des éclats de colère de la reine; mais si le prince dans son intérieur se montra mari débonnaire, au dehors le roi conserva une volonté inflexible. Souvent, dit-on, il est plus difficile à un prince de conduire sa maison que de gouverner son État.

Depuis le xie siècle jusqu'aux xive, les rois continuèrent de résider dans le Palais de la Cité. La cour s'y réunissait, et les grands officiers y paraissaient fréquemment. Aujourd'hui, en présence du luxe excessif qui envahit toutes les classes de la société, nous serions bien étonnés de la simplicité un peu rustique qui régnait dans le palais du souverain. Les vêtements étaient d'une étoffe commune, excepté dans les cérémonies d'apparat, où chacun se parait d'ornements recherchés, avec un goût quelque peu bizarre. La profusion passait pour élégance, et la richesse remplaçait la beauté. La table royale était chargée de viandes; l'abondance y était en rapport sans doute avec l'appétit des convives; mais la délicatesse n'aurait guère trouvé à s'y satisfaire. Le vin y coulait à flots dans de grandes coupes d'argent; c'était le produit des dernières vendanges; on ignorait l'art d'en perfectionner la qualité en le laissant vieillir, et les gourmets seraient surpris d'apprendre que les meilleurs vins se récoltaient alors dans les terrains froids du Parisis et de l'Orléanais. Dans les occasions solennelles, c'était un luxe de mets et d'étranges préparatifs de cuisine.

Voici la description d'un festin donné au xv⁰ siècle et décrit par Favin, dans son *Théâtre d'honneur :*

« Le premier service fut d'hypocras blanc et de rosties.

« Le deuxième service fut de grands pastés de chapons à haute graisse, avec jambons de sangliers, accompagnez de sept sortes de potages. Tous les services étaient en plats d'argent, et falloit audict service, pour chacune table, cent quarante plats d'argent.

« Le tiers service fut de rosti où il n'y avoit sinon faisans, perdrix, conins, paons, butors, hérons, outardes, oisons, bécasses, cygnes et toutes sortes d'oiseaux de rivière que l'on sauroit penser. Audict service il y avoit pareillement des chevreaux sauvages, cerfs et plusieurs autres venaisons, et falloit audict service, pour chacune table, cent quarante plats d'argent.

« Après ledict service, douze hommes portoient pour entremets un chasteau à quatre belles tours aux quatre coins, basti sur un rocher; au milieu du chasteau, il y avoit quatre fenestres, et à chacune d'icelles une belle damoiselle richement accoustrée; aux quatre tours estoient quatre jeunes enfans chantant devant la seigneurie. Et à parler la vérité, ledit entremets ressembloit au paradis terrestre; ès faîtes et pinacles desdictes tours et donjons, estoient les escussons et bannières de France richement peintes et blazonnées.

« Le quatriesme service fut d'oyseaux, tant grands que petits, et tout le service fut doré. En chacune table fallut cent quarante plats, comme en tous les autres services.

« Après cestui service fut porté un entremets, en forme d'une beste que l'on appelle tigre, et jetoit ladite beste, par un subtil engin, le feu par la gorge. Elle portoit à son col un bien riche collier, où estoient pendues les armes et devises du roi richement faictes. Ledict entremets estoit porté par six hommes, chacun ayant un mandillot et cape, et dansoient devant les seigneurs et dames; et croyez que ce ne fut pas sans rire, et fut cet entremets plus prisé que tous les autres, à cause de la danserie nouvelle.

« Le cinquiesme fut de tartes, darioles, plats de crème, oranges et citrons confits, et à chacune table y avoit, comme dessus, cent quarante plats.

« Après ledict service fut porté un entremets; c'estoit une grande montagne que portoient vingt-quatre hommes. En ceste montagne y avoit deux fontaines : de l'une sortoit eau rose, et de l'autre eau musquée, donnant merveilleusement bonne odeur à toute la salle. Par autres quartiers de la montagne sortoient de petits oyseaux. Dans le creux de ladicte montagne estoient quatre petits garçons et une fille habillés en sauvages, et sortoient par un trou du rocher, dansant par belle ordonnance une moresque devant la seigneurie.

« Après cela on donna aux héraults et trompettes, qui sonnoient tout au long du disner, deux cents écus au soleil, et dix aulnes de velours au roi d'armes pour luy faire une robe.

« Le sixiesme service fut d'hypocras rouge, avec des oublies de plusieurs sortes.

« Après fut porté un entremets d'un homme monté sur un cheval faict proprement et couvert de satin cramoisi ouvré d'orfévrerie. En dessus estoit un chantre qui portoit un jardinet fait de cire où il y avoit toute sorte de fleurettes et roses, et fut bien prisé par les dames là présentes.

« Le septième service fut d'épiceries et de confitures, faites en façons de lions, cygnes, cerfs et autres sortes ; et en chacune pièce estoient les armes et devises du roi. Après fut porté un paon vif dedans un grand navire. Le paon portoit à son col les armes de la royne de France. Tout à l'entour du vaisseau estoient des banderoles pendues, aux armes de toutes les princesses et dames de la cour, qui furent bien fières de ce qu'on leur avoit fait tel honneur.

« Au milieu de la salle estoit un échafaud, où il y avoit un concert de bons chantres, de toutes sortes d'instruments, qui rendoient une mélodieuse harmonie. »

Raconter, même en abrégé, les principaux faits historiques qui s'accomplirent au Palais de la Cité, serait une difficile entreprise et un long ouvrage. N'est-ce pas ici que furent signées les premières chartes d'affranchissement des communes ? En reconnaissant cette puissance nouvelle, si faible au début, si forte un siècle après, germe fécond des institutions modernes, Louis le Gros, sans le savoir peut-être, mais par un instinct qui équivaut au génie, fut le grand initiateur de la France. La dynastie des Capétiens, on l'a remarqué plus d'une fois, eut le bonheur de deviner et de servir constamment les véritables intérêts de la classe populaire, trop souvent sacrifiée ou du moins oubliée aux époques où la force domine le droit. Sous le règne de Louis le Gros, l'enseignement public prit des développements inouïs. Les écoles de Paris éclipsèrent les écoles les plus vantées de l'antiquité. Jamais on n'avait vu pareille ardeur pour la science. Des jeunes gens accourus de toutes les contrées de l'Europe se pressaient autour de la chaire des maîtres en renom. Cette foule, il faut l'avouer, était peu disciplinée ; à l'amour de la science elle joignait trop souvent l'humeur querelleuse des hommes d'armes. On y retrouvait cette exubérance de vie, d'activité, de passion, cette inquiétude, ces aspirations qui font le caractère du moyen âge. A cette époque, d'ailleurs, des docteurs ingénieux, parfois éloquents, souvent imprudents, toujours jaloux les uns des autres, avec un emportement impossible à modérer, discutaient librement les questions les plus ardues, entremêlant leurs leçons d'erreurs et d'injures. Les disciples prenaient parti pour le professeur; et plus d'une fois les salles où tout devait être pacifique se transformaient en arènes sanglantes.

En ce moment Abailard faisait retentir sa parole brûlante, et son disciple Arnaud de Bresce, poussant sa doctrine jusqu'aux conséquences extrêmes, agitait toute l'Italie et forçait le pape à s'éloigner de Rome.

Le souverain pontife, dépouillé de ses domaines, était venu chercher un refuge en France. Chez nous, en effet, la cause des faibles et des opprimés rencontra toujours des défenseurs : la justice a le privilége parmi nous de passionner tous les cœurs. N'est-ce pas pour cela que les croisades trouvèrent en France tant de soldats disposés à verser leur sang? Lorsque Louis VII reçut à Paris l'envoyé de la Terre-Sainte, il sentit qu'il n'aurait pas la force de se refuser à l'appel qu'on lui adressait. Dans le Palais de la Cité, à côté du roi, on voyait une tête pensive de moine, tête calme et froide, peu sensible aux entraînements d'une jeunesse turbulente, inclinant toujours, et comme par une pente naturelle, vers les résolutions pacifiques. C'était Suger, abbé de Saint-Denis, dont on a pu dire que *dans l'administration du royaume il se distingua par une magnanimité royale.* Suger combattit, à l'aide des raisons d'État, l'empressement généreux d'un monarque jeune et inexpérimenté. Mais la politique du ministre échoua devant les prédications ardentes de saint Bernard. Louis VII quitta bientôt son palais de Paris, emmenant avec lui une reine jeune et légère, cette Éléonore d'Aquitaine qui fut pour nous la cause de tant de calamités. Le roi, parti pour la Syrie, ne garda pas longtemps ses illusions. Des périls sans cesse renaissants, où l'œil le moins clairvoyant devait apercevoir la trahison des Grecs, non moins que le désordre provenant d'une armée sans règle et sans retenue, lui découvrirent une cause de ruine qu'il n'avait pas soupçonnée. L'âme chevaleresque du prince en fut alarmée; la détresse générale des croisés surtout excitait sa compassion et aurait pu ébranler sa persévérance. Ce fut dans ces conjonctures qu'il écrivit à Suger une lettre digne d'un roi de France: « Nous ne reverrons pas notre patrie, disait-il, ou nous n'y rentrerons qu'avec la gloire de Dieu et l'honneur du royaume. » Louis VII revit la France, il y rapporta l'honneur; mais il ne tourna plus ses regards vers l'Orient.

Il mourut, après un long règne, le 22 septembre 1180. Une foule inquiète se pressait aux abords du Palais de la Cité. Au moment où l'on annonça que le vieux monarque avait rendu le dernier soupir, les courtisans se jetèrent aux genoux d'un pâle et faible jeune homme de quinze ans, en criant: « Vive le roi! » La multitude, toujours avide de changement, s'empressa autour de son nouveau maître. Cet enfant maladif était Philippe-Auguste. Au début du règne d'un prince dont la main débile n'avait pas assez de vigueur pour tenir les rênes de l'État, les grands vassaux espéraient reprendre, aux dépens de la royauté, la puissance que la féodalité voyait décliner de jour en jour. Leur espoir fut bientôt déçu.

Philippe-Auguste porta sur le trône une politique prévoyante. Chose rare à cette époque, il eut dans la conduite des affaires des vues d'ensemble, un esprit de suite et beaucoup de persévérance dans la volonté.

Paris lui dut des améliorations considérables. Il élargit l'enceinte de la ville, et traça un cercle assez large pour faire pressentir la grandeur des destinées de sa capitale. Cette nouvelle circonscription dut alors paraître audacieuse, téméraire, presque impossible. Que penserait aujourd'hui Philippe-Auguste, que diraient les courtisans, s'il leur était donné de voir l'étendue et la splendeur de la capitale de la France?

Une cause en apparence bien futile donna naissance à un des embellissements principaux de Paris. Qu'on se figure par l'imagination un amas confus d'églises, de monastères, de maisons basses et enfumées, de chaumières se pressant autour du palais. Entre les hautes murailles des monastères et les obscurs logis des bourgeois et des artisans, circulaient des rues étroites, boueuses, infectes, non pavées, encombrées d'immondices. Là, dans la poussière ou dans la fange, s'agitait une fourmilière d'hommes. Philippe-Auguste prenait plaisir, des fenêtres du Palais, à regarder les hommes se remuer et les eaux de la Seine couler. « Or un jour advint, dit un chroniqueur, que charrette vint à mouvoir si bien la boue et l'ordure, que le roy sentit ceste pueur si corrompue, et s'entourna de ceste fenestre en grande abomination de cœur. Lors fist demander li prevost et borgeois de Paris, et li commanda que toutes les rues fussent pavées bien et soigneusement de grès gros et forts. »

Sans cesse préoccupé d'expéditions militaires, Philippe-Auguste, le premier en France, entretint un petit corps d'armée en temps de paix. A la porte du palais, veillaient nuit et jour des hommes armés de massues, désignés vulgairement sous le nom de ribauds. C'étaient des gens déterminés, toujours prêts à un coup de main, montant les premiers à l'assaut, fondant sur l'ennemi avec une impétuosité irrésistible. Le chef de cette bande prenait le titre de roi des ribauds, il exerçait sa juridiction sur tous les crimes commis dans l'enceinte de la demeure du souverain. C'étaient, à ce qu'il paraît, les zouaves du xiiᵉ siècle. Mais, comme à cette époque la discipline était inconnue et la violence à la mode parmi les gens d'armes, cette milice s'abandonna à tous les excès du libertinage. Les ribauds devinrent la terreur de tous les honnêtes gens, si bien que leur nom fut synonyme de débauché. La postérité a oublié leur bravoure, et ne s'est souvenue que de leurs déportements.

III

PALAIS DE LA CITÉ

(SUITE)

Philippe-Auguste fit construire l'habitation royale du Louvre. Il n'en continua pas moins de résider ordinairement au Palais de la Cité. Si ce palais, dans son architecture, manquait d'élégance, il n'était dépourvu ni de force ni de majesté. Sous ce rapport, il avait de l'attrait pour nos rois, qui alors inclinaient plutôt vers les habitudes guerrières que vers les mœurs fastueuses. Les appartements étaient vastes; mais au lieu d'y étendre sur le pavé de moelleux tapis, aux jours de réunion solennelle on y jetait de la paille fraîche, sorte de luxe fort goûté des chambellans qui passaient la nuit dans les antichambres du roi. Dans les salles de l'Université, et partout où les professeurs élevaient leur chaire, les écoliers trouvaient la même litière. C'était la même chose pour les églises, où les malades et les infirmes avaient seuls la permission d'apporter des siéges. Les jours de solennité, durant la belle saison, on répandait sur les dalles des nefs de l'herbe fraîche et des plantes aromatiques. Nos ancêtres, gens robustes et peu nerveux, prenaient plaisir à ces âcres senteurs qui révoltent la délicatesse moderne : aujourd'hui l'odeur même de l'encens, que Dieu nous a commandé de mêler à nos prières, incommode les sens affaiblis par les fadeurs des salons et des boudoirs mondains. Les meubles étaient peu nombreux ; c'étaient des escabelles et des bancs en bois, des tables massives, des lits d'une dimension assez grande pour remplir entièrement nos appartements actuels. Le jour ne pénétrait que par des fenêtres étroites, profondes, garnies de barreaux en fer, comme celles d'une forteresse ou d'une prison. La lumière était encore atténuée au moyen de vitraux peints, chargés de figures, de devises et d'armoiries.

A l'extérieur, le Palais, semblable en cela à toutes les grandes constructions du moyen âge, ne présentait qu'un immense assemblage de bâtiments disparates, dominés par les toits aigus des tours, des tourelles et des pignons gothiques. Pour les amis du pittoresque, la perspective ne devait pas manquer de charme. Au pied du Palais, vers l'occident, le jardin du roi s'étendait jusqu'à l'extrémité de l'île où était bâtie la Cité. Il ne faut pas s'y tromper; ce jardin, malgré de telles dimensions et une culture alors fort soignée, ne ressemblait guère aux magnifiques jardins, si bien distribués et plantés, qui constituent à présent un des ornements de la capitale. Une haie vive en formait l'enceinte rustique, sans empêcher le regard des curieux de s'arrêter sur les groupes de dames et de courtisans qui venaient y chercher les délassements de la promenade. Il y avait des prés dont on récoltait le foin, des vignes qui fournissaient du vin, un potager où l'on cultivait des légumes pour la table du roi.

Saint Louis descendait fréquemment dans ce jardin. Il aimait à y respirer en liberté. Continuant les scènes restées si populaires de Vincennes, il s'y asseyait à l'ombre des arbres fruitiers, et y donnait audience, sans distinction de rang, à tous ceux qui voulaient s'adresser à lui. Quel charmant tableau! « Je le vy aulcunes fois en esté, dit Joinville, que pour deslivrer sa gent il venoit au jardin de Paris, une cotte de camelot vestu, un surcot de tiretaine sans manches, un manteau de cendal noir autour son col, moult bien peigné et sans coife, et un chapel de paon blanc sur sa teste, et faisoit estendre tapis pour nous seoir entour ly, et tout le peuple qui avoit affaire par devant ly estoit autour ly, et lors il les faisoit deslivrer en la manière que je vous ai dy devant du boys de Vinciennes. »

Le Palais de la Cité dut à saint Louis un agrandissesement considérable. Du règne de ce prince datent les bâtiments les plus anciens qui soient arrivés jusqu'à nous, sans qu'on puisse reconnaître la moindre trace des constructions antérieures, ce qui nous autorise à penser que Louis IX, avec les idées larges qu'il portait dans toutes ses entreprises, aura rebâti à peu près en entier le palais des Capétiens. A cette date du xiii° siècle, il faut attribuer la salle qui porte toujours le nom de saint Louis, la grand'chambre où siége la cour de cassation, l'étage inférieur et les murs de la vaste salle des pas perdus, enfin la Sainte-Chapelle, bijou de l'art à une époque si fertile en œuvres d'art. Des changements ont depuis altéré les caractères de l'architecture ogivale dans quelques-unes de ces salles : on y découvre cependant le style à la fois simple et gracieux d'une des plus remarquables périodes artistiques du moyen âge.

Philippe le Bel compléta l'œuvre de son aïeul, et y fit de nouvelles additions. Ce travail lui fit tant d'honneur, que plusieurs historiens n'ont pas hésité à lui en attribuer l'entière construction. « Philippe le Bel, dit Duhaillan, fit bastir dedans l'île de Paris, au lieu mesme où estoit l'ancien chasteau de la demeure des rois, le Palais tel qu'il est aujourd'huy; estant conducteur de cette œuvre messire Enguerrand de Marigny, comte de Longueville et super-intendant des finances. » Ce qui paraît hors de doute, c'est qu'on lui doit l'érection des corps de logis nécessaires à la tenue des sessions du parlement.

Jusqu'au règne de saint Louis, le Palais était uniquement la demeure du roi. Si des convocations spéciales y appelaient les grands corps de l'État, c'était pour un séjour passager. Il devient dès lors le centre de l'administration et de la justice. L'organisation du gouvernement a fait de sensibles progrès. L'autorité militaire, trop souvent sans contrôle, toujours difficile à diriger et à modérer, cède le pas de plus en plus au pouvoir régulier des lois. Saint Louis, sous ce rapport, mérita le surnom de *Justicier*. A ses yeux, le droit, ou, comme on disait alors, la justice est reine du monde, appelée à présider aux actes du souverain comme aux moindres actions de ses sujets. Sublime enseignement qui devrait être gravé d'une manière ineffaçable dans l'âme des gouvernants et dans le cœur de leurs administrés : le droit sanctifie le pouvoir et l'obéissance; il élève jusqu'à Dieu, source de toute puissance, la sanction de tous les règlements publics, et il adoucit, dans la pratique, ce que la soumission offre de pénible à la nature humaine. Le regard de saint Louis, on ne saurait trop le remarquer, embrassait les diverses branches du service général d'une grande nation. C'était en lui une vue anticipée de ces réformes fécondes auxquelles le progrès dut, à des termes trop éloignés les uns des autres, l'impulsion qui a produit tant d'admirables résultats.

L'audace des hauts barons fut réprimée; le commerce fut protégé; les rivières et les routes furent purgées des bandes armées, la terreur des voyageurs; la police mit une barrière à l'anarchie féodale; les petits furent à l'abri des exactions des grands; les communes se multiplièrent et se consolidèrent; la justice du roi domina toutes les justices particulières. Il y eut encore, certes, beaucoup à désirer dans l'application de si sages mesures; mais, grâce à Dieu, les intentions du prince, en se réalisant en partie, étaient le drapeau de l'avenir. Telle fut alors la renommée du roi de France, que les rois et les peuples tournaient les yeux vers son trône avec une égale confiance, afin d'obtenir justice et de concilier leurs différends. Peu de princes ont mérité un si grand honneur. Il faut avouer qu'aucun sur la terre ne lui est comparable. Le médiateur dont le titre à être choisi comme arbitre est fondé sur l'amour de la justice n'est-il pas, aux yeux des hommes, le digne représentant de la souveraine équité de Dieu?

Louis IX unissait l'amour et la culture des lettres à ses autres belles qualités. Longtemps avant le roi Jean, il fonda une bibliothèque dans une salle voisine de la Sainte-Chapelle. Il y rassembla les copies faites à ses frais des manuscrits les plus précieux. Souvent on le vit venir y étudier, et il se plaisait à expliquer aux personnes peu instruites les passages les plus remarquables de la sainte Écriture et des œuvres des saints Pères[1].

Malgré la reconstruction du Palais, par suite des incendies survenus en 1618 et en 1776, le souvenir

---

[1] Th. Muret, *Histoire de Paris*, p. 29.

de saint Louis y est toujours vivant. Mais le monument destiné à recommander à jamais sa mémoire, c'est la Sainte-Chapelle, édifice dû aux inspirations de la piété, et resté debout comme le type de la perfection du style d'architecture usité au XIIIe siècle. Elle fut bâtie pour recevoir les reliques de la Passion : la couronne d'épines, les clous, la lance, l'éponge, le roseau et un fragment considérable de la vraie croix. On doit donc la regarder comme un immense reliquaire, une châsse gigantesque destinée à servir d'abri aux plus précieuses de toutes les reliques. De là cette légèreté d'architecture, cette finesse de décoration, cette profusion de sculptures, de dorures, de peintures. Tous les arts ont contribué à l'embellir; tous ont rivalisé d'efforts pour se surpasser eux-mêmes. Aussi l'œil du connaisseur distingue-t-il dans chacune des parties de ce sanctuaire ravissant un cachet de distinction, de délicatesse, de grâce, de pureté, qu'il ne rencontre pas ailleurs dans le même ensemble ni au même degré.

Le roi posa la première pierre en 1245, et la direction des travaux fut confiée à Pierre de Montreuil. Au bout de trois années, l'habile maître ès œuvres de maçonnerie avait achevé sa tâche. Le 25 avril 1248, la Sainte-Chapelle fut consacrée. Elle est divisée en deux étages, comme chacun sait. La chapelle haute était réservée au roi et à la famille royale. La chapelle basse servait de paroisse aux gens attachés au service des chanoines et aux habitants de l'enceinte du Palais[1]. L'édifice, à l'intérieur, a une longueur de trente-trois mètres, sur une largeur de dix mètres soixante-dix centimètres, et une hauteur sous voûte de vingt mètres cinquante centimètres.

De combien de pompes la chapelle du Palais ne fut-elle pas le théâtre? La royauté y paraissait dans tout son éclat aux grandes solennités. Beaucoup de fêtes y furent célébrées; qui sait combien de larmes y furent versées? La naissance des princes y réunissait une foule bruyante et empressée; leur mort y attirait une semblable multitude. La reine Marie, femme de Philippe le Hardi, y fut couronnée en 1275. En 1389, une autre reine, qui fut le mauvais génie de la France, Isabeau de Bavière, épouse de l'infortuné Charles VI, y reçut la couronne des mains de l'archevêque de Rouen. Charles V, un des plus nobles héritiers de saint Louis, venait souvent prier devant l'autel de la Sainte-Chapelle. Comme son aïeul, il répétait fréquemment : « La joie du juste est que la justice soit faite. » On a remarqué que Louis XVI et Marie-Antoinette, quelques jours après leur mariage célébré à Versailles, vinrent s'agenouiller dévotement devant la *sainte couronne d'épines et le sceptre de roseau*.

En 1791, la Sainte-Chapelle, comme tant d'autres

---

[1] Nous renvoyons les personnes qui tiendraient à voir la description détaillée de la Sainte-Chapelle à un ouvrage intitulé *les Plus belles Églises du monde*, que nous avons publié chez A^d Mame et Cie; 1 vol. in-8°, 1857.

monuments religieux, fut abandonnée à des usages profanes. Salle de club durant la plus vive effervescence de la révolution, elle devint successivement magasin de farine et dépôt des archives judiciaires. Jusqu'en 1837, elle resta encombrée de liasses poudreuses, rangées dans des casiers de bois s'élevant jusqu'aux voûtes. Depuis vingt-cinq ans on travaille à la restaurer ; l'œuvre de réparation est sur le point d'être achevée, et il nous est permis aujourd'hui de contempler dans toute sa beauté l'édifice de saint Louis.

De Philippe le Bel datent les assises régulières du parlement, qui eurent lieu d'abord deux fois l'année, aux octaves de Pâques et de la Toussaint, et durèrent deux mois chaque fois. L'importance que ce grand corps judiciaire acquit immédiatement fit que les assises devinrent permanentes dès 1316. Le parlement fut composé dans l'origine de la *Grand'Chambre*, ou Chambre du plaidoyer, et de la *Chambre des Enquêtes*, pour juger les appels des procès par écrit. C'était un évêque qui présidait la Chambre des Enquêtes, et il y avait un nombre égal de conseillers, clercs et laïques, dont les uns étaient juges et les autres rapporteurs. Cette organisation dura peu. En 1319, Philippe le Long augmenta le nombre des laïques à la Grand'Chambre, établit une seconde Chambre des Enquêtes, et créa une *Chambre des Requêtes*. En 1521, François Ier érigea une troisième Chambre des Enquêtes. Le même prince, en 1543, établit la *Chambre du Domaine*, pour connaître des appellations des procès concernant le domaine, et les eaux et forêts du royaume; depuis, elle a été appelée la quatrième des Enquêtes, parce que ses attributions lui donnèrent, comme aux autres Chambres, la connaissance de tous procès par écrit dévolus par appel en la Cour. En 1568, Charles IX érigea une cinquième Chambre des Enquêtes. La *Tournelle criminelle* ne commença à être connue comme Chambre particulière qu'après l'an 1436; elle ne fut bien constituée qu'en l'année 1515. Enfin, en 1580, le roi Henri III créa une seconde Chambre des Requêtes.

Telle fut pendant longtemps la constitution essentielle du parlement de Paris. Le besoin des affaires exigea l'établissement de plusieurs autres parlements. Au milieu du siècle dernier, celui de Paris, dont le ressort était fort étendu, était composé de la Grand'Chambre, de trois Chambres des Enquêtes et d'une Chambre des Requêtes. Quant au personnel, nous voyons que la Grand'Chambre était formée du premier président, de neuf présidents à mortier, de vingt-cinq conseillers laïques et de douze conseillers clercs, de trois avocats généraux et d'un procureur général. Les trois Chambres des Enquêtes comptaient chacune deux présidents et soixante-six conseillers : elles connaissaient des appellations de procès par écrit, pour juger s'il avait été bien ou mal appelé à la Cour.

La Chambre des Requêtes avait deux présidents et quatorze conseillers. Il y avait en outre une foule d'officiers du parlement : greffiers, notaires, secrétaires, substituts du procureur général, huissiers, procureurs, etc. Toutes les charges de robe étaient vénales, excepté celles de chancelier et de premier président. Il fallait avoir atteint l'âge de quarante ans pour être premier président. Dans les cérémonies les membres du parlement paraissaient revêtus d'habits distinctifs : les présidents à mortier portaient le manteau d'écarlate, fourré d'hermine, et le mortier de velours noir. Le premier président avait deux galons d'or à son mortier, tandis que les autres présidents en avaient un seul. Les conseillers, avocats généraux et procureurs généraux portaient la robe d'écarlate et le chaperon rouge fourré d'hermine.

Outre les membres ordinaires du parlement, il y avait des conseillers d'honneur nés. Les princes du sang, les pairs de France, tant ecclésiastiques que laïques, y avaient entrée, séance et voix délibérative, mais avec cette différence que les princes du sang y étaient reçus à l'âge de quinze ans, et les pairs de France à l'âge de vingt-cinq ans. Les princes du sang y entraient de plein droit, sans avoir de pairie et sans prêter serment; ils traversaient le parquet de la Grand'Chambre pour gagner leur place. En prenant leur avis, le premier président ne les nommait point, et tenait son bonnet à la main; tandis qu'en prenant celui des pairs il les nommait par le titre de leur pairie, et restait la tête couverte. Les ducs et pairs étaient les premiers conseillers du parlement, et prenaient séance après les premiers présidents. L'habit des princes du sang, des pairs laïques et du gouverneur de Paris, lorsqu'ils allaient au parlement, consistait en un habit de drap d'or ou de velours noir, un manteau court, une toque ou bonnet de velours garni de plumes, et l'épée au côté. Les pairs ecclésiastiques se présentaient vêtus d'un rochet et d'une robe de satin violet fourrée d'hermine.

Les rois ne quittèrent définitivement le Palais de la Cité que vers le milieu du xvi° siècle. Depuis quelque temps déjà le parlement était le véritable maître du Palais. Il y siégeait avec une grande dignité, mais aussi avec toute sa fierté, et bientôt avec toutes ses ambitions. Les rois avaient espéré s'en servir, comme d'un instrument docile, pour réaliser leurs vues, auxquelles le despotisme peut-être n'était pas étranger. Le parlement chercha par tous les moyens possibles à faire de la Grand'Chambre le conseil politique et le conseil religieux de la nation. Cette prétention fut la source de conflits nombreux. Mais la magistrature ne s'arrêta pas dans ses empiétements vis-à-vis de l'autorité religieuse et de la puissance civile. Elle se donna mission de juger les questions ecclésiastiques, de réformer les actes épiscopaux, de réprimander même le souverain pontife et de blâmer la cour romaine. Le pouvoir séculier ne se mit guère en peine de corriger de pareils abus. Mais le parlement ne s'arrêta pas en si beau chemin. Il se regarda comme un pouvoir modérateur entre la royauté et le peuple. De là ces oppositions, ces remontrances, ces refus d'enregistrer les ordonnances royales, et, il faut bien le dire, ces démonstrations séditieuses dans les affaires de l'État. Le parlement était le gardien de la justice et l'interprète vivant des lois; mais il n'avait pas reçu de la nation le mandat de la représenter d'une manière presque souveraine. Aussi, après des luttes trop souvent stériles, trop souvent empreintes d'exagération, pour ne pas dire de violence, la grande assemblée finit un jour par succomber dans la crise brûlante des révolutions.

Le parlement de Paris, il faut lui rendre cette justice, a laissé un grand souvenir dans l'histoire. Pendant longtemps il posséda la seule tribune publique où l'on pût faire entendre librement les doléances et même les réclamations de la nation. De nobles caractères d'une indépendance antique, d'un courage à toute épreuve, s'y montrèrent à la hauteur des circonstances les plus difficiles. Les chambres du parlement gardèrent constamment ces magnifiques traditions de gravité, de calme, de science, d'honneur, de noble liberté, qui sont devenues aujourd'hui le patrimoine de la magistrature française. Il serait trop facile de relever ici quelques fautes; mais qui donc oubliera jamais le nom des Jean de la Vacquerie, des Olivier de Leuville, des Michel de l'Hôpital, des Harlay, des Molé, des Séguier, des de Mesmes, des Lamoignon, des Nicolaï? Ces salles qui ont entendu les nobles paroles de saint Louis, de Charles V, de Louis XII, ces rois qui voulaient la justice simple, franche, paternelle, ont retenti également aux accents de d'Aguesseau, de Talon, de Patru, de Corbin, de Gerbier et de tant d'hommes de cœur qui ont conservé jusqu'à nous l'antique renom de la probité et de l'éloquence française.

« En parcourant ces lieux, dit M. Eugène de la Gournerie, on est comme obsédé d'immortels souvenirs. C'est Olivier de Leuville, refusant sa signature à François Ier. « Vous ne ferez jamais, lui dit-il, qu'un acte inique « devienne juste en lui donnant le titre de loi. » C'est Matthieu Molé, impassible au milieu des factieux et les terrassant d'un mot. C'est Achille de Harlay, calme et ferme devant le duc de Guise le lendemain des barricades, comme il le sera un jour devant Bussy-Leclerc. « Le duc le rencontra se promenant au jardin de son « hôtel, lequel s'estonna si peu de sa venue, qu'il ne « daigna pas seulement discontinuer sa pourmenade « commencée; laquelle achevée qu'elle fut, il retourna « et vit le duc de Guise. Monsieur, lui dit-il, quand la « majesté du prince est violée, le magistrat n'a plus « d'autorité. Au reste, mon âme est à Dieu, mon cœur

« est à mon roi, et mon corps est entre les mains des
« méchants; qu'on en fasse ce que l'on voudra[1]. »

Le 16 janvier 1589, soixante conseillers se levèrent comme un seul homme pour suivre leur premier président, que Bussy-Leclerc, le pistolet au poing, emmenait à la Bastille. Tous ils descendirent gravement et lentement les degrés du palais entre deux lignes de spadassins, tous ils passèrent le guichet de la prison au milieu des huées du peuple; mais, le lendemain, le peuple les retrouva siégeant au palais. Noble spectacle et belle leçon! Cette grandeur d'âme console des défaillances de l'humanité.

De nos jours, le Palais comprend plusieurs cours très-spacieuses, dont les principales sont la cour du Mai[2] et celle de la Sainte-Chapelle, du côté de l'orient; celle de la Conciergerie, au nord, et celle de Harlay, vers l'occident. Toutes sont entourées de bâtiments considérables. Sept tours anciennes sont demeurées debout. La Grand'Chambre du parlement sert aujourd'hui aux réunions de la Cour de cassation. La grande salle de saint Louis, restaurée à la suite de l'incendie

---

[1] *Histoire de Paris et de ses monuments*, p. 348.

[2] La Cour du Mai doit son nom à l'usage que les clercs de la basoche pratiquèrent jusqu'au moment de la révolution, d'y planter, au pied du perron principal, un grand arbre d'environ seize mètres de haut, décoré de fleurs et de panonceaux, qu'on appelait *le Mai*, à cause du mois pendant lequel la cérémonie avait ordinairement lieu.

de 1618, a perdu ses ornements et son caractère primitif. C'est là que se faisaient jadis les réceptions solennelles des princes et des ambassadeurs étrangers, et que se tenaient les lits de justice du roi de France. On y servait les festins de la cour, restés célèbres par leur magnificence et par les divertissements singuliers qui les accompagnaient; on y célébrait les noces des enfants de France; on y faisait la publication des traités de paix et des tournois. Louis XI avait érigé, à l'extrémité de la salle, vers l'orient, une chapelle dédiée à la sainte Vierge : il y était représenté à genoux devant l'image de la Mère de Dieu. A l'autre bout était placée la table de marbre si fameuse dans nos chroniques, elle en occupait presque toute la largeur. C'était sur cette table que se faisaient les festins royaux; on n'y admettait que les empereurs, les rois, les princes du sang, les pairs de France, et leurs femmes : les seigneurs d'un rang inférieur mangeaient à d'autres tables. C'était encore sur cette vaste table que les clercs de la basoche représentaient *mystères, moralités, sotties* et *farces,* qu'ils dansaient *morisques,* faisaient *mommeries* et autres *triomphes.* Ils y trouvaient un théâtre tout dressé. Cette table fut brisée et calcinée dans l'incendie de 1618. La salle, rebâtie sur les dessins de l'architecte Jacques de Brosse, s'appelle aujourd'hui *la salle des pas perdus.* Elle a les mêmes dimensions que la salle primitive, c'est-à-dire environ soixante-quatorze mètres de longueur, sur vingt-huit mètres de largeur. Mais l'aspect en est d'une froideur extrême : on n'y voit plus les compartiments d'or et d'azur qui couvraient les piliers du temps de saint Louis, ni les lambris sculptés de la voûte, ni les statues des rois. En face de l'entrée des tribunaux, s'élève depuis quelque temps la statue en marbre de Malesherbes. Louis XVIII voulut acquitter une dette de reconnaissance en faisant ériger cette statue en l'honneur de ce magistrat éminent, l'ami, le conseiller et l'un des défenseurs de l'infortuné Louis XVI.

L'hôtel de la Chambre des comptes occupait tout un côté de la cour de la Sainte-Chapelle. L'édifice fut détruit par le feu en 1737. Le corps de logis bâti par Gabriel, architecte du roi Louis XV, sert d'habitation au préfet de police. Depuis sa réorganisation en 1807, la Cour des comptes a siégé au même endroit jusqu'en 1842, époque où elle quitta l'enceinte du palais de justice pour s'installer au palais moderne du quai d'Orsay.

Le Palais de la Cité, on s'en souvient, fut rebâti avec une magnificence royale par les fondateurs de la dynastie capétienne. Les descendants de cette royale dynastie l'agrandirent, l'ornèrent et en firent une des plus somptueuses résidences où s'abritèrent les têtes couronnées. J'ai dit précédemment que les rois n'y vinrent plus loger depuis le milieu du xvie siècle. Je me suis trompé. A la fin du siècle dernier, durant la tempête qui bouleversa la France, une reine y trouva un suprême asile.

Dans la nuit du 2 août 1793, l'épaisse et lourde porte de la conciergerie gémit sur ses gonds, et la prison reçut entre ses sombres murailles la royale veuve de Louis XVI, Marie-Antoinette, reine de France. L'auguste prisonnière y endura de cruelles privations et des humiliations mille fois plus pénibles que la souffrance. L'ameublement de la chambre d'une reine consistait en un lit de sangle, deux chaises de paille, une table de bois blanc, une cuvette et une cruche. C'est de là que la fille de Marie-Thérèse, la fille et la sœur des empereurs, fut tirée pour entendre sa condamnation à mort, prononcée par le tribunal révolutionnaire, et pour monter sur la fatale charrette qui la conduisit à l'échafaud.

Le 10 mai 1794, une victime quittait la prison de la conciergerie pour aller au supplice : c'était Madame Élisabeth. Cette angélique princesse, modèle de piété, de douceur, de bonté, de force d'âme et de résignation, fut menée à l'échafaud au milieu d'une véritable cour de condamnées. Au pied de l'horrible instrument du supplice, l'exécuteur fit asseoir sur un banc ces nobles dames en attendant que la mort vînt les appeler successivement à monter les degrés. On vit alors un spectacle sublime et douloureux, auquel l'antiquité n'a rien à comparer. A mesure qu'une de ces dames était désignée, elle faisait une profonde révérence à la princesse pour prendre congé, comme dans le salon de Versailles, puis elle obéissait au bourreau. Vingt-trois noms furent ainsi prononcés au milieu de l'émotion générale et du plus profond silence. Enfin l'on appela Élisabeth Capet, et la fille des rois alla recevoir au ciel la couronne immortelle.

Il y avait un peu plus de huit siècles que Hugues Capet était monté sur le trône de France.

IV

LE LOUVRE

Parmi les palais des empereurs et des rois, il n'en est pas au monde de plus célèbre que le Louvre. A ne considérer que la grandeur des bâtiments, la noblesse de l'architecture, la multiplicité des ornements, la perfection de l'ensemble, l'harmonie des détails, le nombre des sculptures, en est-il beaucoup qui puissent soutenir la comparaison? Le palais du Louvre, le plus historique de nos édifices nationaux, peut être regardé comme la représentation de la monarchie et comme le symbole de l'esprit français. C'est la majesté unie à l'élégance, la force accompagnée de la grâce, la symétrie sans froideur, la régularité sans monotonie.

De l'origine du Louvre, comme de tous les établissements antiques, il ne reste que de vagues souvenirs. Pour les uns, le Louvre fut d'abord un rendez-vous de chasse, sous les rois mérovingiens. Selon les autres, la fondation remonte seulement aux premiers règnes de la dynastie des Capétiens. Situé sur la lisière des bois, ce manoir donnait asile aux chasseurs intrépides qui aimaient à poursuivre les loups du voisinage. C'était une espèce de louveterie, et les chercheurs d'étymologies ont accueilli ou inventé ce fait pour trouver une signification au mot *Lupara*. Quoi qu'il en soit, si l'on tient à expliquer les commencements obscurs de cette résidence royale, on peut croire qu'aux époques les plus reculées de notre histoire le Louvre ne différait en rien des autres domaines royaux, et que c'était à la fois une espèce de métairie et un hébergement durant la saison des chasses royales. L'invasion normande força les princes à changer l'aspect et la destination de la maison de plaisance, qui devint forteresse. Avant le milieu du IXe siècle, les pirates du Nord, glissant sur la Seine à l'aide de leurs longues barques d'osier doublées en cuir de bœuf, ravagèrent les environs de Paris. L'amour du pillage attirait jusqu'au cœur du pays leurs bandes indisciplinées. On a dit que l'attrait de notre doux climat, et surtout celui de nos vins généreux, comme un aimant irrésistible, entraînaient ces hommes rudes et sauvages. On a plus d'une fois avancé que les Gaulois passèrent les Alpes et descendirent en Italie, poussés par la passion de cette liqueur dont la douceur traîtresse les avait séduits. De pareils motifs pour d'aussi formidables invasions semblent bien puérils ; de graves historiens cependant les ont répétés, et il faut convenir que parfois les plus terribles révolutions semblent dépendre de causes non moins futiles.

La lutte des Parisiens contre les Normands s'engage à plusieurs reprises sous les murs de la Cité, et dans le voisinage du Louvre. C'est au milieu des champs aujourd'hui couverts des plus merveilleuses constructions que s'échangèrent ces grands coups de lance entre nos ancêtres et les barbares. Ce qui le prouve, c'est le récit d'une vieille chronique qui nous apprend qu'un des chefs ennemis s'était cantonné sur le territoire de Saint-Germain-l'Auxerrois. Les murailles de la cité soutinrent huit assauts : elles ne furent jamais escaladées par les ennemis. Au nombre des défenseurs, et le plus intrépide de tous, paraissait Goslin, abbé de Saint-Germain-des-Prés. Dans les périls suprêmes de la patrie, on vit plus d'une fois sortir des églises épiscopales et des monastères d'habiles capitaines et de braves guerriers. N'oublions pas qu'alors les bénéfices ecclésiastiques étaient souvent donnés à de vaillants seigneurs, en récompense de services rendus à l'État. A l'heure du danger, ces chevaliers reprenaient leurs allures martiales, déposaient la crosse épiscopale ou le bâton abbatial, pour saisir la lance et l'épée. Au sein de la retraite, c'étaient la plupart des agneaux timides; sur le champ de bataille c'étaient des lions terribles. L'Église n'a jamais approuvé la transformation de ses ministres en hommes de guerre; le changement des idées et l'adoucissement des mœurs modernes ne nous permettent guère de comprendre les habitudes de ces âges grossiers; mais les populations d'alors absolvaient aisément de ces irrégularités de conduite les hommes qui les sauvaient.

Après que la sécurité eut été rendue et assurée à nos provinces, le Louvre resta ce qu'il était auparavant, un manoir de peu d'importance. Entre les années 1103 et 1137, Louis le Gros l'entoura de murailles hautes et solides, pour le mettre en état de commander la rivière, en face de la Cité. Il serait facile de reproduire plusieurs hypothèses sur la grandeur et la force du Louvre sous les premiers successeurs de Hugues Capet et de Robert le Pieux; mais les textes sont si rares et si obscurs, que les commentaires les plus ingénieux produiraient peu d'éclaircissements. Puisque les historiens désignent sans cesse la grosse tour bâtie en 1204 sous le nom de la Tour-Neuve, c'est qu'il y avait auparavant une vieille tour et des bâtiments anciens. A quoi bon, d'ailleurs, s'obstiner à reconstruire en imagination des murs auxquels l'histoire n'attache aucun souvenir? Les édifices renversés auront-ils le privilége de nous émouvoir, quand du milieu des débris nous ne voyons pas sortir ce fantôme que les hommes généreux adorent, que les indifférents regardent au moins avec étonnement : la gloire!

Nous sommes très-loin aujourd'hui, sous tous les rapports, des jours où la Tour-Neuve du Louvre remplaçait la vieille forteresse. La Seine ne ronge plus ses rives couvertes de roseaux. Les chênes séculaires de la forêt où les rois poursuivaient les loups n'ombragent plus la campagne. Tout a changé. Au lieu d'une forêt d'arbres, nous avons à présent une forêt d'édifices. A la place des tourelles féodales nous voyons des frontons, des galeries, de larges fenêtres. « Bien souvent, dit M. le vicomte Walsh, lorsque je descends du faubourg Saint-Germain pour aller chez de vieux amis, habitants de l'autre rive, je m'arrête sur le quai faisant face à l'immense palais, œuvre de tant de rois; c'est surtout à la magique lumière de la lune que je m'oublie et m'attarde en contemplant l'imposante masse de bâtiments qui se dresse devant moi et qui a appartenu à tant de maîtres divers! Quand l'astre de la rêverie se lève tranquillement au-dessus des agitations des hommes, agitations qui ne cessent point à Paris avec les heures du jour; quand, majestueuse comme une reine, elle monte au firmament pour y tenir son lever d'étoiles, le quai longeant la galerie bâtie par Catherine de Médicis, Charles IX, Henri III, Henri IV et Louis XIV, reste dans l'ombre; mais peu à peu il s'éclaire, le pavé blanchit, et les petits flots de la Seine commencent à briller entre leurs digues de pierre : alors la galerie qui, d'arcade en arcade et de fronton en fronton, arrive à deux palais pour les unir, trace sur le ciel moins sombre une majestueuse ligne droite que rien n'interrompt, si ce n'est le petit campanile placé au-dessus du guichet de l'horloge[1]. »

Jadis en France, il n'y avait pas de terre sans seigneur, ni de seigneur sans château. C'était un des premiers articles de la constitution féodale. Le Louvre fut le château féodal, le donjon du roi : de la grosse tour, bâtie au centre, relevaient tous les grands fiefs du royaume. Avant de jeter les fondements de la nouvelle construction, vers l'an 1204, Philippe-Auguste, avec un souci que l'on s'expliquerait difficilement aujourd'hui, affranchit de toute espèce de cens et de redevance le sol sur lequel se dressait le manoir royal. Il ne faut pas l'oublier, en effet : le roi, comme le moindre de ses sujets, était soumis dans la possession des terres et domaines aux lois de la féodalité. Philippe-Auguste termina la forteresse et la pourvut de tous les moyens de défense. La tour du Louvre avait trente-deux mètres de hauteur et seize mètres de diamètre. C'est là que les grands vassaux de la couronne étaient tenus de prêter serment de fidélité au roi. Là aussi, ceux qui se rendaient coupables de félonie expiaient leur crime : la grosse tour servait de prison d'État. L'histoire nous y montre des têtes couronnées et de turbulents seigneurs.

---

[1] *Souvenirs historiques des principaux monuments de Paris*, 2ᵉ édition, p. 289.

Fernand, comte de Flandre, y fut le premier enfermé après la bataille de Bouvines. Il y entra, dit-on, chargé des mêmes chaînes qu'il avait fait forger pour attacher son souverain légitime. Fernand s'était vanté d'entrer triomphalement à Paris : il y entra enchaîné sur un char traîné par quatre chevaux richement caparaçonnés. Il avait dit avec emphase qu'il voulait coucher au Louvre : il y coucha douze ans. La fortune n'avait pas répondu à ses fanfaronnades. Par une amère dérision du sort, il servit d'ornement au triomphe du vainqueur, et reçut un gîte dans les cachots de la grosse tour du Louvre.

Après lui, Enguerrand de Coucy, Guy de Flandre, Enguerrand de Marigny, Jean de Montfort, Charles de Navarre, Jean de Grailly, Pierre des Essarts, Jean d'Alençon, Antoine de Chabannes-Dammartin, etc., vinrent successivement sous ces sombres voûtes subir le châtiment dû à l'ambition, à la violence, à la mauvaise foi, à la cupidité. Plus tard, la Bastille, le donjon de Vincennes, la tour de Bourges, le château de Loches, eurent le triste honneur de remplacer la tour du Louvre pour loger les grands criminels ou les illustres victimes de la politique.

La tour du Louvre, en outre, servait de dépôt au trésor des rois. On n'y entrait qu'au moyen d'un pont-levis jeté sur de larges douves, toujours pleines d'eau. La porte en était fermée par une grille de fer, s'ouvrant sur un escalier en spirale, à l'aide duquel on parvenait à divers étages d'appartements voûtés, dont les fenêtres étaient ouvertes dans des murs d'une épaisseur extraordinaire et garnies de barreaux de fer. Tout ici rappelait l'idée de la force ; rien n'était sacrifié à l'élégance.

Guillaume de Lorris, dans son *Roman de la Rose,* donne une curieuse description du Louvre [1]. En parlant de la tour, il dit que

> Nule plus bele ne pot estre,
> Qu'ele est et grant, et lée, et haute.

Plus loin il ajoute :

> La tor si fu toute reonde ;
> Il n'ot si riche en tout le monde,
> Ne par dedans miex ordenée [2].

Ce qui montre que ce n'était pas une simple résidence royale, une maison de plaisance, c'est que les murs étaient garnis de créneaux, que les cours étaient remplies de pierrières, de mangonneaux et autres engins de guerre.

> Dedens le chastel ot perrières
> Et engins de maintes manières
> Vous puissiés les mangonniaux
> Veoir par dessus les creniaux.

[1] Voy. Viollet le Duc, *Dictionnaire raisonné d'architecture,* tome III, p. 122 et suiv.

[2] Nulle ne put être plus belle qu'elle est, et grande, et large, et haute. — La tour était toute ronde ; il n'y en avait aucune dans l'univers si riche et mieux ordonnée par dedans.

Ainsi le Louvre était une forteresse en état de soutenir une attaque. Philippe-Auguste ne voulut pas le comprendre dans l'enceinte de Paris. Il resta en dehors de la ville jusqu'au règne de Charles V, qui fit construire les nouvelles fortifications, dont les limites, de ce côté, s'arrêtaient à la tour de Bois, vers l'endroit où se trouve actuellement le pont des Saints-Pères.

Saint Louis fit des additions assez considérables à l'œuvre de son aïeul Philippe-Auguste. On lui doit au moins la grande salle qui fut longtemps appelée *la chambre de saint Louis*. Quoiqu'il y ait habité à plusieurs reprises, le Louvre était loin d'être le séjour favori du prince. Louis IX préférait le Palais de la Cité. On affirme cependant que sous les voûtes du Louvre, occupant noblement les loisirs dus à ses victoires, saint Louis méditait de sublimes projets pour le bonheur de son peuple. C'est là qu'il fit dresser des listes exactes de tous les laboureurs dans le besoin, des artisans sans ouvrage, des veuves et des orphelins sans secours, des filles sages et pauvres en âge d'être mariées : statistique dont personne jusqu'alors n'avait donné ni l'idée ni le modèle. Chaque jour, sur l'épargne royale, accrue non par des impôts qu'il abhorrait, mais par l'économie administrative, il mettait des sommes à part, afin d'assurer aux uns les instruments aratoires ou les bêtes de somme dont ils avaient besoin, et aux autres des vêtements, des aliments et une dot. Ici, dans la solitude, son âme sensible aux maux de l'humanité, songeait à pourvoir aux besoins des hommes les plus abandonnés, en fondant des hôpitaux pour le service des lépreux. Il data du Louvre une lettre où se trouvent exprimées, avec une admirable simplicité, les sentiments qui devraient être gravés en caractères ineffaçables dans le cœur de tous les rois. Voici ce qu'il écrivait aux habitants de la Normandie, alors désolée par une excessive sécheresse : « Vous m'aidez dans votre abondance, je dois vous secourir dans votre disette ; *ce que je tiens de vous, je le conserve pour vous, car je ne suis que votre dépositaire.* »

Charles V renouvela le Louvre ; il consacra cinquante-cinq mille livres, somme énorme pour le temps, à exhausser d'un étage tous les bâtiments : les murailles furent également surélevées ; des salles plus spacieuses s'étendirent derrière les courtines ; des constructions accessoires complétèrent l'ensemble. Ce prince résidait ordinairement à l'hôtel Saint-Paul, *l'hostel solemnel des grands esbattements.* Le roi de France, suivant la renommée populaire, y pouvait loger magnifiquement vingt-deux princes de la qualité du duc de Bourgogne. Charles V aimait jusqu'à la passion son hôtel Saint-Paul, où les appartements n'étaient pas attristés par l'aspect de remparts et de prisons, où de vastes jardins, remplis d'arbres fruitiers et de plantes d'agrément, s'étendaient de la rue Saint-Antoine à la Seine. Mais ce prince *sage et subtil*, comme l'appelle Froissart, se retirait au Louvre pour méditer et étudier. Il se plaisait dans sa bibliothèque, sa *librairie*, comme on disait alors, entouré de littérateurs et de savants. Il prenait un plaisir infini à la lecture ou à la conversation. Toujours calme, même un peu froid, il était enclin à la rêverie. Aucun prince, dit le chroniqueur, ne fut moins *furieux*. Une seule passion faisait battre son cœur, celle du bien. « Que vous êtes heureux, Sire ! lui disait un jour le chevalier Burel de la Rivière, son ministre et son ami. — Oui, je suis heureux, répondait Charles, car j'ai le pouvoir de faire le bien. »

Les historiens de Paris nous ont fait connaître la partie du Louvre habitée par Charles V et la reine Jeanne de Bourbon, sa femme. Les grandes salles de réception occupaient le rez-de-chaussée et le premier étage de l'aile entière où se trouve à présent la *salle des cariatides*. Dans la tour donnant accès aux appartements du roi et de la reine, étaient deux oratoires, où l'un et l'autre venaient fréquemment se recueillir et prier. Au milieu de l'or, de l'azur et des mille couleurs chatoyantes des vitraux, on voyait briller l'écu de France. Avant Charles V, les fleurs de lis étaient sans nombre dans le champ de l'écusson royal. Ce prince les réduisit à trois, *en l'honneur de la très-sainte Trinité.*

Si nous désirons voir les bijoux et autres objets précieux à l'usage du roi et de la reine, nous entrerons dans la salle des joyaux, non loin de la chapelle du prince. On y montre, comme principales curiosités, quarante rubis, dont le plus beau appartint au roi de Chypre; plusieurs anneaux, dont un, *l'anel du vendredy,* était orné de l'image de la croix. Chaque semaine le roi le mettait à son doigt le vendredi, en mémoire de la Passion. On garde avec un soin extrême *la pierre sainte,* à laquelle une croyance admise alors attribuait la vertu de calmer les douleurs de l'enfantement; une autre pierre qui, selon les physiciens, c'est-à-dire les médecins du temps, guérissait de la goutte. Il paraît, hélas! que ces pierres vraiment précieuses ont perdu aujourd'hui leurs propriétés. Un coffret renferme les diamants, les images d'or et miroirs de la reine Jeanne. On y a déposé également vingt couronnes d'or enrichies de diamants; dix *chapels* d'or, ornés de rubis, perles et saphirs; quatorze ceintures à l'usage de la reine, avec agrafes de pierreries; et dix ceintures à l'usage du roi, avec profusion de perles et de saphirs.

D'autres objets de luxe sont étalés dans la salle des banquets royaux. Sur les rayons des étagères on voit la vaisselle d'or et d'argent, plusieurs *nefs à mettre potages,* quantité de gobelets et de hanaps, quarante-cinq drageoirs, quarante-cinq salières en forme de petites tourelles d'or enrichies de pierreries, un baquet d'or soutenu par quatre sirènes, des brocs et des ampoules d'or, des *pots à aumônes* dont deux chérubins aux ailes éployées figuraient les anses. Sur le dressoir de la reine sont placées les trois coupes où buvaient de leur temps le roi Dagobert, Charlemagne et saint Louis. La tradition enseignait que quiconque aurait la témérité de porter ces gobelets à ses lèvres avec des pensées de trahison dans le cœur serait subitement frappé de mort. Ces coupes sont perdues : si elles étaient destinées à servir uniquement à la fidélité, auraient-elles pu être d'un fréquent usage ?

Outre les grands appartements, le donjon et les salles destinées aux assemblées et aux réceptions solennelles, l'enceinte du château royal, comme par une réminiscence des temps mérovingiens, renfermait des bâtiments consacrés à l'utilité plutôt qu'à la magnificence. C'étaient les basses-cours, les *gallinières,* comme on les appelait alors. Chaque bâtiment a son nom, en rapport avec sa destination : c'est la paneterie, la maison du four, la saucerie, la pâtisserie, l'épicerie, la fruiterie, le garde-manger, l'échansonnerie, ou la bouteillerie, l'endroit où l'on prépare l'hypocras, la lavanderie, la pelleterie, la taillerie, la fauconnerie, l'écurie, etc. Les principaux services de la maison du roi, de même que chacune des tours du Louvre, avaient des surintendants, capitaines ou gouverneurs. C'étaient des emplois fort recherchés : on les confiait seulement à des chevaliers éprouvés, appartenant aux meilleures familles du royaume.

A l'aide des détails qui précèdent, on peut aisément se faire une juste idée de cette résidence princière : mélange de rudesse militaire, de luxe, de recherche et de simplicité. Murailles hautes, percées de rares fenêtres grillées, vastes appartements, cours et basses-cours : beaucoup est accordé à l'utilité, peu à la commodité, rien à l'agrément.

Le Louvre, cependant, dans ses immenses salles, servit dès lors d'abri à de bruyantes réunions et à des fêtes. Manuel, empereur de Constantinople, et Sigismond, empereur d'Allemagne, y reçurent une hospitalité splendide. Sous Charles VI, le dauphin s'y entourait de jeunes seigneurs frivoles et débauchés. Punition terrible, sept ans après ces scènes scandaleuses, on vit paraître dans le noble manoir Henri d'Angleterre, prenant le titre de *régent et héritier présomptif de la couronne de France!* Époque à jamais néfaste! Grâce à nos divisions intestines, nos provinces éprouvèrent mille calamités, dont le souvenir nous glace d'horreur!

Au XVIe siècle, nous apercevons encore au Louvre un prince étranger; mais cette fois c'est l'hôte du roi de France. L'étranger, c'est Charles-Quint; le roi s'appelle François Ier. En 1539, l'empereur passa huit jours à Paris. Pour recevoir dignement son rival, devenu l'hôte de la France, François Ier, prince naturellement ami de la magnificence, n'épargna aucune dépense. Désert depuis longtemps, le Louvre avait besoin de réparations considérables. Le roi donna des ordres, et tout fut disposé avec une rapidité que nous pouvons aisément comprendre aujourd'hui, mais qui n'aurait rien à nous envier. Pour exécuter la volonté du roi, des milliers d'ouvriers furent mis à la besogne; le travail n'était interrompu, pour ainsi dire, ni jour ni nuit. On couvrit les murailles de peintures et de tapisseries; la plupart des fenêtres furent agrandies et vitrées à neuf. Sur les murs et sur les boiseries on fit revivre, par la peinture et la sculpture, les armes de France que le temps avait effacées : on redora tout, jusqu'aux girouettes. La grosse tour de Philippe-Auguste et plusieurs corps de bâtiment, qui assombrissaient le palais, furent démolis entièrement. Les murailles et les tours entre le château et le fleuve furent rasées, les fossés furent remplis, le terrain fut nivelé, et à la place on disposa des lices pour les joutes et les tournois [1]. Rien ne fut épargné : les Français n'ont jamais fermé leur bourse quand il s'est agi de faire honneur au pays. On reconnaît d'ailleurs dans ces préparatifs l'esprit chevaleresque de François Ier, et dans l'exécution de ces grands ouvrages une activité toute française.

Charles-Quint fut sans doute de belle humeur durant les fêtes célébrées en son honneur. Il eût été de mauvaise grâce, en pareille circonstance, de ne pas faire au moins quelques démonstrations extérieures. Ce monarque soupçonneux, cependant, durant son séjour en

---

[1] L. Vitet, *Notice sur le Louvre*, Revue contemporaine.

France, ne se débarrassa jamais de toute inquiétude. Il craignait pour sa sécurité personnelle. Il ignorait jusqu'où va la loyauté française.

NOUVEAU LOUVRE.

RÉSIDENCES ROYALES ET IMPÉRIALES.

V

LE LOUVRE

(SUITE)

A peine Charles-Quint avait-il quitté Paris, que François Ier prit la résolution de rebâtir le Louvre. La restauration passagère qui venait d'être exécutée avait été fort coûteuse; elle avait appris que le château royal n'était plus en réalité qu'une grande ruine. On avait réussi à cacher aux yeux d'un étranger les plaies du vieux monument; il n'y avait plus maintenant à se faire illusion : le temps aurait bien vite consommé son œuvre de destruction. Nous ne calomnierons pas la mémoire de François Ier, si nous ajoutons que ce prince avait la passion des grandes entreprises; il ne s'effrayait jamais de la dépense. Comme tous les beaux esprits, François Ier *aimait la truelle*. Quoi qu'il en soit de cette dernière observation, il fut décidé que le Louvre serait reconstruit entièrement, et que le manoir féodal serait remplacé par un palais supérieur encore aux châteaux si admirés et si admirables de Chambord et de Fontainebleau. Depuis près d'un demi-siècle, la renaissance française avait créé des chefs-d'œuvre. La renaissance italienne avait apporté chez nous des principes moins austères et un goût déjà gâté par l'afféterie. L'art français avait triomphé à Chambord de l'art italien : il l'emporta encore dans la création des plans du Louvre. Aux dessins de Sébastien Serlio on préféra ceux de Pierre Lescot.

Le plan de Pierre Lescot comprenait quatre façades, dont deux existent encore. De grands pavillons, surmontés de combles d'ardoise, devaient remplacer aux quatre angles de l'édifice les tours féodales d'un caractère si majestueux, mais proscrites par le goût nouveau. L'aile occidentale, entre le dôme de l'horloge et l'angle sud-ouest de la cour, fut commencée la première. En 1547, à la mort de François Ier, l'œuvre n'avait pas encore fait de grands progrès; mais sous Henri II, elle fut poursuivie avec activité. Les connaisseurs font le plus grand cas des dessins de Pierre Lescot, où régnaient des proportions pleines d'élégance. Le xviie siècle, en augmentant les dimensions, en multipliant les divisions, a détruit l'harmonie primitive. Les sculptures de Jean Goujon et de ses élèves sont arrivées heureusement jusqu'à nous : ce sont autant de chefs-d'œuvre du dessin le plus pur et de l'exécution la plus habile.

Les règnes de François II, de Charles IX et de Henri III, si courts et si troublés par les factions et la guerre civile, n'étaient guère propres à l'achèvement de ces gigantesques ouvrages. Les souvenirs historiques néanmoins sont nombreux. Sous Henri II, on aperçoit dans la salle du Louvre la charmante figure de Marie Stuart, venue d'Écosse pour monter sur le trône de France en devenant l'épouse de François II, à peine sorti de l'enfance. Marie Stuart était alors, suivant une expression empruntée à une de ses poésies, dans son

> Doux printemps et fleur de jeunesse ;

malgré ses soins affectueux, elle ne réussit pas à ranimer la vie près de s'éteindre chez son jeune époux. Les tristesses et la maladie, de même que les mauvaises passions, assiégeaient un roi auquel l'avenir aurait dû se montrer sous les couleurs les plus séduisantes. Catherine de Médicis était jalouse de sa belle-fille. La princesse italienne ne remarquait autour d'elle que des visages sombres. Il en était bien autrement de cette gentille reine de treize ans. « Notre petite reinette écossaise, disait Catherine, n'a qu'à sourire pour tourner toutes ces têtes françaises. » François II rendit le dernier soupir à Orléans, à l'âge de dix-sept ans : on soupçonna qu'il avait été empoisonné. Depuis quelque temps il avait été marqué évidemment par la mort.

> Le pauvre en sa cabane, où le chaume le couvre,
>   Est sujet à ses lois;
> Et la garde qui veille aux barrières du Louvre
>   N'en défend pas nos rois.

Nous retrouvons toujours au Louvre la figure sinistre de Catherine de Médicis, le mauvais génie de ses trois fils, qui occupèrent successivement le trône de France. « Elle était Italienne, dit M. de Chateaubriand, fille d'une famille marchande élevée à la principauté dans une république. Elle était accoutumée aux orages populaires, aux factions, aux intrigues, aux empoisonnements, aux coups de poignard. Elle ne connaissait pas nos lois, et s'en souciait peu. Elle était incrédule et superstitieuse, ainsi que les Italiens de son temps; elle n'avait, en sa qualité d'incrédule, aucune aversion contre les protestants : elle les fit massacrer par politique. Enfin, si on la suit dans toutes ses démarches, on s'aperçoit qu'elle ne vit jamais dans le vaste royaume dont elle était souveraine qu'une Florence agrandie, que les émeutes de sa petite république, que les soulèvements d'un quartier de sa ville natale contre un autre quartier, la querelle des Pazzi et des Médicis, dans la lutte des Guises et des Châtillons [1]. »

Le nom de Charles IX est fatalement attaché au crime politique le plus affreux que l'histoire ait eu à enregistrer et à flétrir, le massacre de la Saint-Barthélemy. Personne n'ignore que ce crime fut médité et arrêté dans les salles du Louvre. L'âme de cette horrible affaire était Catherine de Médicis; le roi était faible et irascible :

[1] Chateaubriand, *Études historiques*.

on réussit à l'effrayer. Jamais, il faut en convenir, la royauté n'était descendue si bas : on lui fit jouer le rôle des conspirateurs. A ce trait on reconnaît le caractère d'une femme élevée à l'école de Machiavel, faisant de la politique comme on conduit une intrigue. Nous ne rapporterons ici aucune des scènes de ce drame lugubre. En exprimant l'horreur qu'il inspire, il nous suffira de protester contre les fausses accusations dressées contre l'Église. On ne saurait trop le répéter, le crime de la Saint-Barthélemy fut inspiré par la politique, non par la religion. Si les protestants furent les victimes, cela tient aux passions du temps ; si le meurtre fut accompagné de circonstances hideuses, cela vient de ce que la vile populace devint l'instrument des vengeances.

Écoutons à ce sujet ce que dit l'auteur du célèbre pamphlet huguenot intitulé : *Discours merveilleux de la vie, actions et déportements de la royne Catherine de Médicis.* « En la plus grande fureur des massacres, les catholiques avoient sauvé autant de huguenots qu'il leur estoit possible. Mais qui s'enquerra quels ont été les exécuteurs de cet exécrable massacre, on n'y trouvera que des belistres, qui attendoient du butin, avec quelques renieurs de Dieu et contempteurs de religion, qui y tuèrent même des catholiques parmi les autres. » Quant à la fenêtre qu'on indique comme ayant donné passage à l'arquebuse de Charles IX, elle ne fut construite que sous le règne de Henri IV [1]. Quelques mois après le 24 août 1572, Charles IX fut pris d'une fièvre qui le mina lentement. Le 30 mai 1574, il expirait à l'âge de vingt-quatre ans, laissant le trône à Henri III, et l'État rempli de troubles.

Sous ce nouveau règne l'agitation prit des proportions terribles. Le Louvre fut témoin des débauches d'un prince abâtardi, et des désordres qui allèrent jusqu'à la révolte. Mais laissons de côté ces ignominies et ces mouvements désordonnés, pour jeter les yeux sur la figure du plus populaire de nos rois. Le 22 mars 1594, Henri IV entra dans sa capitale et vint au Louvre. Le lendemain, les échevins de Paris furent introduits pour lui offrir les présents d'usage, en signe de bienvenue : c'étaient des confitures, des dragées, de l'hypocras et des flambeaux de cire blanche. Le roi, d'humeur naturellement gaie, accepta leurs dons en disant plaisamment : « Hier j'ai reçu vos vœux ; aujourd'hui je reçois vos confitures. »

Henri IV s'occupa peu des bâtiments du Louvre : ses efforts se reportèrent surtout sur la grande galerie du bord de l'eau et sur le palais des Tuileries. Ce prince unissait ordinairement dans son esprit les pensées d'utilité aux idées de magnificence. Aussi, tout en bâtissant l'immense galerie du Louvre, songeait-il à en faire

[1] Eug. de la Gournerie, *Histoire de Paris*, p. 379.

comme l'école de l'industrie et des arts. En cela Henri IV était plus avancé que son siècle. Nous trouvons ses intentions exprimées dans des lettres patentes, auxquelles nous emprunterons seulement les lignes suivantes : « Comme entre les infinis biens qui sont causés par la paix, celui qui provient de la culture des arts n'est pas des moindres, nous avons eu égard, en la construction de notre galerie du Louvre, d'en disposer les bastiments en telle forme que nous puissions commodément loger quantité des meilleurs ouvriers et plus suffisants maistres qui se pourroient recouvrer, tant de peinture, orfévrerie, horlogerie, insculpture en pierreries, tant pour nous servir d'iceulx, comme pour estre employés par nos subjets, en ce qu'ils auroient besoin de leur industrie, et aussi pour faire une pépinière d'ouvriers, de laquelle, sous l'apprentissage de bons maistres, il en sortiroit plusieurs qui peu après se répandroient dans notre royaume et sauroient très-bien servir le public. »

En 1601, Marie de Médicis arrive à Paris, et vient prendre possession du Louvre. Elle avait vingt-sept ans. Son caractère n'avait ni délicatesse ni enjouement; ses manières étaient hautaines. Henri IV s'irritait de ses brusqueries; mais un heureux événement vint bientôt répandre la joie à la cour. Le 27 septembre de la même année, la reine donna naissance, dans les grands appartements de Fontainebleau, à un prince qui devait être bientôt Louis XIII. La France entière partagea le bonheur du souverain : partout on se livra aux plus vives démonstrations d'allégresse. Hélas! le deuil ne devait pas tarder à étendre son crêpe funèbre sur le pays. Le 14 mai 1610, le meilleur des princes succomba sous le fer de l'infâme Ravaillac.

En proie à des pressentiments vagues, Henri veut néanmoins faire visite à son ministre Sully, malade, et demeurant à l'Arsenal. Dans la rue de la Ferronnerie, il est frappé à mort. Un quart d'heure à peine s'est écoulé depuis qu'il a quitté le Louvre. Le carrosse revient au pas, les panneaux fermés. La foule éperdue suit en poussant des gémissements et en versant des larmes. Elle ignore pourtant encore toute l'étendue de son malheur. Les gens du palais accourent, on s'empresse, on ouvre la portière de la voiture : on ne descend qu'un cadavre !

Parmi les appartements situés derrière la colonnade du Louvre, on remarque une chambre dont le plafond est orné d'une frise sur laquelle courent des Génies, des Victoires et des soldats. Au centre, s'élève une légère coupole semée de fleurs de lis et de branches de laurier. Dans le mur du nord s'ouvre une alcôve dont le dais est couvert d'arabesques. C'est la chambre de Henri IV; cette alcôve est celle où son corps fut déposé sanglant et inanimé.

Louis XIII se plaisait à la campagne et dans la solitude; il revenait souvent au Louvre. Sous son règne et sous l'impulsion de son puissant ministre, le cardinal de Richelieu, les travaux du palais furent repris avec énergie. L'architecte Jacques Lemercier modifia profondément les plans de Pierre Lescot : il conserva l'œuvre de ce maître habile; mais il l'agrandit en le répétant quatre fois. Ce furent les limites définitives du Louvre; avant l'achèvement des travaux bien des générations d'hommes se succèderont. La première pierre fut posée par Louis XIII, le 28 juin 1624. Louis XIV n'habita pas le Louvre; il tint à honneur néanmoins de continuer l'œuvre inachevée. Perrault construisit alors la colonnade. Indiquer en détail ce qui est dû au règne de chaque prince, serait dresser un catalogue peu intéressant. Après un travail continué sans interruption, le Louvre, en 1789, était, dans son ensemble, un palais inhabité et inhabitable. La toiture même manquait à plusieurs bâtiments. Ce qui était en état d'offrir un abri avait été divisé en une foule de petits appartements, que le roi ou les ministres concédaient à des officiers de la couronne, à des artistes ou à des gens de lettres. Les salles les plus spacieuses servaient aux réunions des académies. La révolution semblait avoir condamné à une ruine inévitable et prochaine le palais des rois, quand Napoléon Ier, par un acte de sa volonté, ordonna de reprendre et de finir cette grande œuvre. En moins de huit ans d'immenses travaux furent exécutés. « Le palais, vieilli avant d'être achevé, dit l'auteur du *Tableau de Paris,* noirci, dégradé par le temps, sembla sortir de ses ruines, glorieux et rajeuni. »

Plusieurs des salles intérieures, escaliers, galeries et musées furent l'œuvre de l'empire, de la restauration et du règne de Louis-Philippe. Rien n'est comparable aux collections que la France y conserve avec une munificence royale, et qu'elle montre avec orgueil aux étrangers. Durant plusieurs heures on peut marcher sans s'arrêter parmi les colonnes, les pilastres, les dorures, sous des voûtes sculptées ou peintes, entre deux rangées de chefs-d'œuvre, empruntés à tous les pays, à tous les âges, à toutes les écoles. Au Palais de la Cité, la justice a succédé aux rois; au Louvre, c'est le génie des arts.

Au milieu du xixe siècle, il restait encore beaucoup à faire. Entre le Louvre et les Tuileries, une seule galerie existait le long de la rivière; l'autre était à peine commencée. Des hôtels particuliers, des maisons, des échoppes, encombraient l'espace destiné à la seconde galerie. L'honneur de la bâtir était réservé à Napoléon III. Cette aile d'une longueur immense s'étend le long de la rue de Rivoli. L'architecture en est habilement ordonnée, et se relie parfaitement avec les anciennes ailes du Louvre. Commencée en 1852, continuée avec une activité sans exemple, sous la direction de M. Visconti et de M. Lefuel, la galerie du nord touchait à son achèvement en 1855, époque de l'exposition universelle à Paris.

Puisque ce livre est consacré à la mémoire des rois, nous ne quitterons pas le Louvre sans visiter le musée des souverains, créé par un décret impérial en date du 15 février 1852, et établi dans les salles situées derrière la colonnade. Ce n'est pas sans émotion que l'antiquaire, l'historien ou l'amateur contemplent les objets plus ou moins précieux qui ont été à l'usage des rois et des reines de France. Il semble, malgré la distance des siècles, qu'on entre en communication directe avec ces illustres personnages, en voyant les objets que leurs mains ont souvent touchés. Nous mentionnerons seulement les plus précieux, en suivant l'ordre chronologique : une partie des insignes en or trouvés à Tournay, dans le tombeau de Childéric Ier; le trône de Dagobert; l'épée, les éperons et la main de justice de Charlemagne; le livre d'heures du même empereur, manuscrit exécuté en 780; le livre de prières et la bible de Charles le Chauve; un vase de cristal donné par la reine Éléonore d'Aquitaine au roi Louis VII; le bréviaire et le cachet de saint Louis; la bible de Charles V, portant la signature de ce prince et celles de son frère Jean, duc de Berri, de Henri III, de Henri IV, de Louis XIII et de Louis XIV; les heures d'Anne de Bretagne, chef-d'œuvre de la calligraphie et de la peinture en miniature; des livres de prières ayant servi à

Charles VIII, à Louis XII, à Henri II, à l'infortunée Marie Stuart, à Henri IV, à Louis XIV; l'épée de François Ier; le casque et le bouclier de Charles IX; deux épées de Henri IV; un miroir et un bougeoir couverts de pierres précieuses et de camées, offerts par la république de Venise à la reine Marie de Médicis; un coffret en filigrane d'or offert par le cardinal de Richelieu à la reine Anne d'Autriche; des armes, des meubles, des vêtements, des insignes ayant appartenu à Catherine de Médicis, Henri IV, Louis XIII, Louis XIV, Louis XV, Louis XVI, Marie-Antoinette, Louis XVIII, Charles X et Louis-Philippe. Enfin, dans la salle impériale, on a étalé une multitude d'objets rappelant l'histoire de Napoléon Ier, général, consul, empereur, exilé, ayant été à son usage dans les palais, dans les camps, et jusque sur le rocher de Sainte-Hélène.

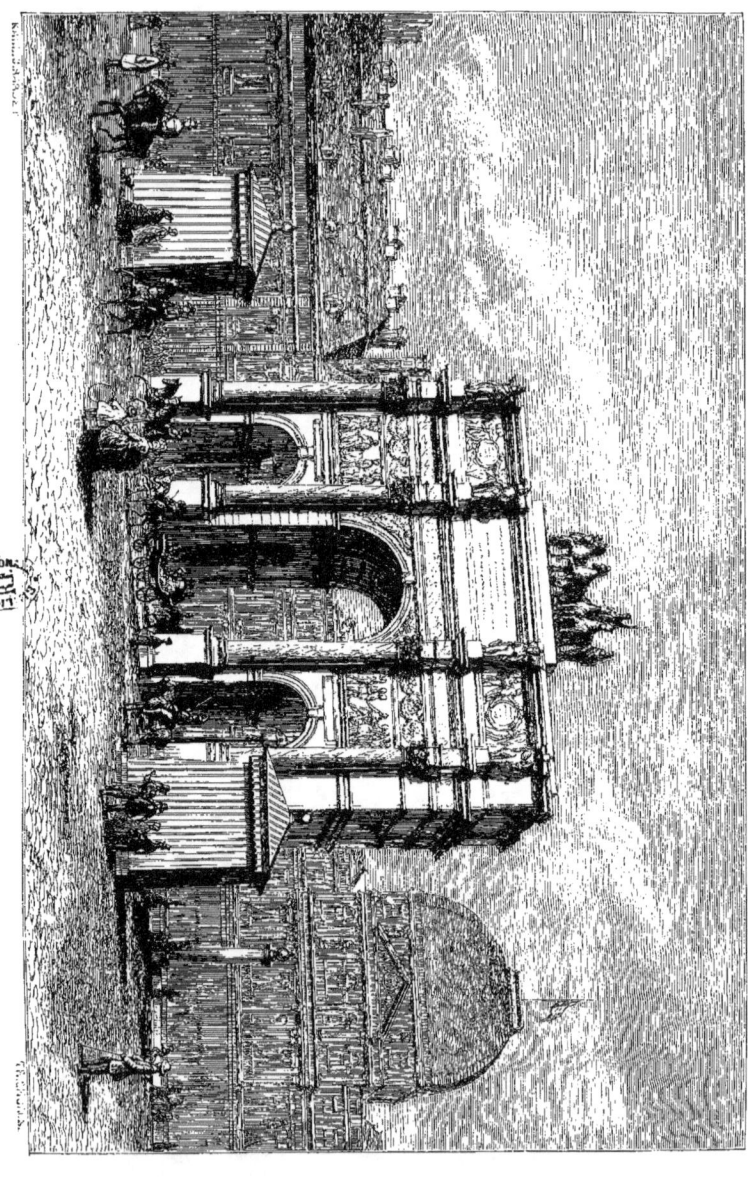

LES TUILERIES.

RÉSIDENCES ROYALES ET IMPÉRIALES

VI

LES TUILERIES

Après des luttes sanglantes et stériles, la paix venait enfin d'être signée. Les armes étaient posées : on allait respirer dans l'espérance d'un meilleur avenir. Henri II, roi de France, était ravi de joie. Plusieurs mariages semblaient devoir à jamais cimenter les traités de pacification. La sœur du roi, Marguerite de France, épousait Philibert, duc de Savoie; et Élisabeth, sa fille, s'unissait à Philippe, roi d'Espagne. Des joutes, des tournois, des fêtes magnifiques, étaient préparés pour la célébration de la cérémonie nuptiale qui devait avoir lieu à Paris. Une lice immense et somptueusement décorée avait été établie près du palais des Tournelles. Toute la noblesse du royaume était réunie pour prendre part à l'allégresse générale. Henri II excellait dans les exercices chevaleresques. Chacun admirait sa force et son adresse. Déjà le prince, dans de brillantes passes d'armes, a vaincu les ducs de Guise, de Ferrare et de Nemours : deux lances restent encore à briser. Henri, par une fatale inspiration, invite à la lutte Gabriel de Montgommery, capitaine de ses gardes, gentilhomme renommé pour sa valeur. Celui-ci refuse d'abord cet honneur, et, comme par une espèce de pressentiment, il s'excuse de manière à indisposer presque son maître. Vaincu enfin par les instances du roi, il monte à cheval, et s'élance dans la carrière. Les deux jouteurs se rencontrent; la lance de Montgommery se brise, soulève la visière du casque, et un éclat pénètre dans l'œil du roi. Le prince est relevé sans connaissance; onze jours après, le 10 juillet 1559, il expire aux palais des Tournelles, âgé de quarante ans, trois mois et onze jours. Il avait régné douze ans.

La mort du roi jeta la consternation dans tous les esprits; elle fut en même temps le signal des plus graves désordres dans le royaume. Catherine de Médicis monte alors sur la scène politique : elle avait comprimé jusqu'alors ses ressentiments. Désormais elle pourra laisser un libre cours à sa vengeance. Elle donne d'abord de violents signes de douleur de la fin tragique et inopinée du roi son époux. Elle quitte le palais des Tournelles, témoin de ce drame lugubre, jurant de ne plus y reparaître. Le Louvre, trop semblable à une forteresse, lui déplaisait. Elle résolut sur-le-champ de se faire construire une résidence mieux appropriée à ses goûts.

En dehors des remparts de Paris, et à une faible distance du Louvre, s'élevait l'hôtel des Tuileries. C'était un modeste manoir, acheté par François Ier, en 1518, à Nicolas de Neuville de Villeroy, pour y loger la duchesse d'Angoulême, sa mère, qui avait besoin de respirer l'air de la campagne. Six ans plus tard, la duchesse d'Angoulême, devenue régente du royaume pendant la captivité de son fils, en fit présent à Jean Tiercelin et à Julie du Trot.

Par un édit du 28 janvier 1564, le roi Charles IX avait ordonné la démolition du palais des Tournelles. Au mois de mai de la même année, Catherine de Médicis fit jeter les fondements du palais des Tuileries. La reine avait choisi comme architectes Philibert Delorme et Jean Bullant; il paraît qu'elle ne resta pas étrangère à la disposition du plan, à la distribution des bâtiments et au tracé des jardins. C'est Philibert Delorme lui-même qui nous apprend ce fait dans l'épître dédicatoire placée en tête de son *Traité d'architecture*. « Vous-mesme, dit-il à la reine, prenez la peine de portraire et esquicher les bastiments qu'il vous plaist commander estre faicts, sans y obmettre les mesures des longueurs et largeurs, avec le département des logis qui véritablement ne sont vulgaires et petits, ains fort excellents et plus que admirables. » Philibert Delorme avait le génie des grandes et belles constructions. Initié à tous les secrets de l'art difficile de bâtir, connaissant les finesses de l'architecture italienne, dont on se montrait alors fort engoué, mais formé à l'étude des sages principes de la renaissance française, il conçut l'idée d'un chef-d'œuvre. D'après le plan primitif que Ducerceau nous a conservé dans son livre intitulé *Les plus excellents Bastiments de France*, le nouveau palais devait être un édifice d'une rare élégance et de proportions d'une justesse parfaite. La façade tournée du côté des jardins était composée de différents corps d'architecture, en saillie les uns sur les autres, et complétée par une série de portiques destinés à faciliter les services accessoires d'une habitation royale. Au centre, une coupole hardie, flanquée de tourelles, recouvrait l'escalier, dont la construction surpassait celle de l'escalier si vanté du château de Chambord. « L'escalier de ce bel hostel, dit le P. Du Breul, tournant en limaçon et suspendu en l'air, sans aucun noyau qui en soutienne les marches, est le plus beau chef-d'œuvre d'architecture et une des plus hardies pièces qu'on puisse voir en notre France [1]. »

Les travaux marchaient avec régularité. On pouvait déjà juger de la magnificence toute royale des Tuileries. Philibert Delorme et Bullant se proposaient de lui donner une grandeur plus imposante encore, quand tout à coup, en 1566, la reine fit interrompre l'opé-

---

[1] *Théâtre des Antiquités de Paris*, p. 1049.

ration. Catherine de Médicis n'avait pas la conscience timorée, mais elle était superstitieuse. Un astrologue lui avait prédit qu'elle mourrait près de Saint-Germain. Ayant appris que le nouveau palais des Tuileries s'élevait sur la paroisse de Saint-Germain-l'Auxerrois, elle déclara qu'elle n'y fixerait pas sa résidence. A cause de cette prédiction, elle n'alla jamais à Saint-Germain-en-Laye. Elle commanda aussitôt à Jean Bullant de lui bâtir un autre palais, au centre de la ville. Ce fut l'Hôtel de la Reine, plus tard l'Hôtel de Soissons; il était situé sur l'emplacement actuel de la halle au blé. On a remarqué cependant, grâce à un concours curieux de circonstances, que Catherine de Médicis fut assistée à ses derniers moments par Jean de Saint-Germain, évêque de Nazareth à Clamecy.

L'œuvre de Delorme ne subsista pas longtemps dans sa pureté primitive : de nouvelles constructions vinrent en altérer l'ordonnance. Henri IV trouva le palais trop étroit; il chargea Ducerceau de l'agrandir. Celui-ci bâtit sur le bord de l'eau le massif pavillon de Flore, qu'il relia au palais déjà construit, au moyen de grands corps de logis d'un style tout à fait différent. Il en fut de même sous Louis XIV, lorsque l'architecte Levau éleva le pavillon du nord, connu sous le nom de Pavillon de Marsan, et le corps de logis du même côté. En 1664, Colbert, qui venait d'acheter la charge de surintendant des bâtiments du roi, fit transformer l'élégante coupole du centre en une lourde masse carrée, et disparaître l'escalier, sous prétexte qu'il dérobait la vue des jardins. Les ailes et les pavillons furent surmontés d'un attique. On réussit ainsi à donner à l'ensemble une régularité apparente, en coordonnant les principales lignes d'architecture. De nos jours, le roi Louis-Philippe fit détruire l'escalier bâti sous Louis XIV. « Le premier, dit M. de Guilhermy, passait pour un chef-d'œuvre; le second avait encore une certaine majesté; celui qui en tient lieu est d'une structure vulgaire, et, de plus, il a l'inconvénient d'obstruer complétement un des portiques de Philibert Delorme [1]. » Au moment où nous écrivons ces lignes, on entreprend des travaux considérables au palais des Tuileries. Nous ne décrirons pas les appartements, plusieurs fois dévastés par la révolution, restaurés toujours avec une richesse digne de la résidence du chef de l'État; nous préférons retracer quelques souvenirs historiques.

Le jardin des Tuileries n'était pas autrefois aussi étendu ni aussi bien distribué qu'il l'est aujourd'hui. Il était même séparé du château par une rue. Il y avait cependant un étang, un bois, une volière, une orangerie, des allées, des parterres, un écho, un théâtre et un labyrinthe. Durant son enfance, Louis XIII prenait ses ébats dans les grandes allées du jardin; il s'y exerçait

---

[1] *Itinéraire archéologique de Paris*, p. 295.

à sonner du cor, et s'amusait à dresser les faucons et les émérillons de sa volière. C'est dans ces exercices, auxquels il prenait grand plaisir, qu'il fit la connaissance du jeune d'Albert de Luynes, le plus expert des gentilshommes dans l'art de siffler les oiseaux, lequel, grâce à ce talent et à son habileté de courtisan, devait conquérir la faveur du roi de manière à devenir connétable de France [1].

Non loin de la volière était une ménagerie, où l'on enfermait des bêtes féroces, une garenne, un chenil et un terrain vague assez considérable. En 1630, Louis XIII donna le chenil et les terres environnantes à un nommé Renard, ancien valet de chambre du commandeur de Souvré. Le jardin de Renard ne tarda pas à acquérir de la réputation. C'était le rendez-vous du beau monde, et un lieu de promenade fréquenté par les politiques. Les courtisans se montraient souvent au jardin de Renard : on y bravait ses adversaires; on s'y essayait à la lutte; on s'y provoquait, surtout à l'époque de la Fronde. Un jour le duc de Candale, Jarzay, Boutteville, Saint-Mesgrin et autres seigneurs du parti de la cour s'y étaient réunis à souper. Ils étaient en train de manger et de s'enivrer, ne parlant de rien moins que de faire manger de l'herbe à tous les bonnets carrés du parlement, lorsque le duc de Beaufort parut tout

---

[1] *Histoire de Paris.*

à coup à la tête de deux cents frondeurs. Il s'ensuivit un tumulte effroyable. Les frondeurs chassent les violons, tirent la nappe, renversent les mets et les vins sur les convives. Les assaillants étaient les plus forts et les plus nombreux : les autres se fâchèrent, firent grand bruit, mais agirent prudemment en se retirant. Cette scène comique a été racontée dans les mémoires du temps.

Louis XIV habita quelque temps les Tuileries, surtout avant l'achèvement de Versailles. Son appartement était au rez-de-chaussée, du côté du jardin. Le Nôtre dessina le jardin avec ce goût qui l'a rendu justement célèbre. Il faut convenir que le site est admirable : au midi coule la Seine, à l'ouest s'étendent la place Louis XV et l'avenue des Champs-Élysées. Ajoutons que le point de vue a été sensiblement embelli en ces derniers temps par la construction de l'arc de triomphe de l'Étoile, par des nivellements de terrain et par la création toute récente de la promenade du bois de Boulogne, la plus belle promenade du monde.

En 1670, Louis XIV était aux Tuileries. Bossuet était alors précepteur du Dauphin. Une nuit de cette même année, on entend retentir dans le palais ces mots lugubres : « Madame se meurt ! Madame est morte ! » Elle venait de mourir subitement à Saint-Cloud, à l'âge de vingt-six ans. Madame, épouse de Philippe de France, duc d'Orléans, frère de Louis XIV, était fille de l'infortuné Charles Ier, roi d'Angleterre, et de Henriette de France, fille de Henri IV. Cette princesse, enlevée à la fleur de l'âge, non sans soupçon d'un empoisonnement, était née au milieu des orages. La reine d'Angleterre, sa mère, la mit au monde dans un camp, à Exeter, à quelques pas des ennemis qui la poursuivaient. Bossuet prononça son oraison funèbre : tableau saisissant de la vanité des grandeurs humaines. L'orateur avait choisi pour texte de son discours ce passage de l'Écriture : *Omnes morimur, et quasi aquæ dilabimur*. Aux accents de son éloquence, au souvenir de cette princesse, douée de tous les agréments de l'esprit et du corps, frappée, comme par un coup de tonnerre, au sein d'une cour où elle était adorée, tout le monde fondait en larmes et éclatait en sanglots. Jamais les circonstances n'étaient venues mieux en aide à un orateur : les cœurs étaient naturellement portés à l'attendrissement. Dans la bouche de Bossuet, les sentiments trouvaient leur plus noble expression, et la douleur rencontrait un écho sublime.

A la même époque une autre voix célèbre commence à se faire entendre à la chapelle des Tuileries : c'est celle de Bourdaloue. Il prêche d'abord l'Avent, et dès le premier début il produit un effet extraordinaire. Sous la frivolité qui règne habituellement dans une cour, il y avait alors dans les esprits un fond sérieux, une instruction solide et religieuse, qui n'ont guère reparu depuis. La marquise de Sévigné, la perle des beaux-esprits du temps, écrivait à cette occasion : « Le Père Bourdaloue prêche divinement bien aux Tuileries; il passe infiniment tout ce que nous avons ouï. » Bourdaloue prêcha fréquemment à la cour. A cause de la solidité de sa doctrine et de son talent éminent, il mérita d'être surnommé *le roi des prédicateurs, et le prédicateur des rois.* Louis XIV aimait beaucoup à l'entendre, et pourtant le ministre de la parole évangélique faisait résonner à ses oreilles, et sans aucun ménagement, les plus dures vérités et les plus austères enseignements de la morale. « Nous entendîmes après dîner, dit Mme de Sévigné, le sermon de Bourdaloue, qui frappe toujours comme un sourd, disant des vérités à bride abattue, parlant à tort et à travers contre l'adultère : sauve qui peut, il va toujours son chemin. »

On a souvent mis Bourdaloue en parallèle avec Massillon. L'un et l'autre sont très-éloquents; mais ils le sont d'une manière différente. Ce fut dans cette même chapelle des Tuileries, durant la minorité de Louis XV, que Massillon prêcha *le Petit Carême,* un des plus beaux monuments de l'éloquence française, chef-d'œuvre de doctrine et de style, incomparable modèle de dignité et de simplicité. Quelles leçons sublimes la religion, par la bouche de Massillon, faisait entendre au jeune roi! « Plus on est grand, disait-il, plus on est redevable au public. » — « Sire, heureux le peuple qui trouve ses modèles dans ses maîtres, qui peut imiter ceux qu'il est obligé de respecter, qui apprend dans leurs exemples à obéir à leurs lois, et qui n'est pas contraint de détourner ses regards de ceux à qui il doit ses hommages. » Écoutons encore l'instruction donnée au petit-fils de Louis XIV, dans un siècle où l'on prétend de nos jours que la parole, même la parole évangélique, était gênée. « Ce n'est donc pas le souverain, s'écrie l'orateur, c'est la loi, Sire, qui doit régner sur les peuples. Vous n'en êtes que le ministre et le premier dépositaire. C'est elle qui doit régler l'usage de l'autorité : et c'est par elle que l'autorité n'est plus un joug pour les sujets, mais une règle qui les conduit, un secours qui les protège, une vigilance paternelle qui ne s'assure leur soumission que parce qu'elle s'assure leur tendresse. Les hommes croient être libres quand ils ne sont gouvernés que par les lois : leur soumission fait alors tout leur bonheur, parce qu'elle fait toute leur tranquillité et toute leur confiance : les passions, les volontés injustes, les désirs excessifs et ambitieux que les princes mêlent à l'usage de l'autorité, loin de l'étendre, l'affaiblissent; ils deviennent moins puissants dès qu'ils veulent l'être plus que les lois; ils perdent en croyant gagner[1]. »

Au moment où de si nobles inspirations descendaient

---

[1] *Œuvres complètes de Massillon*; Paris, 1838, tome VI, p. 119.

de la chaire aux Tuileries, à quelques pas, dans le vaste appartement connu sous le nom de cabinet du roi se réunissait le conseil de régence. La régence! quels tristes souvenirs! A quels hommes l'honneur de la France fut-il confié! Quels abaissements! On connaît la vie du régent. Il en faisait deux parts : la moindre était donnée aux affaires; la plus large était consacrée aux plaisirs, pour ne pas dire à la débauche. Fermons les yeux sur tant de scandales, et passons à autre chose. Nous voulions oublier ces scènes; mais voilà que la punition est prête: la Providence va donner à la France, à la monarchie, aux ordres les plus élevés de l'État, au monde, la plus terrible leçon.

Depuis quelque temps les Tuileries étaient désertes. Aux orgies de la régence avaient succédé les désordres d'un prince qui avait bien peu profité des leçons que la religion lui avait données. Louis XVI était la victime choisie pour l'expiation. Le 6 octobre 1789, un bruit inaccoutumé remplit les rues de Paris; la population couvre les quais de la Seine. Le cortége royal s'avance au milieu d'une armée de bandits et de mégères, que les crimes commis à Versailles n'ont fait que surexciter. Spectacle horrible! des têtes coupées sont portées sur la pointe des piques; des hommes, hurlant et blasphémant, sont armés de haches sanglantes; des chants obscènes se mêlent aux huées, aux injures, aux menaces, aux imprécations. Quelle entrée pour un roi de

France! Évidemment Louis XVI marchait au martyre. La voiture royale passa au pied du pavillon de Flore et prit la direction de l'hôtel de ville; elle n'arriva aux Tuileries que vers minuit.

La journée du 6 octobre fut une des plus tristes dans les annales de notre histoire. Le roi, la reine, les princes et princesses et leurs serviteurs subirent les plus cruelles humiliations. Hélas! ce n'était encore qu'une des premières scènes du plus terrible des drames. La révolution ne devait pas tarder à arracher la royauté de son palais. Le 20 juin 1792, l'émeute pénètre jusque dans les salles intérieures des Tuileries. En présence de cette vile populace, de ces hommes et de ces femmes en guenilles, proférant d'affreuses menaces; en face de la mort, Louis XVI resta calme; son attitude fut celle d'un roi. « L'homme de bien ne tremble jamais, » dit-il au maire de Paris, qui s'efforçait de le rassurer. Puis, par un trait d'une grandeur et d'une simplicité antiques, prenant la main d'un grenadier : « Mets-la sur mon cœur, continua-t-il, et dis à cet homme s'il bat plus vite qu'à l'ordinaire. »

Cette fois l'émeute se dissipa, comme un orage que la tourmente pousse et emporte. Le 10 août de la même année, elle se remit à gronder plus menaçante que jamais. Comment peindre ces scènes hideuses, qui ne devaient pas tarder à être sanglantes? Les avenues du château sont encombrées d'une foule hostile. Le roi est entouré de sujets fidèles; mais l'issue de la lutte ne peut être douteuse. Le cœur de Louis XVI aurait-il jamais consenti à donner le signal qui allait faire couler des flots de sang? Non. Il préféra quitter son palais, et chercher un refuge au sein de l'assemblée nationale.

Son départ est accompagné de clameurs insultantes. La populace se précipite dans le palais, après avoir massacré les sentinelles; mais elle est repoussée à coups de fusil par les Suisses restés sur les degrés du grand escalier. La vue du sang enivre la multitude. On se précipite à l'assaut du palais. Les Suisses jonchent de cadavres le vestibule et les premières marches de l'escalier; mais eux-mêmes succombent sous le nombre. Leurs coups deviennent de plus en plus rares. Enfin leur feu s'éteint; le dernier vient de succomber. Raconterons-nous maintenant les saturnales qui suivirent? Montrerons-nous ces cadavres dépouillés, mutilés? Non; détournons les regards.

Quand l'émeute, comme un torrent, se fut écoulée, les Tuileries n'étaient plus qu'une ruine. La convention s'installa dans le théâtre du château, et y tint ses séances. Plus tard, le général Bonaparte entoura les Tuileries de canons, avec lesquels il foudroya sur le perron de Saint-Roch les sections armées. Le conseil des Anciens vint s'installer à la place de la convention. Mais nous sommes à la veille de voir une nouvelle dynastie prendre possession du palais. Le 10 février 1800, le premier consul ordonna de faire disparaître les traces de la fatale journée du 10 août. Peu de temps après il entrait aux Tuileries, aux applaudissements enthousiastes de cette multitude qui avait juré naguère de n'avoir plus de maître. Bonaparte, premier consul, occupa l'appartement de Louis XVI; Joséphine se logea dans celui de Louis XIV. Dès lors le palais de Catherine de Médicis devint le rendez-vous de toutes les grandeurs et de toutes les gloires. Napoléon eut un cortége comme aucun prince n'en eut jamais. Sa cour fut remplie de rois, de princes, d'ambassadeurs, de maréchaux, de généraux, de savants, d'illustrations de tout genre. L'Europe accourait aux Tuileries près du grand capitaine qui semblait commander à la victoire. Vainqueurs et vaincus s'y pressaient, sous tous les titres, sous tous les costumes. Bientôt on y vit arriver la première majesté de la terre : Pie VII, souverain pontife.

Le pape, cédant aux instances de Napoléon, avait consenti à quitter Rome pour venir le sacrer à Notre-Dame; il fut logé aux Tuileries, dans le pavillon de Marsan. L'agitation semblait toujours croître aux Tuileries. De nouvelles victoires y amenaient chaque jour, pour ainsi dire, de nouveaux visiteurs; elles étaient célébrées par des fêtes splendides. Un jour, la petite-fille de Marie-Thérèse vint y partager le trône du souverain de la France; les réjouissances et les fêtes furent plus éclatantes que jamais. Elles furent dépassées peut-être à la naissance du jeune prince auquel, par un entraînement déplorable, on donna le titre de *roi de Rome*. Bientôt le trouble succéda aux démonstrations de la joie. Les désastres de la campagne de Russie, qui eurent jusqu'au fond de nos provinces un retentissement si douloureux, amenèrent l'étranger dans notre patrie. Le 25 janvier 1814, Napoléon quittait les Tuileries pour voler en Champagne, où la victoire lui fut fidèle; mais il est une heure où les événements sont plus forts que la valeur et le génie. Le 20 mars 1815, l'empereur parut encore au palais; le 12 juin de la même année, il partait pour Waterloo!

Louis XVIII et Charles X revirent le palais de leurs pères. En 1820, on y célébrait avec enthousiasme la naissance de celui que les poëtes saluaient alors du nom d'*enfant du miracle*. Dix ans après, les Bourbons reprenaient le chemin de l'exil; la révolution, comme au 10 août, saccageait les appartements des Tuileries. Le 24 février 1848, elle y fit encore une sombre apparition; Louis-Philippe quittait Paris pour se réfugier en Angleterre. Le silence se fit quelque temps aux Tuileries; puis, par suite du vote de 1852, l'élu de la nation, l'empereur Napoléon III, y vint prendre possession de cette magnifique résidence, réservée au chef de l'État.

VERSAILLES (Vue générale).

VII

VERSAILLES

S'il est vrai, comme on l'a souvent répété, que les monuments rappellent les événements et les grands personnages, d'une manière, pour ainsi dire, vivante à travers les siècles, cette remarque, il faut l'avouer, s'applique éminemment au château de Versailles. Un siècle et demi s'est écoulé depuis que Louis XIV a rendu le dernier soupir, et le souvenir du grand roi remplit encore Versailles, comme sa renommée remplit l'histoire. Ce n'est pas nous, certes, admirateur sincère de toutes les grandeurs de la patrie, qui essaierons d'amoindrir la mémoire de Louis le Grand. Aujourd'hui, trop souvent, par suite de je ne sais quelle aberration, des écrivains remplis de haine pour le passé s'efforcent de diminuer les gloires monarchiques de la France, comme si l'abaissement des grandes réputations d'autrefois pouvait relever ces petits esprits. Et pourtant n'est-ce pas servir son pays que de reconnaître et d'exalter toutes les illustrations qui en ont assuré la prééminence dans le monde ?

Témoin, et, si l'on peut s'exprimer ainsi, victime des désordres de la Fronde, qui humilièrent l'autorité royale en forçant le prince à fuir devant l'émeute, Louis XIV releva la puissance du souverain, et la plaça hors des atteintes même des plus influents parmi ses sujets. Héritier des vues de Louis XI, de François Ier, de Henri IV et du cardinal de Richelieu, mettant à profit les luttes persévérantes et parfois passionnées de ces grands politiques, il réalisa pleinement et pour la première fois, en sa personne, l'unité du gouvernement. Dans les réformes administratives de ses prédécesseurs, l'intérêt du peuple n'était pas différent de celui de la monarchie. Louis XIV eut l'insigne avantage de naître à temps pour mettre la dernière main à l'œuvre commencée depuis longtemps, et poursuivie au milieu de tant de vicissitudes. A présent que les désordres sanglants du xve et du xvie siècle sont oubliés, que nous regardons presque comme de mauvais rêves les révoltes armées des grands feudataires, nous avons peine à concevoir un vaste pays comme la France dépourvu de l'action énergique d'un pouvoir central. Comment pourrions-nous comprendre le sentiment de fierté légitime de Louis XIV, sentant que la France commençait à entrer dans une ère nouvelle de prospérité, grâce à l'unité, ce levier dont la force est capable de remuer le monde, en s'écriant : « L'État, c'est moi ! » Des esprits superficiels ont été révoltés de cette expression, faute d'en saisir la portée. Oui, l'État c'est la puissance souveraine résidant dans la personne d'un roi, d'un empereur, d'un président, d'un chef, de quelque titre qu'il soit décoré ; et non ces morcellements d'attributions, de juridictions, ces droits, ces priviléges, ces antagonismes, tristes conséquences de la féodalité. L'unité n'est pas le despotisme ; de même que l'obéissance aux lois n'est pas la servitude, et que la participation de la nation au gouvernement du pays n'est pas l'anarchie.

Nous n'avons point ici à faire le panégyrique de Louis XIV ; tout le monde connaît ses qualités, et personne n'ignore ses défauts : la postérité ne l'a pas absous, elle ne pardonne jamais les défaillances morales. Mais pourrait-elle oublier un des règnes les plus justement célèbres de notre histoire ? Tant que la civilisation ne sera pas un vain mot, l'univers saluera du nom de Louis XIV un siècle aussi fertile en merveilles de tout genre que les siècles à jamais illustres de Périclès, d'Auguste, de Charlemagne, de Léon X et de François Ier.

Entrons au château de Versailles. Pénétrons au milieu de cette cour, la plus brillante qui fut jamais, et qui est restée en Europe le modèle de la bonne compagnie, comme la langue qu'on y parlait est toujours le type du beau langage ; la littérature qui en fut le reflet demeurera à jamais un objet d'admiration et d'envie. Dans ce palais féerique où se pressent les représentants de l'antique noblesse française, nous rencontrerons toutes les illustrations de l'Église, de l'armée, de la magistrature, de l'administration, des beaux-arts et des lettres.

Versailles était autrefois un simple village, auquel se rattachent à peine quelques vagues souvenirs historiques du moyen âge. Louis XIII aimait à prendre le plaisir de la chasse dans les forêts du voisinage. Ce prince, d'humeur naturellement froide, se passionnait tellement pour cet exercice violent, qu'il était accablé de fatigue après de longues chasses dans la forêt de Saint-Léger. Afin de trouver à Versailles un gîte convenable pour lui et pour ses favoris, il fit bâtir un petit pavillon, où restaient ses équipages de chasse. Les goûts du roi furent assez changeants; sa passion pour la chasse fut seule constante. Bientôt, au lieu d'un simple abri, Louis XIII voulut avoir un château, *chétif château*, dit Bassompierre, *duquel le moindre gentilhomme ne saurait tirer vanité*. L'habitation royale s'éleva, vers 1627, sur les plans de l'architecte Le Mercier : elle était composée d'un corps de logis flanqué de deux pavillons. Elle subsiste encore en grande partie; un œil exercé peut la distinguer au milieu des bâtiments du château, où Louis XIV tint à la conserver, par respect pour la mémoire du roi son père. Les connaisseurs n'ont pas tous partagé l'avis de Bassompierre. Le vieux château de Versailles était loin de manquer de caractère. Il est vrai qu'il ne répondait en rien à la magnificence des palais royaux de Paris, et surtout qu'il n'était pas en état de soutenir la moindre comparaison avec la somptueuse demeure créée plus tard par les ordres de Louis XIV.

Pour celui qui regarde le château de Versailles du côté des jardins, la masse des bâtiments présente la forme d'un aigle aux ailes éployées. Quoique la perspective n'en soit pas variée, elle est néanmoins très-imposante. L'œil contemple avec plaisir ces grandes façades, soutenues par les pavillons en saillie, dont l'ordonnance n'est dépourvue ni d'élégance ni de majesté. C'est là, il faut en convenir, le trait distinctif des constructions de Versailles : en aucun lieu du monde une cour royale n'a possédé un plus splendide abri.

La malignité et la jalousie n'ont pas épargné la mémoire du roi dont la volonté puissante présidait à la construction et aux principales distributions de cette belle résidence. On a dit et souvent répété que Louis XIV choisit Versailles comme emplacement du nouveau palais par un goût bizarre, et par la folle vanité de commander, pour ainsi dire, à la nature, en triomphant des obstacles : le site n'offrait que des difficultés à vaincre, sans agréments, sans aucun des charmes du pittoresque, de la fraîcheur, des points de vue, qui séduisent le regard. Personne ne peut nier que le château de Saint-Germain-en-Laye n'occupe une position bien préférable. C'est une tradition en Touraine que Louis XIV eut un instant l'intention de bâtir son château à l'extrémité du plateau qui domine la vallée du Cher et de la Loire, près de Montlouis, non loin du château trop célèbre de la Bourdaisière, en face du château non moins connu de Véretz, à douze kilomètres d'Amboise et de Tours. Ce site est admirable. Je ne crois pas qu'il existe au monde de perspective plus vaste, plus riche, plus variée, plus riante. La vue embrasse sans peine le cours de deux grandes rivières, dans deux vallons d'une fertilité proverbiale; à vos pieds, ces deux vallons s'unissent pour former le délicieux val de la Loire, bordé de chaque côté de collines couvertes d'arbres et de vignobles. L'imagination ne saurait rêver un site plus enchanteur. Sur cette espèce de promontoire, dont toutes les pentes semblent adoucies de main d'homme, dans un cadre embelli de toutes les grâces de la nature, quel aurait été l'aspect magique du palais de Louis XIV!

Plusieurs raisons portèrent Louis XIV à quitter Paris et à fixer sa résidence à la campagne. Le roi n'avait jamais perdu le souvenir des émeutes qui durant sa minorité l'avaient forcé à quitter sa capitale. Il voyait encore le visage sérieux d'Anne d'Autriche, sa mère, inondé de larmes, au moment où elle sortait furtivement du Palais-Royal, au milieu de la nuit, fuyant devant des sujets révoltés. Le jeune prince avait dix ans alors; mais on connaît le caractère de Louis XIV; l'impression de cette scène pénible ne dut jamais s'effacer de sa mémoire. Versailles ayant été choisi, aucune dépense ne fut ménagée pour en faire un séjour digne d'un monarque porté naturellement au faste et à la magnificence. Les bâtiments s'ajoutaient aux bâtiments. L'espace semblait toujours trop étroit; et il paraît certain que le palais eût reçu de nouveaux agrandissements, si la fortune n'avait pas été si contraire vers la fin du règne. Peut-être à cause des résolutions que la suite des temps et des événements contraignit à modifier, quelques parties de ces vastes bâtiments manquèrent-elles de régularité; l'ensemble néanmoins se déploya toujours avec une certaine harmonie. Dès que le roi vit que ce château était en état de contenir à peu près sa cour, il se hâta de l'y transporter vers 1680; mais il ne s'y fixa tout à fait qu'après la mort de la reine, en 1683. Lorsqu'on y fut une fois établi, chaque jour offrit de nouveaux objets de travaux : des bâtiments séparés à réunir, des collines à aplanir, des fondrières à combler, un terrain mouvant et fangeux à affermir, des canaux à diriger, des bassins à creuser, des eaux à y conduire.

Nous n'avons point à raconter en détail l'exécution de tous ces travaux; ce serait un récit très-long et peu intéressant. Au lieu d'analyser des mémoires de maçonnerie et de rechercher des dates obscures, nous préférons décrire brièvement la disposition des grands appartements. Cette description aidera à mieux comprendre les mémoires historiques du temps. Nous essaierons ensuite de tracer en abrégé le tableau de la vie intérieure de Louis XIV à Versailles. Il sera composé de détails coordonnés de manière à permettre, si l'on peut parler ainsi, de passer une journée à la cour, en compagnie du roi. L'histoire proprement dite ne peut pas remplir ses pages de petits faits de ce genre : leur place, au contraire, est marquée dans notre livre, puisqu'ils servent à expliquer la plus grandiose des résidences royales. Enfin nous ferons connaître la destination actuelle du château de Versailles, transformé en musée national.

En arrivant au château de Versailles par l'avenue de Paris, on aperçoit la chapelle à droite en entrant. Il y eut d'abord et successivement deux chapelles à l'intérieur des bâtiments : la première, élevée sous Louis XIII, près de l'escalier de marbre; la seconde, construite sous Louis XIV, où se trouve aujourd'hui le salon d'Hercule. Des agrandissements firent supprimer ces deux édifices, et donnèrent naissance à la chapelle actuelle, commencée en 1699 et finie en 1710. C'est le dernier ouvrage de l'architecte Mansard; et, quoi qu'en dise dans ses Mémoires le duc de Saint-Simon, dont la critique mordante n'épargne, pour ainsi dire, aucune des œuvres de Louis XIV, cette église est d'une structure élégante. La longueur est de trente-cinq mètres environ; une magnifique tribune, où se tenait habituellement le roi, règne tout autour.

L'éloquence de la chaire, dans ce qu'elle a de plus sublime, et par la bouche de Bossuet, de Bourdaloue et de Massillon, fit entendre ses chefs-d'œuvre à Versailles. La religion fit descendre de la chaire, au milieu de la foule des courtisans, des enseignements sévères : la vérité ne perdit jamais ses droits. A la fin du carême de 1704, Louis XIV dit publiquement à Massillon : « J'ai entendu dans ma chapelle plusieurs prédicateurs dont j'ai été très-satisfait; mais en vous écoutant j'ai été mécontent de moi-même. » L'orateur chrétien usait de toute la liberté que lui assure la sainteté de son ministère. Écoutez ces paroles adressées à des hommes exposés à toutes les séductions du monde : « Quand vous nous dites que vous êtes du monde, que prétendez-vous dire? — Que vous êtes dispensés de faire pénitence? Mais si le monde est le séjour de l'innocence, l'asile de toutes les vertus, le protecteur fidèle de la pudeur, de la sainteté, de la tempérance, vous avez raison. — Que la prière vous est moins nécessaire? Mais si dans le monde les périls sont moins fréquents que dans les solitudes, les piéges moins à craindre, les séductions moins ordinaires, les chutes plus rares, et qu'il faille moins de grâce pour s'y soutenir; je suis pour vous. — Que la retraite n'y saurait être un devoir? Mais si les entretiens y sont plus saints, les assemblées plus innocentes; si tout ce qu'on y voit, qu'on y entend, élève à Dieu, nourrit la foi, réveille la piété, sert de soutien à la grâce; je le veux. — Qu'il en doit moins coûter pour se sauver? Mais si vous y avez moins de passions à combattre, moins d'obstacles à surmonter; si le monde vous facilite tous les devoirs de l'Évangile, l'humilité, l'oubli des injures, le mépris des grandeurs humaines, la joie dans les afflictions, l'usage chrétien des richesses; vous dites vrai, et on vous l'accorde. O hommes! tel est votre aveuglement, de compter vos malheurs parmi vos priviléges; de vous persuader que ce qui multiplie vos chaînes augmente votre liberté, et de faire votre sûreté de vos périls mêmes. »

Dans ce beau mouvement oratoire, Massillon n'a pas besoin de discuter : la conscience répond en secret à toutes les questions qui se pressent en l'accablant. Non moins sublime était Bossuet, dont le génie a excité dans tous les pays l'admiration de tous les esprits sensibles aux grandes et nobles idées. « Qu'un homme de goût, dit le plus célèbre des critiques modernes, le relise, qu'il le médite; il en sera terrassé d'admiration. Je ne saurais exprimer autrement la mienne pour Bossuet. Dans ses écrits on ne trouve jamais la moindre apparence d'effort ni d'apprêt, rien qui vous fasse songer à l'auteur. Il vous échappe entièrement, et ne vous attache qu'à ce qu'il dit. C'est là surtout, on ne saurait trop le répéter, la différence essentielle du grand talent et de la médiocrité, du bon goût et du mauvais. Si votre imagination vous commande, vous me commandez; et, dans ce cas, je ne verrai rien dans vous qui démente cette impression. Je ne vous verrai rien chercher, rien affecter, rien contourner. Suivez de l'œil l'aigle au plus haut des airs, traversant toute l'étendue de l'horizon; il vole, et ses ailes semblent immobiles. On croirait que les airs le portent : c'est l'emblème de l'orateur et du poëte dans le genre sublime, c'est celui de Bossuet[1]. »

Après ces souvenirs sérieux se rattachant à la chapelle de Versailles, nous rapporterons une anecdote plaisante empruntée aux récits de Saint-Simon. Le roi assistait tous les jours à la messe; les courtisans s'empressaient d'imiter son exemple. « Brissac, major des gardes du corps, dit Saint-Simon, était un homme droit, qui ne pouvait souffrir le faux. Il voyait avec impatience toutes les tribunes bordées de dames l'hiver au salut, les jeudis et les dimanches, où le roi ne manquait guère d'assister, et presque aucune ne s'y trouvait quand on savait de bonne heure qu'il ne viendrait pas; et, sous prétexte de lire dans leurs Heures, elles avaient toutes de petites bougies devant elles pour les faire reconnaître et remarquer. Un soir que le roi devait aller au salut, tous les gardes postés et toutes les dames placées, arriva

---

[1] La Harpe, *Cours de littérature*, tome XIII.

le major, qui, paraissant à la tribune vide du roi, lève son bâton et crie tout haut : « Gardes du roi, retirez-vous, rentrez dans vos salles, le roi ne viendra pas. » Aussitôt les gardes obéissent. Murmures tout bas entre les femmes; les petites bougies s'éteignent, et les voilà toutes parties, à l'exception de trois ou quatre qui demeurèrent. Brissac avait posté des brigadiers aux débouchés de la chapelle pour arrêter les gardes, et qui les firent reprendre leurs postes sitôt que les dames furent assez loin pour ne pouvoir pas s'en douter. Là-dessus arrive le roi, qui, bien étonné de ne point voir de dames remplir les tribunes, demande par quelle aventure il n'y avait personne. Au sortir du salut, Brissac lui conta ce qu'il avait fait, non sans s'espacer sur la piété des dames de la cour. Le roi en rit beaucoup, et tout ce qui l'accompagnait. L'histoire s'en répandit incontinent après; toutes ces femmes auraient voulu l'étrangler. »

Non loin de cette chapelle, le grand escalier éclairé par le comble conduisait, au moyen de spacieux vestibules, aux grands appartements. Ceux-ci consistaient en une longue enfilade de pièces magnifiques. L'antichambre était précédée de deux salles des gardes. La salle de l'Œil-de-Bœuf était une autre antichambre, tout à fait intérieure. C'était là que les courtisans venaient attendre le lever du maître. La chambre à coucher du roi et la salle du conseil communiquaient à la grande galerie. A l'une des extrémités de la galerie était le salon de la Guerre, d'où l'on communiquait avec les salons d'Apollon, ou du Trône, de Mercure, de Mars, de Diane, de Vénus. A côté se trouvaient les petits appartements du roi, ayant leurs fenêtres ouvertes sur des cours intérieures et sur la cour de marbre. Faisant suite au salon de la Paix, placé en face du salon de la Guerre et à l'autre extrémité de la galerie, se trouvaient les appartements de la reine. Au second étage, formant attique, on avait pratiqué quantité de petits appartements, occupés par les personnes attachées à la cour.

La nomenclature même la plus détaillée des pièces du château de Versailles ne saurait donner une idée exacte de la disposition des appartements; à plus forte raison une simple description serait-elle impuissante à retracer la magnificence qui éclatait partout. Tout ce qu'on peut imaginer de plus précieux sous le rapport de la matière et de l'art était répandu avec profusion. Rien n'avait été ménagé dans la décoration. Les peintres les plus renommés avaient peint les escaliers et les plafonds : des tableaux des plus célèbres maîtres garnissaient les murailles. L'or, l'argent, le bronze, façonnés de mille manières, étincelaient en candélabres, vases, lustres, girandoles, aux cheminées, aux meubles, et relevaient les autres ornements par leur richesse et leur éclat. La grande galerie était d'un luxe éblouissant. Il ne suffit pas de voir en imagination, ni même en réalité, ces magnifiques appartements, vides aujourd'hui, pour connaître le palais de Louis XIV ; il faudrait contempler les assemblées brillantes des personnages privilégiés qui remplissaient ces salons dans les fêtes d'apparat ou dans les réunions pompeuses, où tous, par une émulation ruineuse, cherchaient à étaler ce que la richesse et l'élégance savent créer de plus brillant et de meilleur goût.

VERSAILLES (Louis XIV se promenant dans le parc).

VIII

VERSAILLES

(SUITE)

Entrons maintenant dans les salons de Versailles, pour y assister aux assemblées de la cour. Ce sera le meilleur moyen de connaître Louis XIV et de se faire une juste idée de la vie intérieure, des occupations quotidiennes, des fonctions habituelles, du cérémonial, des exigences, des soucis et des passe-temps ordinaires d'un prince que l'histoire nous a habitués à regarder comme le plus illustre représentant de la royauté moderne. Au moment où nous sommes admis au château, Louis XIV n'est plus jeune; l'âge mûr a réglé ses mœurs. Si les fêtes sont moins nombreuses, elles ne sont pas moins brillantes; et, pour être plus décentes, les conversations ne sont pas moins polies. Nous avons besoin d'être conduits par un des habitués de la cour, assez disposé à causer familièrement, de manière à nous instruire de tout ce qui est propre à piquer notre curiosité. Malgré son penchant à la médisance, nous choisissons le duc de Saint-Simon. C'est lui qui nous guidera, c'est lui qui parlera [1].

Lever. — « Je rapporterai, dit-il, ce que j'ai vu pendant les vingt-deux dernières années de Louis XIV, et ce qu'ont vu avant moi des personnes attentives et assidues à la cour. A huit heures, le premier valet de chambre en quartier, qui avait couché seul dans la chambre du roi, et qui s'était habillé, l'éveillait. Le premier médecin, le premier chirurgien, et sa nourrice, qui a vécu fort âgée, entraient; celle-ci l'embrassait, les autres examinaient sa santé. A huit heures et un quart, on appelait le grand chambellan, et en son absence le premier gentilhomme de l'année, et en même temps les grandes entrées. L'un de ces deux ouvrait le rideau qui avait été refermé, présentait l'eau bénite et le livre de l'office du Saint-Esprit, et ils se retiraient tous dans le cabinet du conseil. Après cet office, qui était très-court, le roi les rappelait; le même qui avait présenté l'eau bénite donnait la robe de chambre, et cependant les secondes entrées et les brevets d'affaires entraient; ensuite la Chambre et ce qui se trouvait de plus distingué, puis tout le monde connu. » C'était ce qu'on appelait assister au *lever du roi.*

Habillement. — « Le roi était toujours habillé de couleur plus ou moins brune, souvent de velours noir, avec

---

[1] Voy. *Louis XIV, sa Cour et le Régent*, par Anquetil, tome II, p. 393.

une légère broderie, et une veste de drap ou de satin, rouge ou blanche, fond brodé. Jamais de bagues et de pierreries qu'à ses boucles et au chapeau, qu'il portait bordé d'un point d'Espagne d'or, avec un plumet blanc; toujours le cordon bleu dessous, excepté les jours de noces et de gala, qu'il le portait dessus, fort long, avec huit ou dix millions de pierreries.

« Dès qu'il était habillé, il allait prier Dieu à la ruelle de son lit. Après la prière, il passait dans son cabinet, où se trouvaient tous ceux qui avaient cette entrée par leurs charges, et qui étaient en grand nombre. Là, il donnait l'ordre pour la journée, de sorte qu'on savait, à un demi-quart d'heure près, ce que devait faire le roi, et ce qu'on avait à faire soi-même. »

Messe. — « Pendant ces conversations ou audiences, toute la cour à Versailles attendait dans la galerie, jusqu'à ce que le roi fît avertir qu'il voulait aller à la messe. Alors le capitaine des gardes, qui avait attendu à la porte, entrait et accompagnait jusqu'à la chapelle. Le roi n'allait en bas que pour les grandes fêtes ou pour des cérémonies. La musique chantait un motet. Il se tenait très-respectueusement à l'église. Tout le monde était obligé de se mettre à genoux au *Sanctus,* et d'y demeurer jusqu'après la communion du prêtre. Le moindre bruit excitait son attention, et il en marquait son déplaisir. En allant à la messe et en revenant, chacun lui parlait, pourvu cependant qu'on eût averti le capitaine des gardes, si on n'était pas d'un rang distingué. »

Conseils. — « Les ministres s'assemblaient, pendant la messe, dans la chambre du conseil. Il y avait conseil d'État le dimanche, souvent le lundi; mardi, conseil des finances; mercredi, conseil d'État; samedi, conseil des finances. Il était rare qu'il y en eût deux en un jour, et qu'il s'en tînt le jeudi et le vendredi. Tous les ministres étaient assis suivant leur rang entre eux; mais au conseil des dépêches, tous étaient debout tant qu'il durait.

« Le jeudi matin était un jour d'audiences secrètes, de conversations de famille et de détails domestiques. Le vendredi, après la messe, le temps du confesseur. »

Dîner. — « L'heure du dîner était une heure. Si le conseil se prolongeait, le dîner attendait : on n'avertissait pas le roi, qui ne voulait pas être pressé dans les affaires. Le dîner était toujours un petit couvert, c'est-à-dire que le roi dînait seul dans sa chambre. Il l'ordonnait lui-même, et il était toujours composé de trois services, sans le fruit. La table étant apportée dans la chambre, les principaux courtisans entraient, et avec eux tout ce qui était connu. Le premier gentilhomme en année servait le roi, quand le grand chambellan n'y était pas. Quelquefois, quand Monsieur, frère du roi, venait de Saint-Cloud, le roi lui demandait s'il ne voulait pas dîner. S'il l'acceptait, on mettait son couvert, non vis-à-vis, mais à un des bouts de la table, qui était carrée. Le premier gentilhomme ou grand chambellan qui servait le roi, servait aussi Monsieur, lui donnait à boire, présentait et retirait les assiettes, et Monsieur recevait ce service avec une politesse fort marquée. Quand il était au dîner, il égayait la conversation. Le roi y parlait d'ordinaire fort peu, à moins qu'il ne s'y trouvât quelques-uns des seigneurs familiers, avec lesquels il causait. Rarement il y avait musique à ce dîner, à moins de quelques grandes fêtes. Aucune dame n'y venait. »

Après-dîner. — « Au sortir de table, le roi rentrait tout de suite dans son cabinet. C'était pour les gens distingués un des moments de lui parler; il s'arrêtait à la porte pour les écouter. Rarement le suivait-on dans son cabinet; et, quand il le permettait, il vous tirait dans l'embrasure de la fenêtre la plus proche de la porte, qui se fermait aussitôt. Le seul premier médecin qui avait assisté au dîner, suivait de plein droit dans les cabinets où se trouvaient alors les familiers. Le roi s'amusait quelques moments à donner à manger à sa chienne couchante, causait nonchalamment, comme quand on digère. Puis, quand il allait à la chasse, il demandait sa garde-robe, changeait d'habit, et descendait par le petit degré dans la cour de marbre, pour monter en carrosse. Depuis ce degré jusqu'à son carrosse, lui parlait qui voulait, pourvu qu'on fût connu, et de même en revenant. »

Chasse. — « Louis XIV aimait extrêmement l'air.

Quand il en était privé, sa santé en souffrait, et il éprouvait des maux de tête et des vapeurs; de sorte que, comme il était peu sensible au chaud, au froid et à la pluie, il n'y avait que des temps extrêmement mauvais qui pussent l'empêcher de sortir. Les dimanches et fêtes, et quand il ne voulait pas de grandes chasses, il allait tirer dans le parc, et nul homme en France ne le faisait si adroitement et de si bonne grâce. Une fois la semaine au moins, et plusieurs fois à Marly et à Fontainebleau, il courait le cerf. L'uniforme était bleu, doublé de rouge, avec un galon d'argent entre deux d'or. Le roi désirait y voir un certain nombre de personnes, mais pas trop, parce que l'affluence troublait la chasse. Il trouvait ridicule qu'on y allât sans l'aimer, et il ne savait pas mauvais gré à ceux qui, n'en ayant pas le goût, n'y paraissaient pas. A la chasse et ailleurs, il ne voulait pas qu'on écartât brusquement le monde. Il saluait toujours les dames, regardait la foule d'un air bon et gracieux, et ne disait jamais rien qui pût choquer ou déplaire. »

Promenade. — « Il allait souvent voir travailler ses ouvriers, et se promenait dans ses jardins. Il menait quelquefois les dames dans la forêt, et y faisait porter la collation. A Fontainebleau, ses promenades autour du canal étaient un spectacle magnifique, surtout pour ceux qui étaient de l'autre côté, et qui voyaient ce tableau se réfléchir dans l'eau. Là, il était accompagné de toute sa cour, à pied, à cheval et en calèche; dans les autres promenades, suivi seulement de ceux qui étaient en charge. »

Jeu. — « A Marly, il voulait dans le salon gros jeu de lansquenet, et continuel, et beaucoup de tables d'autres jeux. Il passait volontiers d'une table à l'autre, pour voir, et jouait peu lui-même, excepté dans les longues soirées, avec quelques dames, et sur la fin un simple jeu de commerce. Il avait été autrefois très-adroit au mail et au billard; il y faisait jouer de bons joueurs devant lui, et à la paume, où il avait excellé.

« Les jours qu'il n'avait pas de conseil et qui n'étaient pas maigres, il allait dîner à Marly ou à Trianon, avec Mme de Maintenon, la duchesse de Bourgogne et d'autres dames. Au sortir de table, le ministre qui devait travailler arrivait, et, quand le travail était fini, si on ne se promenait pas, il conversait, entendait de la musique, jouait ou faisait tirer des loteries dont les billets ne coûtaient rien et portaient tous. Elles étaient composées d'étoffes à l'usage des dames, de joyaux, de bijoux, mais jamais de tabatières, parce qu'il ne pouvait souffrir le tabac, ni même que les personnes qui en usaient l'approchassent. Dans sa jeunesse, il avait beaucoup aimé les odeurs; mais il ne lui restait quelque goût que pour celle de la fleur d'oranger. Tout ce que Mme de Maintenon gagnait à ces loteries, elle le donnait sur-le-champ. »

Travail.— « L'été le roi travaillait, au sortir de table, avec les ministres, même à Marly, comme on vient de le dire. Dans les jours courts, il travaillait aussi avec les ministres chez Mme de Maintenon; mais avant d'aller chez elle, au retour de la promenade ou de la chasse, après avoir changé d'habit, il rentrait dans son cabinet, y demeurait plus ou moins longtemps à écouter des rapports d'affaires importantes, à écrire les lettres et les notes qu'il voulait faire lui-même, ou à lire des mémoires. Rarement il faisait d'autres lectures. Il passait de là chez Mme de Maintenon, où se trouvait le ministre qu'il avait fait avertir, et qu'il gardait ordinairement jusqu'à son souper; et il faut observer que, lorsqu'il rentrait de la promenade et de la chasse, qu'il allait chez Mme de Maintenon ou qu'il en revenait, lui parlait qui voulait, non-seulement en passant, mais il s'arrêtait pour écouter. »

Souper.— « A dix heures, le maître d'hôtel en quartier, ayant son bâton, allait avertir le capitaine des gardes qui était dans l'antichambre de Mme de Maintenon. Il se montrait à la porte de la chambre, disait au roi qu'il était servi. Le roi restait environ un quart d'heure avec Mme de Maintenon, fermait son rideau, et venait souper au grand couvert, avec musique. A Versailles, il n'y avait que les fils et filles de France. Ailleurs, il admettait les dames, et jamais d'hommes, excepté les princes le jour de leurs noces, quand il en donnait le repas. Le cercle autour de la table était toujours nombreux et bien paré, surtout la surveille des voyages de Marly. Les femmes qui y prétendaient s'efforçaient de se faire remarquer; cela s'appelait se présenter pour Marly. Les hommes le demandaient le matin en deux mots : « Sire, Marly. » Quelque courte que fût cette formule, elle importuna le roi à la fin, et il y eut dans la grande galerie un garçon bleu chargé d'inscrire ceux qui se présentaient, et le matin on avertissait les prédestinés. Après souper, le roi entrait dans sa chambre, se tenait quelques moments debout, environné de toute sa cour, le dos au balustre du pied de son lit, puis, avec des révérences aux dames, passait dans son cabinet. »

Coucher.— « Il y demeurait environ une heure avec sa famille, lui dans un fauteuil, Monsieur dans un autre, car en particulier il vivait avec le roi en frère. Monseigneur le Dauphin debout ou sur un tabouret, comme tous les autres. Les dames d'honneur des princesses et les dames du palais de jour attendaient avec les hommes dans une pièce qui précédait celle où était le roi. A Fontainebleau, les dames des princesses et d'honneur entraient et formaient le cercle, debout et assises tant qu'il y avait des siéges, ou par terre sans carreaux; mais point d'hommes que les princes. La conversation n'était guère que de choses indifférentes. Le roi, avant de se retirer, allait donner à manger à ses chiens, rentrait, passait dans sa chambre à la ruelle de son lit, faisait sa prière, se remontrait, et souhaitait le bon soir d'une inclination de tête. Pendant qu'on sortait, il se tenait debout au coin de la cheminée, et donnait l'ordre. Alors commençait le petit coucher, où assistaient les grandes et petites entrées. On pouvait lui parler de ses affaires, si on en avait d'importantes, pourvu qu'on fût court. Il se déshabillait, et se mettait au lit entre minuit et une heure. »

Carême. — « Quelques jours avant le carême, le roi témoignait publiquement à son lever qu'il trouverait fort mauvais qu'on donnât à manger gras à personne, sous quelque prétexte que ce fût, ordonnait au grand prévôt de tenir la main, et de lui en rendre compte. Il ne voulait pas non plus que ceux qui faisaient gras mangeassent ensemble, ni autre chose que bouilli et rôti fort court. Personne n'osait outre-passer ces défenses, car on s'en serait bien ressenti. A mesure qu'il avança en âge, il réduisait le carême, d'abord à quatre jours maigres, ensuite à trois, avec les quatre derniers de la semaine sainte. Le Vendredi saint, grand couvert le matin et le soir en légumes, sans poissons pour sa table ni pour aucune autre. »

Jours de dévotion. — « Il manquait peu de sermons l'avent et le carême, et y montrait une attention très-édifiante pour l'auditoire, et très-encourageante pour le prédicateur. Il ne manquait aussi à aucune dévotion de la semaine sainte. Le jeudi, il servait les pauvres à dîner.

Il ne manquait pas non plus l'office des grandes fêtes, les deux processions du saint Sacrement, ni celles de l'ordre du Saint-Esprit et de l'Assomption; ni les saluts du dimanche, du jeudi et de l'octave du saint Sacrement.

« Le roi communiait toujours en grand collier de l'ordre, rabat et manteau, cinq fois l'année, le Samedi saint à la paroisse, à la chapelle les jours de la Pentecôte, de l'Assomption, de la Toussaint et de Noël, et entendait une messe basse après celle où il avait communié. A ces messes, il n'y avait pas de musique. Il allait ces jours-là à vêpres, et après il travaillait dans son cabinet, avec son confesseur, à la distribution des bénéfices. »

Étiquette à l'armée. — « Les heures, à l'armée, étaient déterminées par ce qui se présentait à faire. Il n'y avait de régularité que pour la tenue des conseils, qui ne manquaient pas. Matin et soir, le roi ne mangeait qu'avec des gens de qualité à pouvoir prétendre à cet honneur. On le faisait demander par le premier gentilhomme. Il rendait la réponse, et dès le lendemain, si elle était favorable, on se présentait au roi, lorsqu'il allait dîner, et il vous disait : « Monsieur, mettez-vous à « table. » Cela fait, c'était pour toujours, et on avait après la permission tant qu'on voulait, pourvu qu'on n'en abusât pas en s'en servant trop fréquemment. A ces repas personne n'était découvert, c'eût été un manque de respect dont on vous eût averti sur-le-champ. Le roi seul n'avait point son chapeau. On l'ôtait quand le roi vous parlait, ou pour lui parler. On se contentait d'y mettre la main pour ceux qui venaient faire leur cour, le repas commencé. On se découvrait aussi pour parler à Monseigneur et à Monsieur, et quand ils vous parlaient. Pour les princes du sang, on mettait seulement la main au chapeau. Quant aux places, celles qui approchaient du roi se laissaient aux personnes titrées. »

Nous pourrions multiplier encore les détails dans le genre de ceux qui précèdent. En voilà assez pour faire connaître la manière dont les journées se passaient ordinairement à la cour ; car l'étiquette ne permettait aucun changement. C'était, pour le prince et pour les courtisans, un assujettissement de tous les instants. C'est à propos de ces mille observances, auxquelles l'usage voulait qu'on attachât beaucoup d'importance, que Mme de Maintenon disait spirituellement des princes *qu'on leur prépare leur ennui dès le berceau.* Au sein du luxe de la cour, au milieu de ces habitudes polies, de ces prévenances, de ces démonstrations, il y avait bien des douleurs secrètes au fond des cœurs. Que de passions de tout genre torturaient l'âme de ceux qui semblaient les plus dignes d'envie! « Celui qui a vu la cour, dit La Bruyère, a vu du monde ce qui est le plus beau et le plus orné; mais on ne peut pas s'en soucier après l'avoir vue, et un esprit sain, loin de s'y attacher, y puise le goût de la retraite et de la solitude. »

Puisque nous avons plusieurs fois prononcé le nom de Mme de Maintenon, qu'il nous soit permis ici de payer à sa mémoire un humble, mais légitime tribut d'éloges et d'admiration. Mme de Maintenon fut une femme vraiment supérieure, née avec une fortune médiocre, dont l'éducation fut pénible et l'entrée dans le monde plus pénible encore; douée de beaucoup d'esprit, elle se fit remarquer par sa modestie et sa vertu, au sein d'une société fort dissipée. Elle sut, grâce à ses belles qualités, se concilier de brillantes amitiés. Parvenue au sommet de la faveur et de la puissance, elle ne profita de son influence que pour faire du bien. Elle regardait sa position comme un fardeau que la bienfaisance seule pouvait rendre léger. Partie de bas pour arriver haut, elle aurait dû obtenir, sinon la sympathie, du moins la considération des hommes épris des idées modernes sur la valeur personnelle. Non; sa mémoire a été calomniée; bien des accusations injustes pèsent encore sur son nom. L'heure de l'impartialité viendra, si elle n'a déjà sonné. La publication des écrits de Mme de Maintenon, d'après les originaux ou les copies retrouvés récemment dans les archives du département de Seine-et-Oise, a suffi pour dissiper bien des préjugés. Mieux connaître l'esprit de cette femme illustre est tout ce qu'il faut pour réhabiliter pleinement sa mémoire. « Une femme que la Providence élève au-dessus de son état, et qui ne se méconnaît pas; une femme qui se voit au comble de la faveur, et n'a point d'ambition, qui n'a de richesses que pour secourir les malheureux, de crédit que pour les protéger; une femme qui ne donna jamais que des conseils pleins de sagesse, et qui ne craint rien tant que d'en donner; qui serait capable de conduire les plus grandes affaires, et qui ne voit de grande affaire pour elle-même que celle de son salut : » tel est le portrait de Mme de Maintenon tracé par le Dauphin, duc de Bourgogne.

VERSAILLES (Galeries).

IX

VERSAILLES

(SUITE)

Non moins que les bâtiments, les jardins de Versailles ont une réputation universellement répandue. Quoique le goût ait changé dans la décoration des jardins, on ne peut s'empêcher d'admirer les dispositions heureuses et savantes qui communiquent ici au paysage une grandeur et une noblesse extraordinaires. C'est la nature asservie, réglée, arrangée, ajustée, revêtant cet aspect solennel qui suivait partout la cour de Louis XIV. On fut alors si émerveillé de la belle ordonnance qui régnait dans ces jardins, que la mode s'en étendit dans toute l'Europe, où elle n'est pas encore entièrement passée. Les jardins de Versailles sont le chef-d'œuvre de Le Nôtre. Né à Paris en 1613, et mort en 1700, André Le Nôtre, successeur de son père dans les fonctions d'intendant des jardins des Tuileries, avait le génie de son art, qu'il cultivait avec enthousiasme. On lui faisait honneur surtout des jardins et des parcs de Vaux, dessinés pour le trop fameux surintendant des finances Fouquet; de Clagny, de Chantilly, de Saint-Cloud, de Meudon et de Sceaux. Le roi fut si content de l'œuvre de Le Nôtre, que, pour lui témoigner sa satisfaction, il lui accorda des lettres de noblesse. Il voulut aussi lui donner des armoiries. « J'ai les miennes, répondit plaisamment l'artiste jardinier, et je n'en veux pas changer. Ce sont trois limaçons couronnés d'une pomme de chou. — Sire, ajouta-t-il, pourrais-je oublier ma bêche? Combien doit-elle m'être chère! N'est-ce pas à elle que je dois les bontés dont Votre Majesté m'honore? »

La description de ces jardins enchantés, quand bien même elle serait exacte, paraîtrait bien froide à côté de la réalité. Comment peindre, en effet, ces parterres, ces bosquets, ces fontaines jaillissantes, ces bassins, où des statues sans nombre, disposées avec symétrie, semblent animer les eaux, la verdure, les fleurs, les arbres. C'est bien ici qu'il est permis de dire que tout est arrangé pour le plaisir des yeux. Rien n'a été laissé au hasard; et, s'il y a des surprises, elles ont été ménagées avec soin. Tout, d'ailleurs, est établi dans de vastes proportions : les allées du parc, de même que les abords des diverses parties du jardin, sont tracées avec une ampleur que nos habitudes d'économie trouvent gigantesque, et presque démesurée. La population d'une ville entière peut s'y promener à l'aise. Il faut voir aujourd'hui la foule s'y presser dans les fêtes, amenée de Paris et des environs par les chemins de fer, et répandue par milliers dans toutes les directions, pour se faire quelque idée de l'immensité des jardins de la résidence royale.

Si l'on pénètre dans le parc par le vestibule de la petite cour de marbre, on aperçoit d'abord le parterre d'eau, consistant en deux grands bassins bordés de figures de bronze. A droite et à gauche sont les parterres du Nord et du Midi. De là on découvre le bassin de Latone, le tapis vert, le bosquet de la cascade, le rond vert, le bosquet de la reine, les quinconces, le bosquet du roi, le bassin du miroir, la salle des marronniers, les dômes, la colonnade, l'étoile; plus loin, le bassin d'Apollon et le grand canal, encadré dans les arbres. Au moyen de l'allée des trois fontaines ou de l'allée d'eau, on peut s'approcher du bassin du Dragon et du bassin de Neptune, le plus curieux peut-être et certainement le plus célèbre des grands bassins de Versailles, par sa décoration et par le jeu des eaux.

Il y a d'autres bassins qu'il serait trop long de décrire. Les eaux, comme on voit, jouent un grand rôle parmi les embellissements des jardins de Versailles. Les eaux, en effet, sont le luxe des habitations princières : sans eau la nature languit et perd la moitié de ses charmes. A Versailles, cependant, les sources et les ruisseaux manquent. Il fallut des efforts surhumains pour se procurer les eaux abondantes dont on avait besoin. On songea à y amener une partie des eaux de l'Eure : c'était un projet digne des Romains. Mais les mesures furent mal prises, les études insuffisantes et même défectueuses, les moyens d'exécution mal combinés. Si les ingénieurs d'alors eussent possédé l'expérience que la construction des chemins de fer a donnée à nos ingénieurs modernes, nul doute que cette entreprise n'eût réussi. Elle manqua, après d'énormes dépenses, après la perte d'un grand nombre d'hommes, que décimèrent les maladies engendrées par les remuements de terre. L'ingénieuse machine de Marly ne pouvait fournir l'eau que d'une manière insuffisante. On se réduisit à un plan moins grandiose en apparence, le plus raisonnable peut-être, et dont l'exécution fut couronnée de succès. On utilisa les eaux des étangs situés sur le plateau qui s'étend entre Versailles et Rambouillet. Par un vaste système de rigoles et d'aqueducs souterrains présentant un développement de deux cents kilomètres, on parvint à recueillir et à transporter à Versailles les eaux de pluie et de fonte de neige, qui tombent sur une surface de vingt-quatre à vingt-huit kilomètres de long, sur douze à seize kilomètres de large [1].

Ces travaux furent exécutés à grands frais. Malgré

---

[1] M. le duc de Noailles, *Histoire de madame de Maintenon*, tome II, p. 87.

les moyens rapides d'exécution dont nous disposons actuellement, les dépenses ne dépassèrent pas alors la proportion de celles qui sont employées aujourd'hui à l'embellissement de la capitale. Une des curiosités des jardins de Versailles, c'est le *jeu des eaux*, qui attire constamment une foule de spectateurs. On distingue les *petites eaux* et les *grandes eaux*; les premières, durant la belle saison, jouent ordinairement tous les quinze jours; les secondes jouent plus rarement. Ces merveilles hydrauliques sont bien propres à exciter l'étonnement, et, il faut en convenir, on ne les regarde jamais sans surprise, même après les avoir vues plusieurs fois. Les jets d'eau sont si puissants, si nombreux, d'un effet si pittoresque et si varié, surtout au bassin de Neptune, où se tire, pour ainsi dire, le *bouquet*, qu'on regrette toujours de les voir trop tôt épuisés. Le mécanisme fut achevé en 1685; les groupes et les ornements ne furent terminés que sous Louis XV. L'eau commence à jaillir dans cette pièce, dès que tous les autres bassins ont successivement épuisé leurs gerbes liquides. Il est impossible, pour ceux qui n'en ont pas été témoins, d'en concevoir l'effet magique, au moment où, sur tout le pourtour du bassin, de toutes les bouches des dieux marins, des Tritons, des Naïades, des phoques et des monstres marins, s'élancent, mugissent, bouillonnent, s'entre-croisent, retombent en poussière brillante, des jets d'eau d'une force prodigieuse.

L'*Orangerie* de Versailles est réputée la plus célèbre du monde. Le bâtiment, construit par Mansard, fut fini en 1685 ; il se compose d'une galerie centrale n'ayant pas moins de cent cinquante-cinq mètres de long sur douze mètres quatre-vingt-dix centimètres de large, et de deux galeries latérales, ayant chacune cent quatorze mètres quarante-trois centimètres de long. Lorsque les orangers sont placés en ordre dans le parterre, ils présentent l'image d'une forêt, dont chaque pied d'arbre serait enfermé dans une caisse. On ne compte pas moins de douze cents caisses d'orangers, et trois cents caisses d'arbustes divers. Il y a plusieurs orangers qui datent du règne de François Ier, et qui proviennent des jardins de Fontainebleau. Celui qui passe pour le plus ancien est connu sous le nom du *grand Bourbon*. Il appartint d'abord au connétable de Bourbon, et l'on prétend qu'il fut semé en 1421 ; il aurait donc quatre cent quarante-deux ans.

Tel est, très-faiblement esquissé, l'ensemble des beautés du palais de Versailles. L'antiquité n'eut rien de comparable, et dans les temps modernes aucune résidence princière ne fut disposée avec autant de majesté. On ne peut mettre en parallèle avec l'œuvre de Louis XIV que l'œuvre de Napoléon III dans l'achèvement du Louvre et l'aménagement du bois de Boulogne ; ces grandes œuvres font l'admiration des Français et l'envie des étrangers.

Sur le point de rendre le dernier soupir, Louis XIV avait recommandé de mener à Vincennes le jeune Louis XV, son arrière-petit-fils, âgé de cinq ans seulement, dont la santé était chancelante. Cependant, pour se rendre populaire auprès des Parisiens, le régent fit venir le jeune roi dans la capitale, et fixa sa demeure au Louvre. En agissant ainsi, le duc d'Orléans songeait beaucoup plus à ses plaisirs qu'aux intérêts du monarque enfant. Sept ans après, Louis XV reparut à Versailles. Pourquoi faut-il ajouter que la dépravation des mœurs, non moins que les maximes d'une fausse philosophie, y prépara les catastrophes dont devait être victime l'infortuné Louis XVI, le plus vertueux des rois! En 1789, l'histoire de Versailles se confond avec celle de la révolution. Les états généraux avaient été convoqués pour remédier au mauvais état des finances; bientôt, changeant de caractère, les délibérations de l'assemblée devinrent séditieuses; la révolution avait commencé son cours. Chacun connaît le serment du Jeu de paume; à l'intérieur de l'édifice, on lit encore l'inscription suivante :

« Les représentants des communes de France, con-
« stitués en assemblée nationale le 17 juin 1789,
« ont prêté ici, le 20 du même mois, le serment qui
« suit :

« Nous jurons de ne jamais nous séparer, et de nous
« rassembler partout où les circonstances l'exigeront,

« jusqu'à ce que la constitution soit établie et affermie
« sur des fondements solides. »

Au-dessous de cette inscription on a gravé celle-ci :

ILS L'AVAIENT JURÉ : ILS ONT ACCOMPLI LEUR SERMENT.

Le 27 juin, en effet, les trois ordres se confondirent en une seule assemblée, à laquelle on donna le nom de *Constituante*. Aux séances orageuses de la Constituante devaient promptement succéder les orages de la rue, le désordre, le meurtre et des horreurs sans nom. Ce n'est jamais sans frémir qu'on relit les diverses scènes du drame lugubre qui se passa les 5 et 6 octobre dans la demeure royale de Versailles. Une effroyable cohue d'hommes et de femmes en guenilles, à moitié ivres, proférant les cris les plus féroces, se rassemble en tumulte dans les carrefours de Paris, pour de là se ruer sur Versailles. Au milieu de ces bandes hideuses, on aperçoit le terrible Maillard, un des héros de la prise de la Bastille, Théroigne de Méricourt, une des furies de la révolution, et ces figures sinistres, inconnues en d'autres temps, qui apparaissent comme la personnification du mal dans les crises sociales. Ce ramas impur, comme une eau souillée par les égouts des rues, s'écoule en grondant vers le siége de la royauté et de l'assemblée nationale, hurlant les menaces les plus épouvantables. Maillard, entouré de bacchantes, entre dans la salle des représentants de la nation, le col nu, en veste, un sabre à la main, l'écume à la bouche. Des femmes vomissaient les plus atroces injures contre la reine Marie-Antoinette; d'autres adressaient des propos cyniques aux députés de l'ordre du clergé. Au dehors, d'autres mégères réclamaient à grands cris la tête de la reine de France. Aucune force humaine ne pouvait maîtriser cette légion animée par l'enfer. Un des gardes du corps est assassiné, et l'on porte sa tête sanglante au haut d'une pique. La vue du sang excite cette multitude égarée. Les cris redoublent; des brigands parviennent à entrer dans le palais, et s'introduisent jusque dans la chambre à coucher de la reine. Avertie quelques minutes auparavant, Marie-Antoinette, à demi vêtue, venait de s'échapper pour se réfugier dans l'appartement du roi. Furieux de voir la victime leur échapper, ces bandits percèrent son lit de coups de sabre et de poignard. De plus noirs forfaits allaient s'accomplir, lorsque quelques hommes déterminés de la garde nationale de Paris balaient devant eux cette vile populace. Spectacle ignoble! des femmes échevelées, trébuchant d'ivresse, agitant des bâtons ou des sabres, les mains teintes de sang, les traits bouleversés, les yeux hagards, la poitrine découverte, semblables aux furies mythologiques, s'efforcent quelque temps de tenir tête aux soldats fidèles qui les chassent pêle-mêle devant eux. Soudain un cri se fait entendre : *Le roi à Paris!* Les assassins et les femmes, comme entraînés par un mouvement irrésistible, répètent : *Le roi à Paris!* Louis XVI céda : il revint à Paris. Personne n'ignore comment finit cette horrible tragédie.

Depuis cette époque, Versailles cessa d'être la résidence des rois. Napoléon Ier refusa d'y établir sa cour. La restauration, effrayée par le chiffre élevé des dépenses nécessaires aux réparations du château, fut contrainte d'y renoncer. Louis XVIII et Charles X cependant firent réparer les façades, et consacrèrent des sommes considérables à l'entretien du monument. Louis-Philippe a rendu au palais de Versailles sa première splendeur, et ce ne sera pas sa moindre gloire dans l'histoire : il en fit un musée national, où les grands événements qui remplissent les annales de la France sont rendus vivants, pour ainsi dire, à l'aide du bronze, du marbre et de la peinture. « En 1831, dit un écrivain moderne[1], la pensée d'établir à Versailles des Invalides militaires fut reproduite, et faillit triompher. La résistance énergique du roi, aidée de l'opinion de quelques-uns des ministres, repoussa ce projet. Louis-Philippe résolut alors de sauver pour toujours l'ancienne demeure de son aïeul, et de la mettre hors de l'atteinte des révolutions, par la grandeur d'une destination nouvelle. Le vaste musée de Versailles est l'œuvre personnelle de Louis-Philippe. Lui-même il a discuté le plan de toutes les salles et des galeries, qui contiennent plus

---

[1] M. le comte de Montalivet, *Le roi Louis-Philippe et sa liste civile.*

de quatre mille tableaux et portraits, et environ mille œuvres de sculpture. Dans ce vaste classement de tous les souvenirs glorieux pour le pays, il ne reculait devant aucun acte de l'impartialité la plus hardie. Pour l'unique satisfaction de léguer à l'État cet immense musée, Louis-Philippe a consacré trois cent quatre-vingt-dix-huit visites à ordonner et à suivre à pied tous les travaux de restauration dirigés par l'architecte du palais, M. Nepveu. Les sommes dépensées par le roi, pour la création qu'il avait tant à cœur, s'élèvent en bloc à vingt-trois millions cinq cent mille francs. L'emplacement d'un nouveau musée, consacré à la gloire politique et aux vertus civiles, était désigné dans la partie du palais qui s'étend parallèlement à la grande aile du midi, sur l'un des côtés de la rue de la Surintendance; la révolution de Février a mis obstacle à cette pensée. »

Personne ne le peut nier, en aucun pays du monde il n'existe un musée aussi magnifique consacré aux gloires nationales. Après les rois de France, il n'y avait de place à Versailles que pour les nobles souvenirs de l'honneur de la patrie. La pensée de Louis-Philippe est grande : elle vivra dans la postérité.

LE PETIT TRIANON.

X

TRIANON

Les rois sont des hommes. On l'a aisément reconnu aux misères humaines, auxquelles ils sont soumis comme les moindres de leurs sujets. D'un autre côté, la grandeur les fatigue. Ils s'ennuient des honneurs que sans cesse on leur prodigue. A force de se tenir élevés sur un piédestal, ils sentent le besoin de marcher à terre, d'aller en liberté, sans être obsédés par l'obséquiosité des courtisans. Louis XIV aimait la pompe; il tenait à l'étiquette : n'aurait-il pas été accessible au besoin de la vie simple, naturelle, libre, sans apprêts? Le palais de Versailles était loin d'être achevé que le roi songeait déjà à se bâtir un petit château, pour aller s'y reposer des ennuis du faste et de la représentation. Il voulut d'abord se contenter d'un simple pavillon, modeste logis, où seraient réunis tous les objets propres à satisfaire le goût, mais sans ostentation. Le luxe en devait être banni : le prince y voulait vivre en gentilhomme. Ce fut, dit Saint-Simon, une *maison de porcelaine à faire des collations.*

Le terrain choisi par Louis XIV pour la construction de ce petit, mais élégant manoir, faisait partie de l'ancienne paroisse de Trianon, désignée dans une charte du xiie siècle sous le nom latin de *Triarnum.* Il appartenait aux chanoines réguliers de Sainte-Geneviève, qui le vendirent au roi en 1663. Dès le commencement, le château de Trianon devint le château des fleurs. Les jardins qui l'entouraient furent dessinés avec une sorte de coquetterie, et les parterres étaient remplis de fleurs charmantes, que l'on renouvelait sans cesse, et qui exhalaient les parfums les plus exquis. Ces délicieux parterres, où l'on avait réuni les plantes les plus rares, n'avaient rien à envier aux jardins trop vantés de la Fable : tout s'y trouvait en abondance pour le plaisir de la vue et de l'odorat. La cour y venait fréquemment; le roi s'y plaisait beaucoup. Aussi les bâtiments ne tardèrent-ils pas à paraître trop étroits, quoique le nombre des invités fût restreint.

En 1687, Louis XIV fit démolir le premier château, pour élever à la place un palais. Mansard fut chargé d'en dessiner les plans et d'en surveiller l'exécution. Sous la direction de cet habile architecte, les travaux marchèrent rapidement. Le roi, d'ailleurs, qui témoignait une prédilection marquée pour son château de Trianon, dirigeait souvent sa promenade de ce côté, pour suivre les progrès de l'œuvre et en examiner les moindres détails. Comme il se piquait d'avoir en architecture des connaissances pratiques, il aimait à faire des observations, et il paraissait éprouver beaucoup de plaisir quand les hommes du métier en reconnaissaient la justesse. En pareille occasion, il ne faisait pas difficulté d'écouter avec bienveillance les raisons de ceux qui ne partageaient pas son avis, et il souffrait volontiers la contradiction. Plus d'une fois il lui arriva de changer de sentiment, lorsque la discussion était conduite avec adresse et modération. Louvois, qui à ses fonctions de ministre joignait le titre de surintendant des bâtiments depuis la mort de Colbert, réussit pourtant un jour à pousser à bout la patience du roi. L'anecdote est assez curieuse pour être rapportée; elle peint d'ailleurs le caractère du prince et celui du ministre. Le duc de Saint-Simon l'a racontée avec esprit, en y ajoutant toutefois un trait de méchanceté, comme cela lui arrive trop souvent, et en prétendant que la guerre de 1688 n'eut pas d'autre origine qu'une boutade sans importance.

« Le petit Trianon de porcelaine, dit-il, ennuyait le roi, qui voulait partout des palais. Il s'amusait fort à ces bâtiments. Il avait aussi le compas dans l'œil pour la justesse, les proportions, la symétrie; mais le goût n'y répondait pas. Ce château ne faisait presque que sortir de terre, lorsque le roi s'aperçut d'un défaut à une croisée qui s'achevait de former dans la longueur du rez-de-chaussée. Louvois, qui naturellement était brutal, et de plus gâté jusqu'à souffrir difficilement d'être repris par son maître, disputa fort et ferme, et maintint que la croisée était bien. Le roi tourna le dos, et s'alla promener ailleurs dans le bâtiment [1].

« Le lendemain, le roi trouva Le Nôtre, bon architecte, mais fameux par le goût des jardins. Le roi lui demanda s'il avait été à Trianon. Il répondit que non. Le roi lui expliqua ce qui l'avait choqué, et lui dit d'y aller. Le lendemain, même question, même réponse; le jour d'après, autant. Le roi vit bien qu'il n'osait s'exposer à trouver qu'il eût tort, ou à blâmer Louvois. Il se fâcha, et lui ordonna de se trouver le lendemain à Trianon, lorsqu'il y irait, et où il ferait trouver Louvois aussi. Il n'y eut plus moyen de reculer.

« Le roi les trouva le lendemain tous deux à Trianon. Il fut d'abord question de la fenêtre. Louvois disputa; Le Nôtre ne disait mot. Enfin le roi lui ordonna d'aligner, de mesurer, et de dire après ce qu'il aurait trouvé. Tandis qu'il y travaillait, Louvois, en furie de cette vérification, grondait tout haut, et soutenait avec aigreur que cette fenêtre était en tout pareille aux autres. Le roi se taisait et attendait, mais il souffrait. Quand tout fut bien examiné, il demanda à Le Nôtre ce qu'il en était; et Le

---

[1] Le duc de Saint-Simon, comme chacun le sait, n'aimait pas Louis XIV et détestait Mme de Maintenon, de là tant d'injustes préventions à leur égard.

Nôtre à balbutier. Le roi se mit en colère, et lui commanda de parler net. Alors Le Nôtre avoua que le roi avait raison, et dit ce qu'il avait trouvé de défaut. Il n'eut pas plutôt achevé, que le roi, se tournant à Louvois, lui dit qu'on ne pouvait tenir à ses opiniâtretés, que sans la sienne à lui, on aurait bâti de travers, et qu'il aurait fallu tout abattre aussitôt que le bâtiment aurait été achevé. En un mot, il lui lava fortement la tête.

« Louvois, outré de la sortie, et de ce que courtisans, ouvriers et valets en avaient été témoins, arriva chez lui furieux. Il y trouva Saint-Pouange, Villacerf, le chevalier de Nogent, les deux Tilladet, et quelques autres féaux intimes, qui furent bien alarmés de le voir en cet état. « C'en est fait, leur dit-il, je suis perdu avec le roi, à la façon dont il vient de me traiter pour une fenêtre. Je n'ai de ressource qu'une guerre qui le détourne de ses bâtiments et qui me rende nécessaire. Il l'aura. » En effet, peu de mois après il tint parole, et, malgré le roi et les autres puissances, il la rendit générale. Elle ruina la France au dedans, ne l'étendit point au dehors, malgré la prospérité de ses armes [1]. »

Le palais de Trianon, entouré de gros bouquets d'arbres de l'effet le plus agréable, se compose seulement d'un rez-de-chaussée et de deux ailes en retour

---

[1] A ce trait on reconnaît la malignité du duc de Saint-Simon. L'écrivain satirique ne mérite ici aucune confiance.

d'équerre. Quelques bâtiments détachés furent successivement ajoutés pour les besoins du service. La construction ne manque pas d'élégance, et les lignes un peu compassées de l'architecture se détachent admirablement sur des fonds de verdure. Les appartements étaient vastes et richement meublés; ils ont subi bien des changements depuis la fin du xvii® siècle.

Louis XIV conserva toujours beaucoup de goût pour sa résidence de Trianon. Bien des fêtes y furent données, et la cour semblait prendre un plaisir infini aux rendez-vous pour lesquels le roi désignait les personnes qui devaient l'y accompagner. Les Mémoires du temps nous ont gardé le souvenir de plusieurs petites aventures, qui prenaient alors les proportions d'événements aux yeux des courtisans. De la terrasse de Trianon qui regarde sur le canal, le roi se plaisait à voir les princes et les princesses monter dans d'élégantes nacelles et goûter le plaisir des promenades sur l'eau. Ce spectacle égayait les spectateurs; matelots, rameurs, pilotes, passagers ou passagères, tous en grande toilette, s'y livraient à des exercices dans lesquels l'inexpérience des nautonniers, la brusquerie des jeunes princes, la terreur des princesses, les rires joyeux de l'assistance déridaient le front soucieux du monarque. Madame la duchesse de Bourgogne aimait singulièrement ces promenades, où, sans se fatiguer, on respirait en été une fraîcheur délicieuse. Il lui arriva plus d'une fois, en compagnie de ses dames d'honneur, d'y passer la nuit à respirer l'air tiède des nuits d'été, ne rentrant dans ses appartements qu'au moment où l'aurore annonçait le lever du soleil. Cette princesse, jeune encore, était devenue l'épouse du dauphin, le si parfait élève de Fénelon; elle avait réussi dès son arrivée à la cour de France à se concilier les bonnes grâces du roi et toute la tendresse de Mme de Maintenon. Son caractère ouvert, sa discrétion, son enjouement, qu'elle avait l'art de graduer suivant les circonstances, lui avaient acquis une certaine familiarité, que le roi n'avait jamais accordée à aucun de ses enfants. « Louis XIV, dit le duc de Saint-Simon, ne pouvait se passer d'elle. Tout lui manquait quand elle était retenue par des parties de plaisir auxquelles il voulait cependant qu'elle se livrât, persuadé qu'elle avait besoin de ces divertissements. »

Il n'est donc pas étonnant de rencontrer toujours la dauphine à Trianon, en compagnie du roi. Elle était l'âme des fêtes, à une époque où tout le monde était devenu sérieux autour de Louis XIV. Aux détails qui suivent, on peut juger de l'empire qu'elle avait su prendre à Versailles. « Sérieuse en public, dit l'écrivain que nous nommions tout à l'heure, mesurée et respectueuse envers le roi, en timide bienséance avec Mme de Maintenon, qu'elle n'appelait jamais que sa tante; en particulier, elle était gaie, folâtre, voltigeante autour d'eux. Tantôt elle se perchait sur les bras de leurs fauteuils, tantôt se jouait sur leurs genoux, les embrassait, les caressait, les tourmentait, fouillait dans leurs tables, prenait les papiers, ouvrait les lettres, les lisait quelquefois malgré eux, selon qu'elle les voyait d'humeur d'en rire, donnait son avis sans qu'on le lui demandât, et entrait à toute heure chez le roi, même pendant le conseil. »

Hélas! cette charmante princesse et le duc de Bourgogne, dans lequel on saluait à l'avance le bonheur de la France, allaient bientôt tomber, par un coup subit, à la fleur de l'âge. Le vendredi 12 février 1712, la dauphine rendit le dernier soupir. Six jours après, le dauphin la suivait dans la tombe. « Quelle terrible prédication, s'écriait la duchesse du Maine, quelle terrible prédication pour les princes! Dieu me fasse la grâce de la mettre à profit; et que cet exemple effroyable du néant des grandeurs humaines me fasse penser sérieusement à celle qui ne doit jamais périr! » Cette catastrophe imprévue troubla tous les esprits. Des soupçons d'empoisonnement attristèrent les derniers moments du duc de Bourgogne; ils furent partagés par la cour et par la plupart des personnages marquants dans l'État, d'autant plus que le même genre de mort précipita dans le tombeau quelques jours après le duc de Bretagne, leur fils aîné, et qu'on eut les plus vives alarmes pour la vie du duc d'Anjou, enfant de deux ans, depuis roi de France sous le nom de Louis XV.

Cet affreux malheur plongea Louis XIV dans le plus

profond chagrin; mais, en prince chrétien, il le supporta avec une grandeur d'âme extraordinaire, de même que ceux qui affligèrent les dernières années de son règne. En sorte que, même aux yeux de ses ennemis, il parut plus grand dans l'adversité qu'il n'avait été au sein d'une prospérité inouïe.

Depuis quelques années déjà, le roi venait moins souvent à Trianon. L'ère des fêtes était passée. Quinze ans avant sa mort il ne coucha plus dans cette résidence qu'il avait tant affectionnée. Lui-même, à l'âge de soixante-dix-sept ans, la soixante-douzième année de son règne, mourut le 1er septembre 1715, trois ans après le funeste trépas de ses petits-enfants, qu'il aimait avec une tendresse passionnée; depuis la mort du grand Dauphin, il ne voyait plus Versailles, Trianon, Marly, jadis le théâtre de tant de fêtes brillantes, qu'à travers un crêpe de deuil. Louis XIV fut déposé presque sans cérémonie dans les caveaux funèbres de Saint-Denis. On nous pardonnera de placer ici une des pages les plus belles écrites en son honneur, due à la plume du cardinal Maury.

« Ce monarque, dit-il dans son discours de réception à l'Académie française, ce monarque eut à la tête de ses armées Turenne, Condé, Luxembourg, Catinat, Créqui, Boufflers, Montesquiou, Vendôme et Villars. Duquesne, Tourville, Duguay-Trouin, commandaient ses escadres. Colbert, Louvois, Torcy, étaient appelés à ses conseils. Bossuet, Bourdaloue, Massillon, lui annonçaient ses devoirs. Son premier sénat avait Molé et Lamoignon pour chefs, Talon et d'Aguesseau pour organes. Vauban fortifiait ses citadelles, Riquet creusait ses canaux; Perrault et Mansard construisaient ses palais; Puget, Girardon, Poussin, Le Sueur et Le Brun, les embellissaient; Le Nôtre dessinait ses jardins; Corneille, Racine, Molière, Quinault, La Fontaine, La Bruyère, Boileau, éclairaient sa raison et amusaient ses loisirs; Montausier, Bossuet, Beauvilliers, Fénelon, Huet, Fléchier, l'abbé de Fleury, élevaient ses enfants. C'est avec cet auguste cortége de génies immortels que Louis XIV, appuyé sur tous ces grands hommes qu'il sut mettre et conserver à leur place, se présente aux regards de la postérité[1]. »

Quelques années plus tard, Louis XV, devenu dans sa vie privée le prince énervé que l'histoire a fait connaître, recherchait la solitude et les ombrages de Trianon. Ce palais, cependant, quelque retiré qu'il fût, cessa bientôt de lui plaire. Il voulut avoir un petit manoir, perdu, pour ainsi dire, dans les arbres et dans l'ombre. En 1766, il ordonna à l'architecte Gabriel de construire le château du petit Trianon.

Louis XVI donna cette délicieuse retraite à Marie-Antoinette, qui y fit planter des jardins, désignés alors

---

[1] Ce discours fut prononcé le 27 janvier 1785.

sous le nom de *jardins chinois,* ou *jardins à l'anglaise.* Par une fantaisie fort à la mode en ce temps, et d'ailleurs fort innocente, elle y voulut reproduire une image de la vie champêtre. L'architecte de la reine, pour obéir aux volontés royales, creusa un lac en miniature, établit le cours de petits ruisseaux, et bâtit plusieurs maisonnettes rustiques. C'était la campagne arrangée, fardée, pour ainsi dire, coquettement parée, disposée pour recevoir des bergères enrubannées. Marie-Antoinette, entourée de quelques dames de la cour, qui partageaient ou feignaient de partager ses goûts pour la campagne, s'y donnait le plaisir de contrefaire les occupations de la vie villageoise. « Une robe de percale blanche, dit Mme Campan, un fichu de gaze, un chapeau de paille, étaient la seule parure des princesses. Le plaisir de parcourir les fabriques du hameau, de voir traire les vaches, de pêcher dans le lac, enchantait la reine. » Tout ce beau monde était descendu dans l'idylle et la bergerie. C'était un peu les bergers et les bergères mises si agréablement en scène par Florian. Rien n'y ressemblait à la nature; mais on s'y amusait beaucoup et d'une manière réputée naïve, en tout cas fort inoffensive. Si parfois il y avait spectacle, c'était sur un théâtre de famille. Les acteurs étaient des princes et des courtisans. La reine y parut plusieurs fois, jouant d'une manière charmante, au milieu des actrices choisies parmi les dames les plus distinguées de la cour.

Ces divertissements avaient lieu quelques jours avant la plus horrible des tempêtes. Déjà les passions révolutionnaires bouillonnaient à Paris; Louis XVI et Marie-Antoinette étaient à la veille de quitter Versailles. Le grand Trianon, le petit Trianon, les jardins chinois, le magnifique château de Versailles, le parc, les bosquets, les parterres ne sont plus le rendez-vous des grands de la terre : le peuple s'y promène chaque jour et à chaque heure. La Révolution a passé par là. Napoléon Ier songea quelques instants à établir sa résidence d'été à Trianon; il y fit exécuter quelques réparations, il meubla les appartements; mais ce dessein fut abandonné. Louis XVIII et Charles X visitèrent à peine Trianon. Louis-Philippe y fit exécuter des travaux considérables. En 1837, le mariage de la princesse Marie avec le duc Alexandre de Wurtemberg y fut célébré avec solennité. Onze ans après, en 1848, par suite d'un effroyable revirement de fortune, Louis-Philippe, fuyant Paris et quittant Saint-Cloud, s'y arrêta un moment. Bientôt il partit pour l'exil, et peu de temps après il mourait sur la terre étrangère.

XI

LE LUXEMBOURG

Deux ans après l'assassinat de Henri IV, Marie de Médicis prenait la résolution de quitter le Louvre et de se bâtir un palais dans la partie méridionale de la ville, loin du tumulte, et surtout loin des lieux où des souvenirs amers importunaient sa mémoire. Comme tous les membres de sa famille, elle était avide du pouvoir; mais, au milieu des difficultés occasionnées par un changement de règne, elle ne se trouva pas à la hauteur de sa position. Une favorite, Éléonore Galigaï, venue de Florence, dominait entièrement l'esprit de sa maîtresse. Concini, son époux, grâce à la faveur de sa femme, monta rapidement aux plus grands honneurs, obtint le titre de marquis d'Ancre, devint premier ministre et maréchal de France. Jamais courtisan ne fit si promptement une pareille fortune. Il fut créé maréchal, disait-on, sans avoir tiré l'épée, et ministre sans connaître les lois du royaume. Ce qui le perdit, ce fut sa hauteur, qui allait jusqu'à l'insolence. La noblesse française ne la lui pardonna pas, et Louis XIII, devenu majeur, ne dissimula pas qu'il tenait à en être débarrassé. Le roi donna donc l'ordre de l'arrêter; Vitry, capitaine des gardes, fut chargé de l'exécution. Au moment où le maréchal d'Ancre passait sur le pont-levis du Louvre, Vitry lui demande son épée de la part du roi. Le maréchal recule, comme pour se mettre en garde et résister. Au même moment, plusieurs coups de pistolet l'étendent à terre, roide mort. Son cadavre, enterré sans honneurs, fut exhumé par la populace, qui se livra aux excès les plus condamnables. Cet événement eut lieu le 24 avril 1617. On trouva dans les poches de Concini des valeurs en papier s'élevant à environ deux millions de livres : on en découvrit davantage encore dans son logis. Sa femme avoua qu'elle possédait des pierreries d'une valeur supérieure à cent vingt mille écus. A la première nouvelle du meurtre de son mari, elle s'était mise au lit, afin de cacher ses diamants sous son corps. Vaine précaution : ses ennemis la jetèrent sur le plancher, dépouillée de ses vêtements et de ses pierreries. Le parlement, qui pouvait la poursuivre comme concussionnaire, la condamna à être brûlée comme sorcière. Un conseiller lui demanda de quels charmes elle s'était servie pour ensorceler la reine; elle répondit fièrement: « Mon charme a été le pouvoir que les âmes fortes doivent exercer sur les esprits faibles. » Elle fut décapitée et brûlée en place de Grève, le 8 juillet 1617. Ces drames lugubres, qui attristèrent profondément la reine, se passaient au moment où les travaux du Luxembourg étaient en pleine activité.

Pour construire son palais, Marie de Médicis s'était adressée à l'architecte Jacques de Brosses. Elle voulait transporter à Paris une image du palais ducal de Florence. Ce qui la séduisait, comme souvenir d'enfance, c'étaient les grandes façades du palais Pitti, les corps de logis en saillie, les murailles à bossages, les salles peintes et dorées. Elle aimait aussi les jardins, les parterres remplis de fleurs, les terrasses, les bassins, les fontaines ornées de statues et d'emblèmes mythologiques. La reine de France était restée Italienne et Florentine. Elle tenait si fortement à l'exécution de ses désirs, qu'elle mit pour condition, en demandant un projet à l'architecte français, que tous les plans, avant d'être adoptés définitivement, seraient soumis au jugement d'architectes italiens. Jacques de Brosses était bien sûr de son talent. Il accepta toutes les conditions; ses dessins excitèrent l'admiration dans la patrie des Brunelleschi et des Michel-Ange. Personne ne peut contester la supériorité du plan tracé par ce maître habile. Les palais de Florence ont conservé quelque chose de l'aspect lourd et solide des forteresses du moyen âge. Dans les républiques italiennes, d'ailleurs, à cause des mouvements continuels, les grands hôtels ressemblèrent longtemps à des châteaux forts, derrière lesquels on pouvait se mettre à l'abri d'un coup de main ou braver une émeute populaire. En France et à Paris, au commencement du xvii° siècle, de pareilles précautions n'étaient pas nécessaires. Aussi Jacques de Brosses sut-il modifier avec avantage les modèles proposés à son imitation, et leur communiquer cette élégance dont ils étaient trop souvent dépourvus à l'extérieur. Le palais du Luxembourg, avec son portail accompagné de terrasses à balustres et son dôme entouré de statues, était une innovation heureuse.

La première pierre du palais du Luxembourg fut posée par la reine Marie de Médicis, en 1615. Il y avait en cet endroit une grande maison accompagnée de jardins, bâtie par les soins de Robert de Harlay, vers le milieu du xvi° siècle. Cet hôtel n'avait rien de remarquable; la position seule en était fort agréable; les jardins étaient tenus assez médiocrement. Le duc de Pinei-Luxembourg acheta l'hôtel de Harlay, et agrandit considérablement les jardins. La reine, en achetant ce domaine, y ajouta environ cinquante arpents de terre et l'emplacement de plusieurs maisons du voisinage, qu'elle fit démolir. Ces diverses acquisitions permirent à l'architecte, dès l'ouverture des travaux, de dessiner et de planter le jardin. L'eau manquait. A l'aide d'un aqueduc traversant la vallée d'Arcueil, les eaux d'une source abondante vinrent s'épancher dans la grotte de la Naïade.

L'œuvre marcha régulièrement et vite. Le nerf de l'architecture, le même que celui de la guerre, l'argent, ne faisait pas défaut. En cinq ans, cet immense palais fut achevé. Il couvrait une superficie de plus de cinq mille mètres. Les façades principales avaient quatre-vingt-dix mètres de largeur, et les façades de côté n'avaient pas moins de cent-dix-huit mètres de longueur. Sous le règne de Louis-Philippe, une façade et deux pavillons ont été ajoutés vers le jardin.

Les appartements intérieurs furent décorés avec le plus grand luxe. La galerie, peinte par Rubens, était magnifique. Elle conduisait à la chambre de la reine, et Marie de Médicis avait demandé au peintre de représenter dans autant de tableaux de grande dimension les traits principaux de l'histoire de sa vie. Rubens commença de les peindre en 1621; ils étaient finis en 1623. La pensée qui préside à la composition de ces tableaux est toute mythologique : les Parques filent les jours de Marie de Médicis; Lucine préside à sa naissance, et Minerve à son éducation. Plus loin, par l'emploi des plus froides allégories, la princesse, au moment où elle met le pied sur le sol français, est reçue à Marseille par la France. La France est une jeune femme, couverte d'un manteau bleu semé de fleurs de lis d'or. Marseille est une grosse Provençale, la tête ornée d'une couronne de tours. Pour compléter la scène, une Renommée en haut sonne de la trompette. Voici une composition où l'emploi de l'allégorie touche au ridicule : c'est le mariage de Henri IV avec Marie de Médicis, célébré à Lyon. « Ces augustes époux, dit naïvement un vieil historien, y sont peints sous les figures de Jupiter et de Junon, assis sur des nuages. » Quelle manie déplorable de vouloir métamorphoser ainsi les humains en dieux de l'Olympe! Heureusement ce faux système est aujourd'hui abandonné, et même oublié. Cela nous rappelle les singulières applications auxquelles on prenait tant de plaisir autrefois, quand on *allégorisait* chrétiennement les poésies si peu chrétiennes d'Ovide, et même quand le Père Hardouin voulait montrer dans l'*Énéide* de Virgile le Christ, la Vierge et saint Pierre. Lorsqu'on lui manifestait son étonnement de semblables rêveries : « Croyez-vous, disait le bon jésuite, que je me lève chaque jour à quatre heures du matin pour penser comme tout le monde? » Ceux qui tracèrent à Rubens le programme des tableaux dont nous venons d'indiquer le sujet pour quelques-uns, étaient assurément des gens décidés à ne pas penser comme tout le monde. Le roi très-chrétien, déguisé en Jupiter, c'est, il faut l'avouer, une mascarade risible.

Les travaux de Rubens, transportés au Louvre, n'en restent pas moins l'objet de l'admiration des amateurs. Pour nous, tout en rendant justice au talent du peintre coloriste, nous sommes trop Français pour reconnaître le roi très-chrétien dans ce personnage *enlevé par le Temps dans le ciel, où il est reçu entre les bras de Jupiter, accompagné d'Hercule et de quelques autres divinités.* La chambre de la reine mère était décorée avec la même somptuosité, mais avec un goût plus pur. On y remarquait de charmants tableaux de Poussin, de Philippe de Champagne et d'autres artistes célèbres. « En cette chambre, dit un auteur contemporain, se voit la place du lit, enfermée de balustres, dont les piliers sont d'argent. Les vitres du cabinet, continue le même écrivain, sont de fin cristal, et au lieu de plomb pour les lier, la liaison est toute d'argent. »

Hélas! vanité des choses de ce monde! à peine ces magnificences étaient-elles étalées au grand jour, que la reine Marie de Médicis partait pour l'exil. De Blois, lieu de sa retraite, elle prit la fuite et gagna le château de Loches, afin de se soustraire à la surveillance importune de gardes qui jouaient le rôle de geôliers. Grâce à l'énergie et à l'adresse de Richelieu, Louis XIII se réconcilia avec sa mère. L'entrevue eut lieu à Couzières, près de Montbazon, en Touraine. A partir de ce jour, l'évêque de Luçon vit son crédit s'accroître auprès de la reine; celle-ci le gardait chez elle comme son ministre et son conseiller. Esprit souple et plein de ressources, Richelieu lui rendit plus d'un service, au milieu de difficultés sans cesse renaissantes et d'intrigues ourdies par les courtisans. Il n'usa de sa faveur, alors très-grande, que pour diriger la princesse dans une ligne de conduite d'accord avec la politique et les intérêts du souverain. Son dévouement fut récompensé : en 1622, Richelieu obtint le chapeau de cardinal. Son ambition cependant n'était pas satisfaite. Il se préparait les voies pour rentrer au ministère, où il avait figuré précédemment dans un poste secondaire. Louis XIII y semblait avoir une extrême répugnance. En 1624, cependant, le cardinal était nommé secrétaire d'État, à l'âge de trente-neuf ans, quand son esprit était dans toute sa force et son expérience déjà mûrie par le maniement d'une foule d'affaires épineuses et la fréquentation des hommes.

Richelieu conserva quelque temps la faveur de Marie de Médicis. Celle-ci était même si contente des services de son ministre, que, pour l'avoir constamment à peu de distance, et, pour ainsi dire, sous la main, elle lui donna quelques arpents de terre à l'ouest de son palais. Bientôt en cet endroit s'éleva pour le cardinal l'hôtel princier du petit Luxembourg; mais peu d'années devaient s'écouler avant que la confiance de la reine mère fît place à une aversion profonde. Marie était altière, amoureuse du pouvoir, avide d'influence et d'autorité; elle entendait bien être consultée et écoutée dans la direction des affaires. Le cardinal lui témoignait toute espèce de prévenances; mais il avait saisi l'administration du royaume d'une main vigoureuse, et son fier génie ne pliait devant aucune complaisance ni aucune menace. L'Italienne était cruellement blessée de cette conduite; elle était incapable de pardonner une telle indépendance à un homme qu'elle avait tiré de l'obscurité pour le faire arriver à la pourpre romaine et au ministère; de là des éclats de colère qui retentissaient souvent au Luxembourg contre le cardinal. Marie ne dissimulait pas ses ressentiments; elle leur donnait plutôt l'accent du mépris, de la haine, de la fureur. Richelieu était sur ses gardes. La plus habile réponse qu'il ménageât aux emportements de sa première bienfaitrice, c'était, par son application aux affaires, de se rendre nécessaire au roi. Il y réussit, et il eut conscience de son succès.

Le palais du Luxembourg fut témoin d'une des démonstrations violentes auxquelles la reine se laissait trop aisément emporter, et où le sort du cardinal fut définitivement assuré. Marie de Médicis, se croyant certaine de la disgrâce du ministre, avait décidé le roi son fils à venir la voir au Luxembourg. Toutes les batteries étaient montées; on peut croire que tout était convenablement préparé. Louis XIII reste seul en compagnie de sa mère, qui fait entendre les récriminations, les supplications, les accusations, verse des larmes, en un mot, fait jouer tous les ressorts que la nature et l'art mettent au service d'une femme. Marie veut arracher le renvoi du cardinal, par qui, dit-elle, le roi est trompé et trahi.

Au milieu de l'entretien, Richelieu paraît tout à coup. Laissons parler un historien du temps :

« L'arrivée imprévue du cardinal surprit et rendit la reine tout interdite. Toutefois elle reprit bientôt ses esprits, et la présence du cardinal ne servit qu'à redoubler sa colère, tant par le souvenir qu'elle lui renouvela de toutes les offenses qu'il lui avait faites, que parce qu'elle se voyait interrompue dans l'accomplissement de ses desseins ; de manière que, pleine de furie et de ressentiment, elle s'emporta contre lui avec violence, l'appelant devant son fils *âme double, insolent, effronté, traître*, et lui donnant beaucoup d'autres injurieuses épithètes auxquelles il ne s'attendait pas.

« Le cardinal, étonné et confus de l'extrême emportement de cette princesse, ne répliqua pas un seul mot à toutes les injures qu'elle lui dit : il tâcha seulement d'adoucir l'aigreur de son esprit et de modérer sa colère. »

Voyant enfin que l'émotion de la reine était au comble, et que rien ne pouvait la calmer, Richelieu prie le roi de vouloir bien lui permettre de vivre désormais dans la retraite, et d'y passer en repos le reste de ses jours, ajoutant qu'il n'est pas juste que Sa Majesté continue de l'employer dans le ministère contre les volontés de la reine. A cette proposition le roi fléchit ; il intercède en faveur du ministre. Exaspérée, Marie s'écrie : « Serez-vous assez dénaturé pour préférer un valet à votre mère ? »

Ne pouvant apaiser la reine, Louis XIII quitte le

Luxembourg et part pour Versailles. L'entrevue qui vient de se passer est promptement suivie d'un retentissement immense. Déjà les ennemis du cardinal se croient sûrs de la victoire ; ils accourent féliciter la reine. Celle-ci accepte les hommages des courtisans ; elle peut donc enfin respirer à l'aise.

Pour compléter son triomphe, Marie de Médicis aurait dû courir à Versailles, au lieu de s'endormir au Luxembourg. L'habile cardinal ne commit pas cette faute. Tout fut bientôt changé : le roi, devant tout le monde, dit au cardinal « qu'il lui ordonnait de demeurer, et de continuer à le bien servir dans l'exercice de son emploi. » La nouvelle de ce revirement de fortune parvint à Paris aussi rapidement que l'éclair. En un clin d'œil le Luxembourg fut désert, et Marie de Médicis ne se fit plus d'illusion. Ces événements se passèrent le 11 novembre 1630, et cette date a conservé dans l'histoire le nom de *journée des Dupes*.

La reine s'éloigna de Paris ; et, mécontente, non sans raison peut-être, elle quitta la France le 19 juillet 1631 : elle n'y rentra jamais. En 1642, elle rendit le dernier soupir à Cologne, dans un état voisin de l'indigence. Comme tous les Français qui visitent les bords du Rhin, je suis entré dans la cathédrale de Cologne, et, derrière les piliers de l'abside, je me suis arrêté quelques instants à regarder la pierre qui recouvre les restes de cette reine de France, morte en exil.

Marie de Médicis légua le Luxembourg à Gaston d'Orléans, son second fils, prince remuant, d'esprit médiocre, dont on a dit que la passion dominante était la peur. Le palais du Luxembourg devint dès lors, peut-être vaudrait-il mieux dire, continua d'être le foyer de mille intrigues. Tous les seigneurs mécontents faisaient au prince une cour assidue : ils espéraient pouvoir se cacher derrière lui, et trouver ainsi une protection contre le ressentiment du tout-puissant ministre. Mais Gaston d'Orléans se montra sans courage quand il fallut agir, et sans dignité quand son parti eut succombé. C'est à la pusillanimité de ce prince qu'il faut attribuer le supplice du duc de Montmorency, gouverneur du Languedoc, et de plusieurs autres seigneurs, compromis par sa faiblesse et son inconstance.

Le palais du Luxembourg appartint ensuite à Anne-Marie-Louise d'Orléans, fille de Gaston, et plus connue sous le nom de Mademoiselle de Montpensier, ou de la *grande Mademoiselle*. Elle hérita de son père l'humeur inquiète, l'esprit d'aventures, l'amour de l'intrigue et une excessive indépendance de caractère. Ce fut l'origine des chagrins qui empoisonnèrent sa vie. Élevée à la cour d'Anne d'Autriche, sa marraine, elle conçut l'espérance d'épouser Louis XIV et de s'asseoir sur le trône de France. Elle avait embrassé le parti de la Fronde, et elle eut la hardiesse de faire tirer le canon de la Bastille sur les troupes du roi. Cette action violente la perdit dans l'esprit du jeune monarque; aussi le cardinal Mazarin dit-il tout haut : « Ce canon-là vient de tuer son mari. »

Dans l'espoir d'épouser l'Empereur, elle refusa la main du prince de Galles, depuis Charles II : elle n'obtint ni l'un ni l'autre. Enfin, à l'âge de quarante-trois ans, cette princesse fantasque voulut épouser publiquement un simple gentilhomme, le comte de Lauzun, personnage arrogant, mais alors fort bien en cour. Sur le refus du roi, le mariage fut célébré secrètement. Bientôt Lauzun, ne sachant pas modérer son ressentiment, et s'étant rendu coupable d'excès de langage, fut enfermé dix ans dans un cachot du château de Pignerol. La liberté lui fut enfin rendue, grâce aux sollicitations instantes de Mademoiselle; mais on mit des conditions à cette faveur. Mademoiselle s'engagea à céder au duc du Maine la souveraineté de Dombes et le comté d'Eu. Lauzun aurait dû se montrer reconnaissant envers elle. Il se conduisit mal, même jusqu'à la grossièreté. On prétend qu'un jour, revenant de la chasse, il lui dit: « Louise d'Orléans, tire-moi mes bottes. » Cette princesse s'étant récriée sur une pareille insolence, il fit du pied un mouvement qui était le dernier des outrages. Le lendemain, il eut l'audace de revenir au Luxembourg; mais la petite-fille de Henri IV, se souvenant que le sang royal coulait dans ses veines, lui dit d'un ton sec et fier : « Je vous défends de vous présenter jamais devant moi. »

Le palais du Luxembourg, par suite d'une transaction en date du 1ᵉʳ mai 1672, devint la propriété d'Élisabeth d'Orléans, duchesse de Guise et d'Alençon. Il a été occupé depuis successivement par la duchesse de Brunswick et Mademoiselle d'Orléans, reine d'Espagne. Rentré dans le domaine royal, il fut donné par Louis XVI à son frère, le comte de Provence, plus tard Louis XVIII. Celui-ci le quitta en partant pour l'émigration.

La révolution transforma le palais en prison. Tous nos vieux monuments alors devinrent des geôles où l'on entassa les victimes. Parmi les prisonniers les plus célèbres qui passèrent quelques jours au Luxembourg, nous nommerons seulement le vicomte de Beauharnais et Joséphine, Camille Desmoulins, Fabre d'Églantine, Hérault de Séchelles, David. Robespierre y resta quelques heures. Tous les captifs n'en sortirent que pour monter sur l'échafaud, à l'exception de Joséphine et de David. Joséphine était destinée à s'asseoir bientôt sur le trône.

La révolution française remplaça la convention par le Directoire. Les directeurs furent logés au Luxembourg. La *jeunesse dorée* remplit bientôt les salons de Marie de Médicis, se livrant au plaisir avec une ardeur immodérée. Aux émotions déchirantes du régime de la Terreur succéda, sans interruption, une légèreté de mœurs incroyable. Après une persécution d'une fureur sans exemple contre la religion chrétienne, la nation manifesta ouvertement ses regrets et son retour vers le catholicisme. Les habitants des provinces surtout accueillirent avec bonheur les prêtres, trop longtemps poursuivis à outrance; le Directoire fut même alarmé de ces démonstrations significatives; les *philosophes* n'avaient pas encore perdu leur antipathie pour le culte si pur, si moral de l'Évangile. Un des directeurs, Laréveillère-Lepaux, tenta de créer une nouvelle religion, aux apôtres de laquelle il donna le nom de théophilanthropes. Les Français se mirent à rire de l'invention et des inventeurs, et les théophilanthropes furent surnommés *tous les filous en troupe*[1].

Bonaparte consul s'établit au petit Luxembourg, et le sénat prit possession du palais. Sous l'empire de Napoléon Ier, le sénat y tint ses séances; on y vit plus tard siéger les pairs de France. Durant près d'un demi-siècle, la tribune y retentit des accents de la plus noble éloquence, une des gloires de la France moderne. En 1848, la révolution y rentra bruyamment. Le nouvel empire y a réinstallé le sénat conservateur.

---

[1] Saint-Prosper, *Histoire de France*, tome II, p. 565.

RÉSIDENCES ROYALES ET IMPÉRIALES. — PALAIS-ROYAL.

XII

LE PALAIS-ROYAL

A mesure qu'il sentait le pouvoir s'affermir entre ses mains, le cardinal de Richelieu donnait essor aux grandes combinaisons de la politique, sans négliger le soin de sa propre fortune. Il fit beaucoup; peut-être cependant ne fut-il pas maître assez paisible de sa haute position, inquiété par des intrigues sans cesse renaissantes, pour réaliser les vastes desseins qu'il avait conçus, soit dans les relations extérieures de la France, soit dans les réformes de l'administration intérieure. Il réussit du moins à faire triompher l'autorité royale; la volonté du souverain fut respectée. L'unité politique et l'unité administrative furent enfin constituées. Cette œuvre rencontra des obstacles de plus d'un genre. Des seigneurs mécontents, plus redoutables, il est vrai, par leur ambition turbulente que par leurs qualités personnelles, furent vigoureusement maintenus dans le devoir, ou y furent ramenés plus vigoureusement encore quand ils essayèrent de s'en écarter. On ne pardonna pas alors à l'inflexible cardinal une énergie et une sévérité auxquelles les désordres civils du siècle précédent n'avaient guère accoutumé. On chercha même plus tard à obscurcir sa renommée et à ternir sa mémoire. « Au demeurant, dit un historien moderne, ce fut le plus grand ministre de l'ancienne monarchie. »

Durant plusieurs années, même au comble des grandeurs, le cardinal de Richelieu se contenta d'un hôtel. Quoique meublé avec un luxe extrême et habilement distribué pour la commodité de l'habitation, il ne répondait plus aux goûts fastueux du ministre. Richelieu voulut avoir un palais. Il donna l'hôtel du petit Luxembourg à la duchesse d'Aiguillon sa nièce, et en 1629, sur les ruines des hôtels de Mercœur, de Rambouillet et de quelques maisons voisines, près de la porte Saint-Honoré, furent jetés les fondements d'un palais magnifique. L'architecte fut Jacques Le Mercier, le plus habile ou du moins le plus vanté de son temps. Il était dans la destinée du ministre d'être en butte à la jalousie dans toutes ses entreprises. Le plan du nouvel édifice fut vivement critiqué. Mais, quand au frontispice du monument on vit sur une plaque de marbre briller en lettres d'or le titre de *Palais-Cardinal*, ce fut une rumeur universelle parmi les beaux esprits. Balzac, un de ces beaux esprits alors à la mode, prétendit que cette inscription n'était ni grecque, ni latine, ni française. Les malins ajoutaient qu'elle ressemblait à la politique, blâmable et blâmée de tout le monde. Après qu'on se fut égayé suffisamment, on remarqua qu'elle était conforme au génie de notre langue, et qu'elle n'était pas plus ridicule que la vieille dénomination d'Hôtel-Dieu. La critique parfois est difficile à désarmer; en cette occasion, ce fut le cardinal qui put rire le dernier. Après tant de bruits, les beaux esprits ne tardèrent pas à venir lui faire la cour, ne ménageant ni les génuflexions ni les compliments. Pour eux le ministre eut toutes les qualités, c'était le plus intelligent des Mécènes. Voulez-vous savoir la cause de ce changement? c'est que chacun tenait à se faire ouvrir les portes de la société littéraire, berceau de l'Académie française.

On a dit que le Palais-Cardinal offrait quelques irrégularités dans son plan primitif, parce que les bâtiments ne furent pas exécutés aussitôt dans leur ensemble. Ils étaient d'abord proportionnés à la fortune du ministre. Dans la suite, on y fit des agrandissements à mesure que le crédit et la puissance du maître augmentaient. Cette manière de procéder n'était guère dans le caractère du cardinal, et il le montra clairement dans la construction du château et de la ville de Richelieu. Il serait d'ailleurs difficile de se faire aujourd'hui une juste idée de ce que fut le palais dès le principe, surtout à en juger par l'architecture extérieure. La disposition des bâtiments seule a été conservée, et le reste a subi bien des changements, même jusqu'en ces derniers temps. En sorte que pour connaître et apprécier l'œuvre de Le Mercier, il faudrait plutôt recourir aux dessins de cette époque que visiter l'édifice actuel. La façade sur la rue Saint-Honoré était d'un goût sévère, mais d'un aspect noble et imposant. Celle de la cour était plus élégante et plus riche. Le centre du palais était destiné à être entouré d'édifices réguliers et de belle apparence : ce projet ne fut pas alors exécuté; la spéculation l'a réalisé presque de nos jours.

Si la conception et l'exécution du monument laissèrent quelque chose à désirer dans les ornements extérieurs, il n'en fut pas de même à l'intérieur. Rien ne fut ménagé pour la décoration. Le pinceau des plus habiles artistes y fut employé; et les écrivains du temps ne tarissent pas d'éloges en faisant la description des magnifiques tableaux dus au génie de Vouet, de Poërson et de Philippe de Champagne. La galerie des hommes illustres est restée particulièrement célèbre. On y admirait, outre des figures de personnages antiques et de divinités mythologiques, les portraits de Suger, abbé de Saint-Denis; de Simon de Montfort, de Gaucher de Châtillon, connétable de France; de Bertrand du Guesclin, d'Olivier de Clisson, de Jean le Meingre de Boucicaut, de Jean comte de Dunois, de Jeanne d'Arc, du cardinal Georges d'Amboise, ministre de Louis XII; de Louis de la Trémouille, de Gaston de Foix, de Bayard, *le chevalier sans peur et sans reproche*; de Charles de Cossé, duc de Brissac, maréchal de France; d'Anne de Montmorency, du duc de Guise, du cardinal de Lorraine, du maréchal de Montluc, du maréchal de Biron, du duc de Lesdiguières, de Henri IV, de Marie de Médicis et du cardinal de Richelieu. Cette galerie a été détruite; les portraits ont été transportés à Versailles. Une autre galerie n'était pas moins remarquable. Le cardinal y avait fait peindre tous les événements glorieux accomplis durant son ministère. Toutes les compositions étaient de la main de Philippe de Champagne. La galerie disparut moins d'un demi-siècle après la mort de Richelieu : elle fit place à une longue enfilade de chambres à coucher.

En faisant bâtir son château de Richelieu, le cardinal avait multiplié les chapelles, qu'il semble avoir beaucoup négligées dans son palais. « Le cardinal de Richelieu, dit la Fontaine, comme cardinal qu'il estoit, a eu soin que son chasteau fût suffisamment fourni de chapelles. Il y en a trois, dont nous vismes les deux d'en haut; pour celle d'en bas, nous n'eusmes pas le temps de la voir, et j'en ay regret[1]. » Ce qui paraîtra plus étonnant pour un prince de l'Église, c'est qu'il fit construire deux théâtres dans sa demeure. Richelieu, en effet,

---

[1] Opuscules de la Fontaine, à la suite des œuvres de Mme de Sévigné, par M. de Monmerqué; édition de 1830, Paris, in-12, tome XIII, p. 585.

avait un goût excessif des représentations scéniques, et personne n'ignore qu'il poussa jusqu'au ridicule le désir de faire jouer et applaudir des tragédies de sa composition. Des deux théâtres du Palais-Cardinal, le premier contenait seulement cinq cents spectateurs : c'était, si l'on peut employer cette expression, le théâtre intime; on n'y admettait que des invités de choix. Le second était assez vaste pour donner place à trois mille personnes. On y joua la tragédie de *Mirame*, événement littéraire raconté longuement dans les mémoires du temps; le cardinal passait pour en être l'auteur. La cour était présente, et il ne dépensa pas moins, dit-on, de deux cent mille écus pour l'exécution de ce drame. Ce théâtre, c'est ici l'occasion de le dire, occupe une grande place dans l'histoire de la littérature. Sous Louis XIV, l'élite de la société parisienne vint y applaudir aux comédies de Molière. C'est sur ce théâtre que le plus célèbre des auteurs comiques, le 17 février 1673, jouant la comédie du *Malade imaginaire*, et déjà indisposé, fut saisi de convulsions suivies d'un vomissement de sang qui l'étouffa. Molière mourut à l'âge de cinquante et un ans. L'archevêque de Paris lui refusa d'abord les honneurs de la sépulture ecclésiastique. Sur les instances du roi, il consentit à ce qu'il fût enseveli à Saint-Joseph, sur la paroisse Saint-Eustache. Molière a été jugé bien diversement. Ce fut assurément un homme de génie; « mais, dit un auteur non suspect, J.-J. Rousseau, qui peut disconvenir que le théâtre de ce même Molière, dont je suis plus l'admirateur que personne, ne soit une école de vices et de mauvaises mœurs, plus dangereuse que les livres mêmes où l'on fait profession de les enseigner? » Détruit par le feu en 1763 et 1781, ce théâtre fut reconstruit de l'autre côté du palais.

Ces souvenirs nous reportent à un des faits les plus importants des annales littéraires de la France, puisqu'il ne s'agit de rien moins que de l'origine de l'Académie française. Au moment où Richelieu livrait à l'architecte Le Mercier les terrains et les débris sur lesquels allait s'élever sa somptueuse demeure, quelques hommes d'étude, la plupart inconnus aujourd'hui, se réunissaient une fois par semaine chez Conrart, pour causer d'affaires, de nouvelles et de belles-lettres, et leurs conférences étaient suivies tantôt d'une collation, tantôt d'une promenade. Ce cercle intime, où chacun trouvait, suivant l'expression de Pellisson, *un plaisir extrême et un profit incroyable*, finit par s'élargir. On y vit figurer un personnage peu connu dans la république des lettres, mais bon compagnon et de joyeuse humeur : c'était Boisrobert, un des familiers du Palais-Cardinal. Homme d'esprit et homme du monde, constamment à l'affût des nouvelles, les racontant ou les inventant au besoin avec une verve inépuisable, il était de ces esprits légers à qui tout est facile, prose et vers, et qui savent grandir leur petit mérite par leur vivacité et leur entrain. Richelieu, absorbé par les méditations ardues de la politique, avait besoin de ces rieurs de bon ton autour de lui. « Monseigneur, lui disait parfois son médecin Citois, nous ferons tout ce que nous pourrons pour votre santé; mais nos drogues seront inutiles, si vous n'y mêlez un peu de Boisrobert. »

Boisrobert parla au cardinal des réunions qui avaient lieu chez Conrart, et le cardinal, habile à saisir le côté utile et grand des moindres choses, résolut immédiatement de donner un caractère public et durable à une association fondée uniquement sur le plaisir et les convenances individuelles, et d'en faire une institution nationale. La négociation fut longue et difficile. Les gens de lettres, comme les artistes, sont jaloux de leur liberté. On réussit à s'entendre à la fin, et l'Académie fut créée [1]. Ce grand corps littéraire n'oublia jamais son origine. Jusqu'à ces dernières années, chaque nouveau récipiendaire, dans son discours solennel de réception, était obligé de faire l'éloge du fondateur. Cet usage, depuis quelque temps, semble entièrement abandonné; mais la reconnaissance des services rendus n'est pas, chez nous, aussi changeante que la mode et aussi dédaigneuse des vieilles traditions.

Le cardinal de Richelieu mourut le 4 décembre 1642, à l'âge de cinquante-sept ans. Il faut bien se garder de

---

[1] Voy. *Histoire de Paris*, par Eug. de la Gournerie.

juger ce grand homme d'après les écrits d'auteurs passionnés, jaloux de toutes les gloires de l'ancienne France, surtout quand elles tiennent à l'Église par quelque côté. Le ministre de Louis XIII ne fut pas sans défauts assurément; mais il faut faire la part de l'homme vivant au milieu d'intrigues et de difficultés de tout genre, et celle du fier génie qui travailla avec courage et constance pour les intérêts de sa patrie. Aujourd'hui, sa mémoire a grandi considérablement. En publiant les *Papiers d'État du cardinal de Richelieu,* le comité impérial historique a mis à découvert toute la pensée du ministre, dans une série de documents officiels tirés des archives du ministère des affaires étrangères. Depuis plus de deux siècles, le silence entoure la tombe du redouté cardinal; l'heure de la justice a sonné. L'histoire impartiale et sérieuse, comme on la comprend de nos jours, a enfin la parole; elle fait bon marché des anecdotes et des traits d'esprit, s'attachant uniquement à l'œuvre authentique, aux intentions réelles, aux actes avoués, aux vues politiques exprimées, aux combinaisons et aux pièces diplomatiques rédigées par le ministre dans l'exercice de ses fonctions publiques.

On oublie trop souvent de faire connaître les habitudes de travail et de dévotion du cardinal, quand on parle de son ministère. On réussit ainsi à en faire une espèce de personnage moitié laïque, moitié ecclésiastique, n'ayant guère de son état que l'habit, mondain d'ailleurs dans le reste de sa conduite. Nous emprunterons à un auteur contemporain quelques détails curieux sur la vie privée du célèbre cardinal :

« Il se couchoit ordinairement sur les onze heures, et ne dormoit que trois ou quatre heures. Son premier somme passé, il se faisoit apporter de la lumière et son portefeuille, pour écrire lui-même ou pour dicter à une personne qui couchoit exprès dans sa chambre; puis il se rendormoit sur les six heures, et ne se levoit ainsi qu'entre sept et huit.

« La première chose qu'il faisoit, après avoir prié Dieu, étoit de faire entrer ses secrétaires, pour leur donner à transcrire les dépêches qu'il avoit minutées la nuit; et l'on a remarqué, quand c'étoit quelque dépêche considérable, ou quelque autre pièce d'importance, qu'il ne leur donnoit que le temps juste pour une seule copie, de crainte que la curiosité ne les portât à en faire deux; et, après avoir en leur présence collationné la copie sur la minute, il retenoit l'une et l'autre par devers lui.

« Il s'habilloit ensuite, et faisoit entrer ses ministres, avec lesquels il s'enfermoit jusqu'à dix ou onze heures. Puis il entendoit la messe, et faisoit avant le dîner un tour ou deux de jardin, pour donner audience à ceux qui l'attendoient.

« Après le dîner, il se donnoit quelques heures d'entretien avec ses familiers, ou avec ceux qui avoient dîné à sa table; puis il employoit le reste de la journée aux affaires d'État et aux audiences pour les ambassadeurs des princes étrangers et les autres personnes publiques. Sur le soir, il faisoit une seconde promenade, tant pour se délasser l'esprit que pour donner audience à ceux qui ne l'auroient pu avoir le matin.

« Il ne manquoit pas tous les dimanches de se confesser et de communier, à moins qu'il ne fût malade, et le faisoit avec tant d'humilité, de ferveur et de tendresse, qu'on lui voyoit pour l'ordinaire les yeux tout mouillés de larmes.

« Ses maladies et ses indispositions ordinaires l'empêchant de célébrer la messe aussi souvent qu'il l'eût voulu, il ne manquoit pas au moins de la dire toutes les grandes fêtes et toutes les fêtes de Notre-Dame, à laquelle il étoit particulièrement dévot, et dont il croyoit la protection absolument nécessaire pour le gouvernement des États.

« Mais sa piété ayant sans comparaison plus de solidité que de montre, il faisoit ordinairement ses dévotions de très-grand matin, sans autres témoins que son confesseur, son maître de chambre, son aumônier, quelques officiers de ses gardes et ses valets de chambre, et se levoit pour cet effet à une heure ou deux après minuit, au réveil de son premier somme; puis se recouchoit pour se relever et entendre la messe aux heures ordinaires [1]. »

[1] Auberi, *Histoire du cardinal duc de Richelieu*.

En 1639, le cardinal de Richelieu fit présent au roi du Palais-Cardinal, ne s'en réservant que l'usufruit. Dans son testament en date de 1642, année de sa mort, il renouvela la même donation et la confirma en tant que de besoin. En même temps il légua au roi trois millions de francs, somme qu'il avait économisée et qu'il tenait en réserve pour des besoins imprévus. Richelieu aimait le faste : tout chez lui était splendide. Depuis qu'il était devenu premier ministre, la dépense de sa maison ne montait pas à moins de mille écus par jour. Il aimait les arts et les favorisait. On lui doit la fondation de l'imprimerie royale, du collége du Plessis, et la reconstruction de la Sorbonne, où il fut enseveli, et où l'on voit encore son tombeau et sa statue, œuvre du sculpteur Girardon.

Le 7 octobre 1643, c'est-à-dire moins d'une année après la mort du cardinal, Anne d'Autriche, reine de France et régente du royaume, et le roi Louis XIV, son fils, alors âgé de cinq ans, quittèrent le Louvre pour venir prendre possession du Palais-Cardinal, et y établir leur demeure. Le séjour du roi en fit changer le nom : on ne le connut plus désormais que sous celui de Palais-Royal. Louis XIV le donna dans la suite à son frère Philippe de France, après y avoir fait ajouter une vaste galerie du côté de la rue Richelieu. Les ducs d'Orléans, auxquels il fut concédé d'une manière définitive en 1672, comme augmentation d'apanage, se plurent à en augmenter les bâtiments. Les principaux travaux furent entrepris à la suite de l'incendie de 1763; l'aspect du palais en fut complétement changé. La destruction du jardin, dessiné par Desgots, neveu de Le Nôtre, en 1720, altéra profondément l'ordonnance de l'ensemble. La pensée du cardinal avait été d'entourer le grand jardin de trois corps de bâtiments somptueux. Louis-Joseph d'Orléans réalisa ce dessein; mais l'amour du gain ne fut pas étranger à cette entreprise. Ces belles galeries, abandonnées au commerce, ne furent toutefois complétées qu'en 1828 et 1829, par Louis-Philippe, qui, sur l'emplacement des *Galeries de bois*, fit élever cette magnifique galerie vitrée, un des ornements de la capitale, et connue depuis sous le nom de *Galerie du Palais-Royal*. D'autres constructions furent entreprises par le même prince, pour relier les divers corps de logis; d'amples vestibules à colonnes s'ouvrirent sur différentes rues; de nouvelles distributions furent adroitement exécutées; des améliorations de tout genre furent introduites de tous côtés; on réussit ainsi, sans trop compromettre la dignité de la demeure princière, à en faire le plus brillant palais de l'industrie.

Le Palais-Royal, il faut bien le dire, devint à toutes les époques une officine d'intrigues. Sous le ministère du cardinal Mazarin, durant les scènes tantôt burlesques, tantôt tragiques de la Fronde, mille menées, mille pratiques secrètes y furent conduites, démasquées, renouvelées et éventées encore. Mais le génie des courtisans est fertile dans l'invention d'artifices et de tromperies. A la suite de la journée des Barricades, où la cour fut humiliée, Anne d'Autriche, pour ne pas rester en présence d'insolents vainqueurs, quitta secrètement Paris, en sortant par une porte dérobée des jardins du Palais-Royal, à trois heures du matin, le 16 janvier 1649. L'habileté du ministre italien ne tarda pas à lui faire gagner la partie, un moment compromise.

Sous la régence, le Palais-Royal devint le rendez-vous habituel des sceptiques et des roués. Nous voudrions bien n'être pas obligé d'ajouter qu'il fut trop souvent transformé en un lieu de débauche. A la fin de ce xviii° siècle, témoin de tant d'abaissements, le Palais-Royal retentit des déclamations haineuses de Camille Desmoulins, haranguant, le pistolet au poing, une multitude frémissante. Théroigne de Méricourt, la furie révolutionnaire, y montra sa figure sinistre, au milieu d'une escorte composée de tout ce que les bas-fonds d'une grande ville renferment de plus abject. La tête de plus d'une victime y fut portée au bout d'une pique, et présentée comme un lugubre hommage aux fenêtres d'un prince que les mauvaises passions entraînèrent jusqu'au plus noir forfait. Tous les mouvements populaires eurent leur centre dans les jardins du Palais-Royal. Un jour, on vit passer devant la porte du palais une charrette remplie de condamnés à mort. Par la plus amère des dérisions, la fatale voiture fut arrêtée quelques instants : la multitude y avait reconnu le duc d'Orléans; elle voulut lui faire savourer la honte, en l'accablant de huées, en face même de sa demeure princière.

Depuis ces jours de triste mémoire, de nouvelles agitations, en 1830 et en 1848, ont ébranlé les galeries du Palais-Royal. Aux émotions populaires ont succédé des jours plus calmes. Le Palais-Royal est toujours le rendez-vous préféré de tous les désœuvrements et de toutes les passions. « Mais, dit un écrivain moderne, dans ces galeries de marbre, parmi cette foule qui rit insoucieuse, qui s'amuse, qui s'enivre, la Révolution erre sans cesse dans l'ombre : elle écoute et elle attend. »

RÉSIDENCES ROYALES ET IMPÉRIALES.

SAINT-GERMAIN-EN-LAYE.

XIII

SAINT-GERMAIN-EN-LAYE

Aux temps les plus reculés de notre histoire, la vallée où coule la Seine, et les hauteurs qui la dominent, étaient couvertes de forêts. Ces solitudes étaient à peine troublées, à de longs intervalles, par les cris des chasseurs et les rauques aboiements des meutes. Personne n'aurait pu soupçonner alors les destinées brillantes de Lutèce, et la transformation du territoire qui l'entoure. Des barques grossières sillonnaient le fleuve. Une population pauvre habitait de chétives cabanes au milieu de l'île de la Seine, où s'élevèrent plus tard les monuments de la Cité, berceau de la capitale de la France. Ce fut la religion, par les mains d'humbles moines, qui la première défricha le sol sur lequel se trouvent aujourd'hui la ville et le château de Saint-Germain. L'abbaye royale de Saint-Germain-des-Prés de Paris y possédait un domaine, lorsque le roi Robert, au commencement du xi⁰ siècle, y fonda un monastère sous l'invocation du saint évêque de Paris. Le prince affectionnait singulièrement cet humble monastère de Saint-Germain, où plus d'une fois il assista publiquement à l'office, chantant et psalmodiant parmi les moines. On a dit, mais sans indiquer la source historique de ce récit, que Robert, forcé par l'anathème de se séparer de Berthe, sa cousine, veuve d'Eudes Ier, comte de Blois, qu'il avait épousée contre les lois alors en vigueur, vint passer quelques jours à Saint-Germain. Tel fut l'effroi qui s'empara des personnes qui entouraient le monarque excommunié, s'il faut en croire le témoignage de Pierre Damien, que ses propres domestiques quittèrent son service, et que les deux serviteurs qui lui restèrent fidèles, n'osant toucher aux objets auxquels il avait porté la main, faisaient passer par le feu jusqu'aux plats où il avait mangé et jusqu'aux vases où il avait bu.

Ces premiers temps de l'histoire de Saint-Germain sont restés très-obscurs. Le xii⁰ siècle accrut sa célébrité. Le roi Louis le Gros fit bâtir un château fort près du monastère : ce fut l'origine de la magnifique résidence royale, devenue si fameuse dans la suite. Louis le Gros était alors en lutte contre les vassaux de la couronne, devenus trop puissants, et refusant d'obéir au souverain. La majesté royale était avilie; l'autorité des lois était méconnue. Le roi fit construire d'autres forteresses pour aider à réprimer la violence d'une foule de petits tyrans.

« Dès que ce prince fut en état de monter à cheval, dit son biographe, il poursuivit à outrance les gentilshommes qui, du haut de leurs donjons, se répandaient pour piller dans les campagnes sans défense, sur les grands chemins et sur les rivières. Toute sa vie il eut les armes à la main, courant partout où les opprimés réclamaient son secours. » On lui doit d'autres réformes non moins importantes, œuvre de son habile ministre Suger, abbé de Saint-Denis; mais nous ne saurions même les rappeler ici sans trop nous écarter de notre sujet.

Louis le Gros parut à plusieurs reprises dans son royal manoir de Saint-Germain. Louis VIII, surnommé Cœur-de-Lion, à cause de la bravoure qu'il avait héritée de son père Philippe-Auguste, vint souvent y respirer l'air pur de la campagne, et s'y délasser des rudes travaux de la guerre qu'il ne cessa de faire aux Anglais; il fut un moment à la veille de les chasser entièrement de la France. Son fils saint Louis, et Blanche de Castille, régente du royaume, y séjournèrent plus d'une fois, comme l'attestent des actes nombreux datés de Saint-Germain-en-Laye.

A la faveur des désordres causés par la présence trop prolongée des Anglais dans nos provinces, le prince Noir avait endommagé considérablement le château de Saint-Germain. Charles V le rétablit en 1367, trois ans après son avènement au trône. Le souvenir de Charles le Sage doit être assurément compté parmi les plus glorieux qui se rattachent à ce noble manoir. D'autres ont célébré ses vertus, ses victoires, son habileté, son amour de la justice, sa passion du bien, son dévouement constant au bonheur de ses sujets. Qu'il nous soit permis de citer un trait seulement de sa vie, d'où ressort une leçon qui ne devrait jamais être mise en oubli. Ayant appris qu'un seigneur avait tenu un discours trop libre devant le jeune prince Charles, son fils aîné, il chassa le coupable de sa cour, et dit à ceux qui étaient présents : « Il faut inspirer aux enfants des princes l'amour de la vertu, afin qu'ils surpassent en bonnes œuvres ceux qu'ils doivent surpasser en dignité. »

Charles le Sage agrandit le château; « il fit rééditier notablement le chastel de Saint-Germain-en-Laye, » dit son historien. Longtemps après lui, François Ier le transforma. Des bâtiments considérables furent ajoutés, et des embellissements de tout genre exécutés. Le château fort avait disparu. La sécurité générale avait occasionné des changements importants dans la disposition des résidences seigneuriales. On n'y voyait plus l'appareil guerrier que les mouvements militaires précédents avaient rendu nécessaire. C'étaient maintenant des maisons de plaisance, et non des forteresses. Saint-Germain subit plus qu'aucune autre résidence princière cette heureuse influence du temps. Chambord et Fontainebleau ne montrèrent plus aucun signe de préoccupations guerrières. Les bâtiments de l'antique monastère, devenu simple prieuré, furent compris dans les dépendances du château, et perdirent entièrement leur destination première. Le bruit et l'éclat des fêtes sont à peine interrompus : partout où François Ier transporte sa cour, règnent le faste et les plaisirs bruyants. Dans une de ces réunions où trop souvent les bonnes mœurs n'étaient guère respectées, à la suite d'un propos blessant pour l'honneur de sa belle-mère, Guy Chabot de Jarnac donna publiquement, et en présence du roi, un démenti à l'auteur de l'offense, François de Vivonne de la Châteigneraie. Également outrés, les deux gentilshommes demandèrent à François Ier la permission de se livrer un combat à outrance. Cette espèce de duel était un reste des combats judiciaires, si fréquemment usités au moyen âge. Le roi refusa son consentement; mais, après sa mort, les deux adversaires obtinrent l'autorisation de Henri II, successeur de François Ier. Le 10 juillet 1547, le combat se fit en champ clos dans le parc de Saint-Germain-en-Laye. Le roi était présent, accompagné du connétable de Montmorency et de plusieurs autres seigneurs. La Châteigneraie était de haute stature, d'une force herculéenne et adroit au maniement des armes. Il se croyait si sûr de la victoire, qu'il avait commandé pour le soir un souper splendide, auquel il avait convié tous ses amis. Mais la fortune en décida autrement. Dès que la lutte fut engagée, Jarnac, se couvrant la tête de son bouclier, frappa son adversaire au jarret d'un coup si terrible qu'il le renversa par terre, dans l'impossibilité de se relever. La Châteigneraie, ainsi terrassé, était à la discrétion de Jarnac. Celui-ci ne voulait pas arracher la vie à un ennemi désarmé. « Rends-moi mon honneur, » lui criait-il. Mais le vaincu gardait un silence farouche, sans vouloir désavouer la parole outrageante qu'il avait prononcée. A la fin, le vainqueur se tournant vers le roi : « Sire, lui dit-il, je vous donne mon adversaire. » La Châteigneraie fut emporté sous sa tente, où sa blessure fut pansée. Il conçut un si violent dépit de sa défaite, qu'il en mourut trois jours après, à peine âgé de vingt-huit ans. Le *coup de Jarnac* a passé depuis en proverbe, pour signifier une ruse et un coup imprévu de la part d'un ennemi. Ce combat en champ clos est le dernier qui se soit vu en France. Désolé de la mort de son favori, Henri II jura qu'il n'en autoriserait aucun à l'avenir. Plût au ciel que la fureur aveugle des duels particuliers eût disparu en même temps ! Ce funeste et barbare préjugé a fait verser plus de sang en Europe qu'il n'en coule dans une bataille rangée, même des plus meurtrières.

Le vieux château, avec les embellissements créés par François I*er*, ne plut pas à Henri IV. Ce prince ordonna à son architecte Marchand de lui bâtir une résidence dans un autre goût. Telle fut l'origine du *château neuf* situé au bord de la colline qui domine le cours sinueux et pittoresque de la Seine. On descendait jusqu'aux rives du fleuve au moyen de magnifiques terrasses et de jardins habilement disposés. On avait ménagé sous ces terrasses des grottes garnies de coquillages et de figures se jouant au milieu des eaux. Ces ouvrages curieux étaient dus à Francini, ingénieur florentin : ils passaient pour une des merveilles de l'époque. Aujourd'hui, de ces somptueuses décorations il ne reste que le souvenir, avec les descriptions emphatiques des écrivains du temps.

A l'un des grands médaillons qui ornaient les bâtiments neufs se rattache une anecdote assez plaisante. Henri IV n'était pas toujours très-généreux envers ceux qui le servaient, tandis qu'il prodiguait souvent l'argent en folles dépenses et en cadeaux à des personnes peu estimables. Fauchet, premier président de la cour des monnaies et auteur des *Antiquités gauloises et françaises*, était venu à Saint-Germain dans l'espérance d'obtenir du roi une gratification à laquelle il avait quelques droits. Le roi, ce jour-là, n'était pas d'humeur à donner. Pour se débarrasser de l'auteur, il lui dit, en se tournant du côté de ce médaillon qui avait quelque ressemblance avec lui : « Monsieur le président, j'ai fait mettre ici votre effigie pour perpétuelle mémoire. » Ce n'était pas ce que Fauchet désirait. De retour à Paris il composa les vers suivants :

> J'ai trouvé dedans Saint-Germain
> De mes longs travaux le salaire ;
> Le roi de pierre m'a fait faire,
> Tant il est courtois et humain.

S'il pouvait aussi bien de faim
Me garantir que mon image,
Ah ! que j'aurais fait bon voyage !
J'y retournerais dès demain.
Viens, Tacite, Salluste et toi
Qui as tant honoré Padoue :
Venez ici faire la moue
En quelque coin, ainsi que moi.

Henri IV lut ces vers, en rit, et accorda une pension à Fauchet. Louis XIII, préférant la chasse à l'exercice du pouvoir royal, se plaisait beaucoup à Saint-Germain, à cause du voisinage de la forêt, où la chasse était belle et facile. C'est là que Cinq-Mars, son favori, devenu grand écuyer de France, ourdit si malheureusement la conjuration qui le conduisit à l'échafaud.

« Cinq-Mars s'ennuyait beaucoup à Saint-Germain, où la cour était toujours, lisons-nous dans les Mémoires de Montglat, et où les principaux divertissements consistaient à fouiller des renards dans des terriers et à prendre des merles par la neige avec des éperviers, au milieu d'une douzaine de chasseurs, gens de peu et de fort mauvaise compagnie. »

Lorsque la conspiration fut découverte, Fontrailles, un des conjurés, pressa vivement Cinq-Mars, l'âme du complot, de quitter furtivement la cour et de prendre la fuite. Le grand écuyer refusa. Fontrailles alors lui dit : « Monsieur, vous êtes de belle taille; quand vous seriez plus petit de toute la tête, vous ne laisseriez pas de demeurer fort grand; pour moi, qui suis déjà fort petit, on ne pourrait me rien ôter sans m'incommoder, et sans me faire de la plus vilaine taille du monde. Vous trouverez bon, s'il vous plaît, que je me mette à couvert des couteaux. » Là-dessus, il monta à cheval, s'éloigna au plus vite et réussit à passer en Espagne, d'où il ne revint qu'après la mort du cardinal de Richelieu. Cinq-Mars et de Thou eurent la tête tranchée à Lyon, en septembre 1642.

Louis XIV habita souvent le château de Saint-Germain, où il était né. A partir de 1661, il en fit le lieu ordinaire de sa résidence. Pour y loger sa cour, qui devenait de plus en plus nombreuse, il y fit exécuter de grands travaux. Il est bien à regretter qu'il ait préféré Versailles à Saint-Germain. Rien, en effet, n'est comparable au site de ce dernier palais. On dit que le roi résolut de s'en éloigner, parce que des terrasses on aperçoit au loin, dans les vapeurs de l'horizon, les flèches de l'église de Saint-Denis. Cette vue lui rappelait une pensée importune. Sa place n'était-elle pas marquée d'avance dans les caveaux funèbres où dormaient de leur dernier sommeil tant de ses prédécesseurs? Louis XIV ne menait pas alors une vie bien réglée; sa conscience n'était pas en paix; l'idée de la mort le troublait. Depuis l'année 1680 jusqu'à sa mort, il n'y fit plus que de courtes et rares apparitions.

Un autre roi devait s'y installer bientôt: monarque tombé

du trône, mais que sa grandeur d'âme et ses vertus ont assez recommandé à la mémoire des hommes. Jacques II, roi d'Angleterre, prince généreux, brave, juste, éclairé, succomba devant les passions ardentes excitées par les préjugés religieux, et sous les coups de l'intrigue et de la trahison. La beauté de ses sentiments se révèle tout entière dans les paroles qu'il adressa à son fils quelques heures avant de rendre le dernier soupir. « Si jamais, lui dit-il, vous remontez sur le trône de vos ancêtres, pardonnez à tous mes ennemis; aimez votre peuple; conservez la religion catholique, et préférez toujours l'espérance d'un bonheur éternel à un royaume périssable. » La manière dont ce prince malheureux fut reçu par Louis XIV à Saint-Germain est trop glorieuse pour le roi de France, pour que nous ne reproduisions pas ici un passage d'une lettre de Mme de Sévigné. « Il fait, disait cette femme spirituelle et avec un accent d'enthousiasme, il fait pour ces majestés anglaises des choses toutes divines; car n'est-ce pas être l'image du Tout-Puissant que de soutenir un roi chassé, trahi, abandonné? La belle âme du roi se plaît à jouer ce grand rôle. Il fut au-devant de la reine avec toute sa maison et cent carrosses à six chevaux. Quand il aperçut celui du prince de Galles, il descendit, l'embrassa tendrement, puis courut au-devant de la reine qui était descendue, la salua, lui parla quelque temps, lui présenta Monseigneur et Monsieur, la mit à sa droite dans son carrosse, et la mena à Saint-Germain, où elle se trouva servie comme la reine, de toutes sortes de hardes, parmi lesquelles était une cassette très-riche, avec six mille louis d'or. Le lendemain, il alla attendre à Saint-Germain le roi d'Angleterre, qu'il embrassa à trois ou quatre reprises fort cordialement; et outre les choses de nécessité qu'il trouva en arrivant, le roi lui envoya dix mille louis d'or. »

Désespérant de recouvrer son royaume, après une tentative infructueuse, Jacques II passa le reste de ses jours à Saint-Germain, se consolant de ses revers par les principes de la religion et de la bonne philosophie. Il mourut à l'âge de soixante-huit ans, le 16 septembre 1701. Son corps fut enseveli dans l'église de Saint-Germain, où, par les soins de la reine Victoria, une tombe sculptée a été récemment élevée à sa mémoire.

Louis XV et Louis XVI délaissèrent le château de Saint-Germain. Sous l'empire, au commencement de notre siècle, on y établit une école de cavalerie. Sous le gouvernement de la restauration, on y logea des gardes du corps. Ce fut enfin un pénitencier militaire. Depuis quelques années, il est désert et comme abandonné; mais au moment où nous traçons ces lignes, il est question de le restaurer complétement. Cette belle et antique résidence mérite bien d'être conservée, comme monument historique et comme palais. La terrasse est toujours une des promenades les plus renommées et les plus agréables de l'Europe. Elle fut construite par Le Nôtre, en 1676.

Elle a deux mille quatre cents mètres de long, et trente-cinq mètres de large. De là le regard embrasse une vue admirable, depuis le château de Maisons jusqu'à l'aqueduc de Marly. Une plaine immense se déroule à vos pieds; la Seine y a tracé son lit au milieu d'un bassin fertile, où cent villages pittoresques étalent leurs blanches maisons encadrées de verdure. On découvre la forêt du Vésinet, le mont Valérien, et une foule de sites que recommandent des souvenirs historiques. Dans un lointain vaporeux l'horizon est fermé par les coteaux de Montmorency.

XIV

FONTAINEBLEAU

Grâce à sa situation au milieu d'une vaste forêt, grâce aussi à l'immense développement des bâtiments, le château de Fontainebleau peut donner une juste idée des antiques résidences royales de France. Comme au moyen âge, la saison des chasses amène, autour du souverain, un nombreux et brillant cortége; l'agitation règne dans les cours, et gagne jusqu'au voisinage. Cavaliers et piétons, riches équipages, uniformes dorés, toilettes élégantes, livrées de toutes couleurs se croisent dans tous les sens, miroitant au regard comme un essaim qui bourdonne sous un rayon de soleil. Tout offre un air de fête. Déjà l'on entend à distance les aboiements des meutes; les cors font retentir de bruyantes fanfares, les chevaux piaffent, les vieux échos de la forêt sont réveillés par mille bruits confus.

Dès les temps les plus reculés, le manoir de Fontainebleau fut un rendez-vous de chasse. Un des plus anciens documents historiques qui s'y rapportent nous fait connaître que le roi Robert aimait singulièrement sa résidence de Melun, et que, pour se livrer plus aisément à son goût pour la chasse, il fit bâtir une maison rustique dans la forêt de Bière, aujourd'hui la forêt de Fontainebleau. Cette maisonnette fut l'origine du magnifique château objet de l'admiration des étrangers.

Au commencement du xiie siècle, la cour résidait à Fontainebleau. C'était la fleur de la chevalerie française. La noblesse alors résidait habituellement dans ses terres; mais à l'appel du monarque, au nom de l'honneur, tout gentilhomme saisissait sa lance et son épée, s'élançait à cheval, et volait où le devoir avait fixé son poste. La cour qui attire en ce moment nos regards vers Fontainebleau est en armes, et en proie à une vive émotion. A la suite d'un emportement que l'histoire a flétri, Louis le Jeune, croyant avoir à se plaindre de Thibault IV, comte de Champagne, termine une campagne qui aurait à jamais déshonoré sa mémoire, s'il n'avait pas eu le courage de réparer sa faute. La ville de Vitry vient d'être saccagée : hommes, femmes, vieillards, enfants ont été égorgés sans merci. Le feu consume les dernières maisons. Une partie de la population de la ville et des campagnes voisines a cherché un refuge dans l'église, convaincue que le sanctuaire est un asile inviolable. Fatale erreur! enivré par la colère, le roi ordonne de porter l'incendie jusque dans le lieu saint. Treize cents personnes périrent misérablement dans les flammes. Un cri d'indignation s'échappa de toutes les consciences. Le roi lui-même en ressentit une horreur profonde. La religion, protectrice des faibles, gardienne des lois de la justice et de l'humanité, l'avait frappé d'excommunication. En présence de son armée, elle-même consternée de l'acte de cruauté dont elle vient d'être l'instrument aveugle, le prince avoua son crime, et prit solennellement la résolution de l'expier publiquement. Ce n'est point ici le lieu d'examiner si la croisade qui en fut la conséquence était la meilleure expiation d'un affreux attentat consommé dans une petite ville de la Champagne; mais il nous est impossible de ne pas remarquer l'influence civilisatrice de la religion sur ces cœurs trop souvent d'airain, et trop souvent victimes d'entraînements sauvages.

Cet événement se passait en 1141. En 1169, nous sommes témoins à Fontainebleau d'un spectacle non moins instructif. L'archevêque de Cantorbéry, Thomas Becket, exilé d'Angleterre pour avoir soutenu les droits de son Église contre les prétentions injustes de Henri II, reçu avec distinction par le roi de France, car notre pays se montra toujours le protecteur des opprimés, consacra la chapelle du château, en 1169, sous le vocable du martyr saint Saturnin. Thomas Becket était alors à la veille de subir lui-même le martyre pour la cause de la justice : le 29 décembre 1170, il fut frappé dans sa cathédrale par quatre sicaires. Nous honorons ce courageux évêque sous le titre de saint Thomas de Cantorbéry. N'est-ce pas la meilleure protestation que la société chrétienne puisse élever contre la violence en faveur du droit ?

Philippe-Auguste venait souvent à Fontainebleau. Saint Louis et la reine Blanche de Castille, sa mère, avaient une prédilection marquée pour cette belle résidence. Le roi s'y livrait avec ardeur aux exercices de la chasse : ces plaisirs bruyants eurent toujours de l'attrait pour nos rois. Louis IX y courut un jour un grand danger. Le 22 janvier 1264, entraîné à la poursuite d'un cerf dans l'épaisseur de la forêt, il tomba au milieu d'une bande de voleurs. Le prince était seul, et sa vie pouvait être en danger. Sans perdre un instant sa présence d'esprit, il se mit à sonner du petit cor d'ivoire suspendu à son côté. Ses serviteurs accoururent en toute hâte et le délivrèrent. Les brigands n'étaient pas plus respectueux au XIIIe siècle pour la personne du roi que pour celle de ses gens de justice ; ils auraient pu pousser l'irrévérence jusqu'à lui donner un coup de poignard. Par un motif de reconnaissance envers Dieu, le pieux monarque érigea une petite chapelle en cet endroit. Les malfaiteurs, à ce qu'il paraît, avaient quelque préférence pour cette partie de la sombre forêt. Plusieurs crimes s'y commirent, presque sous les yeux du roi, et sans peur aucune de sa maréchaussée.

Enfin, pendant que Louis XIV était à Fontainebleau, deux pauvres ermites y furent successivement assassinés. La chapelle fut démolie, le bois éclairci, et de larges chemins furent tracés au milieu des futaies, afin de faire arriver la lumière et la sécurité sur un terrain trop fréquemment arrosé de sang.

Saint Louis goûtait aussi la solitude qui régnait aux environs du manoir royal; en mainte occasion, il parle de ses *chers déserts* de Fontainebleau. Par son ordre, les bâtiments furent agrandis et les murailles reçurent de nouvelles fortifications. Un pavillon porte aujourd'hui le nom de saint Louis, quoiqu'il ait été entièrement relevé sous le règne de François Ier. D'énormes constructions en soubassement rappellent seules à présent l'époque du XIIIe siècle. C'est là qu'en 1259, atteint d'une grave maladie et se croyant à la veille de mourir, saint Louis adressa à son fils aîné ces belles paroles, que nous a conservées le sire de Joinville : « Biau filz, dit-il, je te pri que tu te faces aimer au peuple de ton royaulme; car vraiement je aimeroie miex que un Escot venist d'Escosse et gouvernast le peuple du royaulme bien et loyaument, que tu le gouvernasses mal à poinct et à reprouche. »

Les grandes chasses attirent régulièrement, pour ainsi dire, nos rois à Fontainebleau : Philippe le Bel, Jean, Charles V, Charles VII. Mais les troubles publics ont ôté toute sécurité à nos campagnes. La vie des princes est plus agitée que jamais : ce n'est guère le temps de bâtir. A peine la France commence-t-elle à respirer, que Charles VII tourne les yeux vers Fontainebleau pour le restaurer et l'embellir. Louis XI préféra les bords de la Loire à la forêt de Bière; Charles VIII n'aima que son château d'Amboise; Louis XII se plut surtout à Blois : François Ier sera le créateur du nouveau château de Fontainebleau.

François Ier donna des fêtes somptueuses dans tous les palais de ses prédécesseurs. Bientôt il se lassa des châteaux de Tours, de Blois, d'Amboise et des Tournelles, à Paris. Il voulut bâtir un manoir plus approprié à ses goûts : Chambord fut fondé en 1526. La cour devenait chaque jour plus nombreuse; Chambord ne compta pas moins de quatre cent quarante chambres à cheminée. La foule des courtisans grossissait toujours. Chambord était loin d'être achevé quand les travaux s'ouvrirent à Fontainebleau. C'est ici que le prince veut décidément établir sa demeure royale : Fontainebleau sera son palais, le siége de son gouvernement, un musée, le séjour enchanté des fêtes; rien ne sera oublié pour en faire une résidence qui réponde entièrement à ses goûts de luxe et de magnificence. Une armée d'ouvriers, de toutes professions, de tous pays, est mise à l'œuvre avec une extrême activité. Le roi a hâte de livrer les galeries, les salles et tous les appartements intérieurs aux artistes italiens et français, peintres et sculpteurs qui doivent les décorer.

Le vieux manoir féodal de Philippe-Auguste et de saint Louis est démoli. Le goût n'était guère en ce moment pour les constructions gothiques : François Ier n'y tenait pas du tout. L'art de la renaissance était à la mode. Tandis que les vieux murs s'écroulaient d'un côté, de nouveaux murs s'élevaient d'un autre côté. Personne ne savait quelles seraient les dimensions de l'édifice. Tout le monde était surpris de l'immensité des préparatifs. Un monastère fondé par saint Louis, et donné aux religieux de la Trinité pour la rédemption des captifs, se trouvait enclavé dans l'enceinte du vieux château, avec son église, son cloître, les bâtiments conventuels et leurs dépendances, cours, jardins, clos, prés, étangs, viviers. Tout est renversé; le monastère sera bâti plus loin. Les nouvelles constructions envahissent tout l'espace devenu libre; elles sont encore trop à l'étroit : dix-sept maisons appartenant à des bourgeois tombent sous le marteau. Les galeries se prolongent sur leurs ruines. En même temps, l'antique cour du donjon prend une forme ovale, entourée de bâtiments neufs qui lui donnent une disposition originale : ce sera désormais *la Cour ovale*. On voit sortir de terre à la fois la Galerie d'Ulysse, l'église de la Sainte-Trinité, le pavillon de Pomone, le pavillon de l'Étang, les vastes bâtiments qui doivent circonscrire la cour du *Cheval-Blanc,* ainsi nommée à cause de la statue équestre de Marc-Aurèle, moulée en plâtre, qui y séjourna quelque temps. Plus loin, se dessinent les pressoirs du roi, où l'on doit presser les raisins des vignes plantées à grands frais sur les bords de la Seine par un vigneron venu de Cahors.

Au milieu de ce pêle-mêle de matériaux, de tailleurs de pierre, de goujats, de charpentiers, on a peine à découvrir un plan d'ensemble. Quel fut l'architecte chargé de concevoir et de diriger cette grande œuvre? Il faut bien l'avouer, on ignore son nom. On a voulu en faire honneur à un Italien : tout bien considéré, l'œuvre, dans son ensemble, porte plutôt le cachet du génie français, et après mûr examen, surtout après comparaison, on reste convaincu qu'elle appartient à un maître de l'école française. Quoi qu'il en soit, la prépondérance italienne n'est pas douteuse dans la décoration; aussi connaissons-nous le nom des artistes venus d'au delà des Alpes. Le Rosso quitta Florence pour s'installer à Fontainebleau, à la tête d'une légion de peintres et de sculpteurs qui s'étaient engagés à travailler sous ses ordres : Lucca Penni, Nicolao Bellini, Bartolommeo Miniati, Pellegrino, Giobattista Bagnacavallo, Domenico del Barbieri, Lorenzo Naldino, etc. La France sera représentée par Michel Sanson, Louis Dubreuil, François d'Orléans, Simon, Claude de Paris, Laurent le Picard.

M. Léon de Laborde, dans un livre plein de révélations piquantes intitulé : *La Renaissance des arts à la cour de François Ier* [1], a fait connaître, au moyen des

---

[1] Un vol. in-8°, Paris, 1850.

Comptes de dépenses, quels étaient les gages et honoraires des ouvriers ou artistes. Les simples maçons gagnaient trois sous par jour, les décorateurs sept livres par mois, les peintres vingt livres; les appointements du Rosso, conducteur des travaux, s'élevaient à cinquante livres.

Le Rosso renouvela en France le goût des fresques, autrefois fort en faveur dans nos monuments religieux, et importa chez nous la manière d'exécuter de l'école florentine alors en vigueur. Il établissait ses compositions avec une grande vivacité, et les peignait avec une rapidité extraordinaire. Ce ne fut du reste qu'un génie du second ordre, déparant ses œuvres par des détails bizarres. Il était d'humeur irascible et d'un caractère ombrageux. « Tous ces artistes italiens, dit un historien moderne [1], étaient des gens peu commodes. Envieux les uns des autres, ennemis implacables de leurs rivaux de gloire, ils se jouaient entre eux de méchants tours. François eut besoin plus d'une fois de pratiquer de grandes négociations pour les mettre d'accord, ou du moins pour les empêcher d'en venir aux mutuelles invectives. Ils étaient glorieux comme des courtisans et querelleurs comme des gentilshommes. Ces querelles devinrent bien plus vives, quand le Bolonais Primatice et le Florentin Benvenuto Cellini parurent à Fontainebleau. Si le Rosso n'était pas un lâche, Cellini était un maître brave, et

---

[1] *François Ier et sa Cour,* p. 19.

l'on s'attendait chaque jour à les voir aux prises. » Voici un trait qui donnera une idée des habitudes violentes de ces artistes remuants. Le roi avait demandé au Primatice d'ébaucher un modèle pour la grande fontaine du palais, en concurrence avec le modèle exécuté par Cellini, qui ne plaisait pas. A cette nouvelle, Benvenuto Cellini court chez son rival, le somme de refuser le travail qu'on veut lui confier. Voyant que sa sommation ne produit pas tout l'effet qu'il en attend, il ajoute, avec un geste furieux, les yeux hagards, la parole tremblante : « Si j'apprends qu'il t'arrive en aucune façon de t'occuper de l'ouvrage qui m'appartient, je te tue sur l'heure comme un chien. » Le Primatice, convaincu que son adversaire était homme à exécuter sa menace, prit le parti que lui conseillait la prudence : il fit agréer son refus au roi, et partit quelque temps après pour l'Italie.

Il serait impossible de donner la description des œuvres sans nombre exécutées à Fontainebleau par les artistes à la solde de François Ier. Un seul fait en pourra donner quelque idée : c'est que Nicolo del Abbate, le plus habile des élèves du Primatice, peignit, d'après les dessins du maître, cinquante-huit grands tableaux à fresque dans la galerie d'Ulysse, sans compter mille petites compositions pleines de grâce et de finesse. L'œuvre entière de Fontainebleau était inspirée par des souvenirs mythologiques. Sous ce rapport, ce fut la plus fausse direction que la renaissance pût donner aux beaux-arts. L'histoire nationale n'a pu trouver grâce aux yeux de ces peintres exclusivement adonnés au culte de l'antiquité profane. Si François Ier paraît dans quelques-uns de leurs tableaux, c'est sous les traits d'un dieu de la Fable. Ne parlons pas des lois de la décence : elles étaient ignorées ou méprisées. La licence du pinceau alla parfois si loin, que des habitués de la cour de François Ier en rougirent, et ce n'est pas peu dire. Il y eut un tel engouement pour cette éblouissante décoration, que le roi donnait une fête chaque fois qu'une salle était terminée. Prince et courtisans battaient des mains devant chaque tableau; l'argent était prodigué aux artistes. C'était une espèce d'ivresse.

De ces somptueuses décorations beaucoup ont disparu sous les atteintes du temps, et plus encore par le changement du goût. La fresque doit être exécutée avec d'extrêmes précautions sous un climat froid et humide : l'impatience du prince et la rapidité de l'exécution empêchèrent plus d'une fois de donner aux enduits toute la solidité désirable. Sous Louis XV, on détruisit la galerie d'Ulysse, qui n'avait pas moins de cent cinquante-deux mètres de longueur. De belles compositions cependant ont échappé aux injures du temps, et permettent d'apprécier le mérite de l'école de Fontainebleau.

Pour un grand nombre, l'honneur de la décoration du château de Fontainebleau revient exclusivement aux Italiens. Trois noms résument tous les autres : le Rosso, le Primatice, Benvenuto Cellini. Tout en rendant hommage à leur talent, nous croirons pourtant faire acte de simple justice en rappelant que l'école française, représentée par Jean Cousin, Jean Goujon, Pierre Lescot, Germain Pilon, Colombe, les frères Le Juste, n'a rien à envier à celle de Fontainebleau. Vasari ne fera dater chez nous l'introduction du goût des arts que de l'arrivée des Italiens; il ne tiendra compte ni des chefs-d'œuvre qui précédèrent, ni de ceux qui suivirent; mais depuis longtemps les jugements de Vasari ne sont plus regardés comme étant sans appel : beaucoup ont été révisés, plusieurs le seront encore.

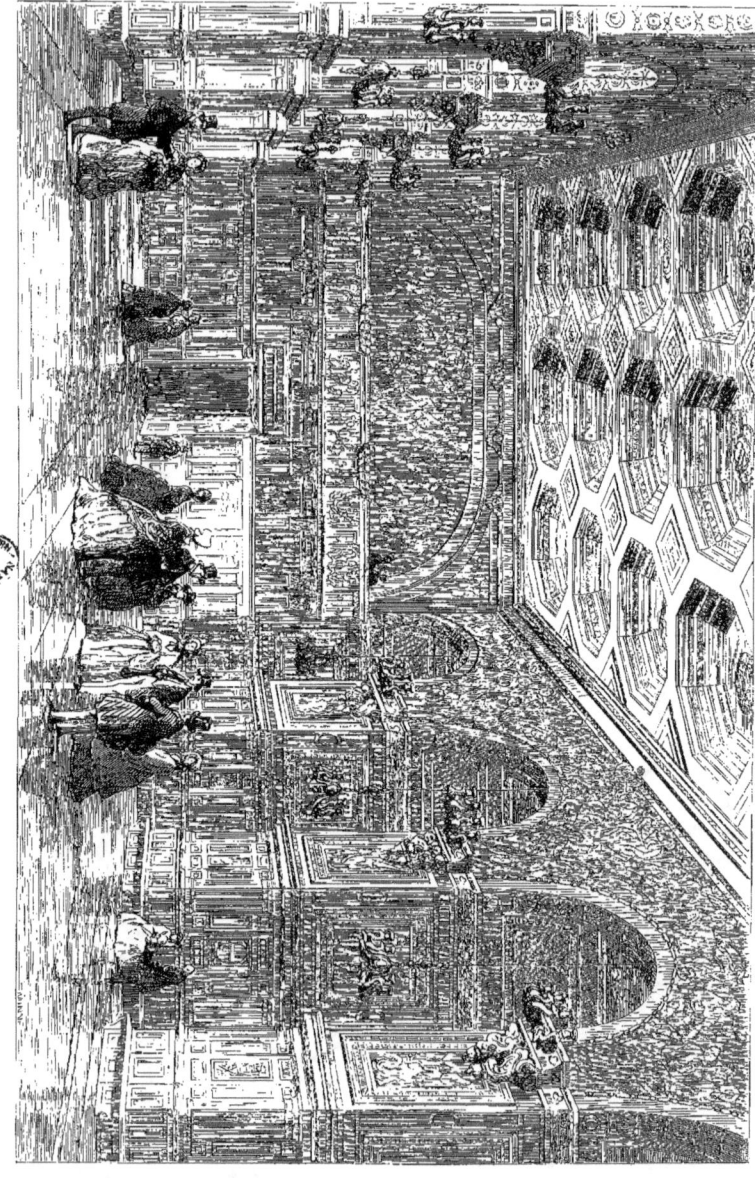

FONTAINEBLEAU (Salle de Henri II).

XV

FONTAINEBLEAU

(SUITE)

François Ier n'avait pas attendu l'achèvement des travaux pour organiser à Fontainebleau les fêtes les plus splendides. Chez lui les préoccupations de la politique semblaient aiguillonner la passion des démonstrations extérieures. Malgré les difficultés du temps, les ressources du trésor paraissaient inépuisables; il ne se montra jamais économe pour payer ses plaisirs. Ronsard, devenu page du duc d'Orléans, fils de François Ier, avait vu dans son enfance les jeux magnifiques de Fontainebleau. Il les voyait encore en imagination, dans sa solitude du Vendômois ou de Saint-Côme-lez-Tours, lorsqu'il écrivait les vers suivants :

> Quand verrons-nous quelque tournoi nouveau?
> Quand verrons-nous par tout Fontainebleau
> De chambre en chambre aller les mascarades?
> Quand ouïrons-nous, au matin, les aubades

> De divers luths mariés à la voix ?
> Et les cornets, les fifres, les hautbois,
> Les tabourins, violons, épinettes,
> Sonner ensemble avecque les trompettes ?
> Quand verrons-nous comme balles voler
> Par artifice un grand feu dedans l'air ?
> Quand verrons-nous, sur le haut d'une scène,
> Quelque janin [1], ayant la joue pleine
> Ou de farine, ou d'encre, qui dira
> Quelque bon mot qui vous réjouira ?

Si nous traduisons en prose ce que le poëte a mis en rime, nous dirons qu'il regrette les tournois, les bals masqués, les concerts, les feux d'artifice, les comédies burlesques jouées sur les tréteaux. Ces derniers détails nous forcent à dire que le siècle de François Ier ne fut pas toujours d'une extrême délicatesse sur les farces et les pièces comiques : on aimait les plaisanteries assaisonnées de gros sel ; pour tout dire en un mot, on avait grand plaisir aux grossières plaisanteries de Rabelais.

En 1540, François Ier donna à Fontainebleau, en l'honneur de Charles-Quint, la plus célèbre des fêtes politiques dont les historiens aient conservé le souvenir. Rien ici ne fut abandonné à la surprise ; tout était réglé d'avance avec une recherche extraordinaire. Le Rosso avait été chargé de la direction générale des préparatifs et de la mise en scène. C'est assez donner à

---

[1] Un plaisant, un farceur, espèce de polichinelle.

entendre, pour ceux qui connaissent le génie de Rosso, que les scènes mythologiques ne furent pas négligées. En effet, lorsque l'Empereur approcha de la forêt, il fut reçu au milieu d'une escorte de princes, de seigneurs, de gardes richement parés. A peine eut-il mis le pied dans la forêt, qu'il vit aussitôt s'élancer vers lui, de toutes les touffes d'arbre, une multitude de gens costumés à la façon des dieux mythologiques, des faunes au pied léger, des satyres au front cornu, des fleuves couronnés de joncs marins, et non moins de déesses bocagères, dryades, hamadryades, naïades, oréades et napées. Arrivant de toutes parts, ces gens s'assemblèrent devant l'Empereur, et dansèrent au son des hautbois. C'était la plus étrange féerie, et nous supposons qu'elle ne causa pas une médiocre surprise au roi catholique, venant du roi très-chrétien. Quand il fut rendu devant le château, on le conduisit sous un arc de triomphe orné de trophées et de peintures qui représentaient l'empereur d'Allemagne et le roi de France vêtus à l'antique, ayant auprès d'eux la Paix et la Concorde. En ce lieu, Charles fut assailli par un autre concert, moins rustique que celui de la forêt. Puis les trompettes et les tambours se firent entendre, et le cortége s'avança vers le château. C'était là que François Ier attendait Charles-Quint. Ils se firent, on n'en doute pas, les plus gracieux compliments, et soupèrent ensemble. « Le lendemain, dit Martin du Bellay, et pendant plusieurs jours que Charles-Quint séjourna à Fontainebleau, le roi le festoya et lui donna tous les plaisirs qui se peuvent inventer, comme de chasses royales, tournois, escarmouches, combats à pied et à cheval, et sommairement toutes sortes d'esbattements[1]. »

Charles-Quint fut logé à Fontainebleau au *pavillon des poêles,* ainsi nommé des poêles que François Ier avait fait venir d'Allemagne, et qui étaient alors une grande nouveauté. Plus tard il fut appelé le *pavillon des reines mères,* après avoir été habité successivement par Catherine de Médicis et Anne d'Autriche.

Cette fête fut suivie de beaucoup d'autres; mais ces pompeuses et ruineuses démonstrations n'ont rien qui puisse mériter l'attention de l'histoire. Il n'en est pas de même de celle qui fut donnée le 10 février 1544 : elle le fut à l'occasion de la naissance du fils aîné du dauphin Henri, marié depuis dix ans à Catherine de Médicis. Cet enfant, objet alors de tant de vœux et de tant de réjouissances, devint plus tard le roi François II, prince d'une santé débile, qui occupa le trône dix-sept mois seulement. Au moment où il vint au monde, toutes les espérances lui souriaient. François Ier était dans le ravissement; la cour partageait la joie du monarque; la France entière salua avec enthousiasme ce rejeton de la race royale. Pour raconter les cérémonies

---

[1] *François Ier et sa Cour,* p. 26.

du baptême du petit dauphin François, nous laisserons parler Guillaume Paradin, doyen de Beaujeu, écrivain disert, et qui jouit longtemps d'une grande réputation.

« Trois cents torches, dit-il, furent données à autant de personnes des gardes du roi et de Monseigneur le Dauphin et des Suisses du corps, lesquels furent rangés depuis la chambre de Sa Majesté jusqu'en l'église des Mathurins, passant par la petite galerie, où la clarté était si grande de ces lumières, qu'il sembloit que l'on fût en plein jour. Marchoient après les deux cents gentils-hommes de la maison du roi, puis les chevaliers de l'ordre [1]. Là se trouvèrent aussi le roi de Navarre, messeigneurs les ducs d'Orléans, de Vendôme, d'Estouteville, de Guise, de Nevers, de Longueville, d'Étampes, et le comte d'Aumale, comme aussi l'ambassadeur de Venise. Là parut encore monseigneur le légat (le cardinal Farnèse), avec plusieurs cardinaux et autres prélats. Ensuite venoient la reine et toutes les princesses qui étoient pour lors en cour, savoir : madame Marguerite, fille du roi, qui fut mariée au duc de Savoie; madame la princesse de Navarre; madame de Saint-Paul; mesdames les deux duchesses de Nevers; madame de Montpensier; madame de Guise; madame la duchesse d'Étampes et plusieurs autres dames, qui étoient toutes revestues très-

---

[1] C'étaient les chevaliers de l'ordre de Saint-Michel, créé par Louis XI à Amboise.

somptueusement de toiles d'or et d'argent, avec une infinité de pierreries qui rendoient un merveilleux éclat : et parmi cette foule, étoit l'enfant que l'on portoit baptiser.

« Dans cet appareil et magnificence, l'on alla en la dite église des Mathurins, où le roi se rendit aussitôt. Elle étoit parée des plus riches tapisseries de la couronne et autres divers ornements. Au milieu, il y avoit un chef en rond, sur lequel on voyoit un grand drap de toile d'argent, qui étoit le lieu où se firent les cérémonies du baptême, dont l'office fut célébré par monseigneur le cardinal de Bourbon.

« Les parrains furent le roi, qui lui donna son nom de François, avec monseigneur le duc d'Orléans, troisième fils de France, et oncle paternel de notre petit prince; et la marraine fut madame Marguerite [1].

« Toute cette cérémonie étant ainsi achevée, l'enfant fut rapporté en l'ordre et magnificence qu'il avoit été

---

[1] Marguerite de Valois, reine de Navarre, sœur de François Ier. Elle naquit à Angoulême le 21 décembre 1492; en 1509, elle épousa Charles, duc d'Alençon, premier prince du sang et connétable de France, qui mourut à Lyon en 1525, après la défaite de Pavie. La princesse Marguerite, affligée de la mort de son époux, et de la captivité de son frère qu'elle aimait tendrement, fit un voyage à Madrid pour soulager le roi durant sa maladie. François Ier, de retour en France, lui témoigna sa gratitude, et lui fit de très-grands avantages lorsqu'elle se maria, en 1526, à Henri d'Albret, roi de Navarre. De ce mariage naquit Jeanne d'Albret, mère de Henri IV.

porté; et aussitôt on entra au festin que le roi avoit fait préparer en sa salle de bal; et ensuite de ce banquet, il y eut divers ballets, danses et autres pareilles réjouissances; ce qui se continua plusieurs jours après.

« Or l'on avoit dressé un beau et grand bastion près du chenil, où est maintenant l'allée Solitaire et celle des Mûriers blancs. Et sur l'étang il y avoit trois galères ornées de leurs banderoles. Le tout ainsi ordonné, le jeudi suivant, quatorzième du dit mois, il se fit diverses escarmouches en deux partis de princes et de seigneurs, les uns qui défendoient ce bastion et les autres qui l'attaquoient, et par terre et par eau avec les dites galères. En cette sorte finirent ces magnificences. »

François Ier devait bientôt quitter pour jamais le château de Fontainebleau, qui d'un désert, disait Brantôme, était devenu *la plus belle et plaisante demeure de la chrestienté*. Le roi touche au terme de sa vie. Usée depuis longtemps par des excès en tout genre, sa constitution vigoureuse s'affaiblissait visiblement. Souvent le prince tombait dans une mélancolie profonde. Il souffrait et faisait souffrir tout le monde de ces accès de mauvaise humeur. Parfois il demandait des distractions aux voyages, au mouvement, à l'agitation; mais le mal était en lui, et les soucis l'accompagnaient partout. Revenu dans ses riches palais, il se prenait encore à rêver de beaux-arts et de gloire. La mort du duc d'Orléans, son second fils, arrivée en 1545, redoubla ses accès de mélancolie. La fin tragique du comte d'Enghien, le jeune vainqueur de Cérisoles, vint encore aggraver sa peine. François Ier comptait sur Henri VIII, roi d'Angleterre, pour résister à l'empereur d'Allemagne. Henri VIII meurt misérablement. Dans la mort du roi d'Angleterre le prince français voit un présage de sa fin prochaine. En proie à cette pensée funèbre, atteint d'une fièvre lente qui mine ses forces, François Ier part pour le château de la Muette ; il visite quelques-unes de ses résidences favorites ; il court à Loches demander à l'air pur et aux frais paysages de la Touraine quelque soulagement à ses peines. En retournant à Saint-Germain, il s'arrête à Rambouillet ; la fièvre augmente, d'anciennes maladies se réveillent, les forces sont épuisées, et le 31 mars 1547 il rend le dernier soupir, après avoir réparé, autant que possible, par une fin chrétienne, les longues erreurs de sa vie.

Henri II eut pour Fontainebleau la même passion que le roi son père. Il continua les travaux qui n'avaient pas été interrompus, mais qui étaient loin d'être complets. Les décorations intérieures reçurent de puissants encouragements. Le chiffre du prince et de Diane de Poitiers se retrouve dans plusieurs bâtiments et jusque dans la chapelle de Saint-Saturnin.

Henri II disparut promptement de la scène du monde. Catherine de Médicis, sa veuve, durant la minorité de ses enfants, ne délaissa pas l'œuvre italienne et florentine de

Fontainebleau. Mais il faut arriver à Henri IV pour voir le royal manoir de François Ier reprendre un nouveau lustre et, pour ainsi dire, une nouvelle existence. Le Béarnais doubla l'étendue des bâtiments et des jardins. Durant quinze années, il y fit travailler sans interruption, et l'on assure qu'il n'y dépensa pas moins de deux millions et demi, somme énorme pour ce temps-là. Pour résumer en deux lignes l'œuvre de ce prince, nous dirons qu'on lui doit la grande *galerie de Diane*, la *cour des Officiers*, la *porte Dauphine*, la *cour des Princes*, la restauration générale de la chapelle de la Sainte-Trinité, et le pavillon du Surintendant des finances. Les travaux d'embellissement furent entrepris à l'église de la Sainte-Trinité par suite d'une conversation avec l'ambassadeur du roi d'Espagne. Celui-ci regardait, en les admirant, les bâtiments merveilleux que le roi lui-même prenait plaisir à lui montrer. « Cette maison, sire, dit-il, serait plus belle encore, si Dieu y était aussi bien logé que Votre Majesté. » La leçon ne fut pas perdue : le sanctuaire fut somptueusement décoré. Malheureusement les additions faites au château et aux jardins par les ordres d'Henri IV n'ont pas été conservées : le goût avait changé, et l'on sacrifia au caprice des formes qui n'étaient pas sans mérite, et qui tranchaient agréablement sur les créations en style italien de Rosso, de Primatice et des autres. Parmi les créations dues à l'initiative d'Henri IV, il faut nommer la galerie des Cerfs et la galerie des

Chevreuils, élevées autour du jardin de l'Orangerie. Ces galeries étaient ainsi appelées parce qu'on avait placé dans la première quarante-trois ramures de cerfs, et dans la seconde vingt-quatre têtes de chevreuils. Cette dernière, maltraitée par un violent incendie, a été complétement démolie en 1833.

Louis XIII contribua peu aux embellissements de Fontainebleau, quoiqu'il aimât à y venir souvent pour se livrer à l'exercice de la chasse, son plaisir favori. Il n'en fut pas de même de Louis XIV. François Ier et Henri IV lui avaient laissé peu de chose à faire; ce monarque, ami du faste et de la dépense, voulut néanmoins qu'il restât quelques traces de son passage dans cette belle résidence. Après avoir fait combler le grand canal creusé sous Henri IV, il fit replanter les jardins par Le Nôtre. On lui doit beaucoup d'autres travaux; mais, personne ne l'ignore, Louis XIV établit ailleurs le siége de sa cour et de sa magnificence.

Sous la régence d'Anne d'Autriche, une reine d'Angleterre, malheureuse et exilée, fut reçue à Fontainebleau, en 1644. On connaît les orages terribles qui ébranlèrent alors la Grande-Bretagne, à la suite desquels le roi Charles Ier fut condamné à périr sur l'échafaud, le 30 janvier 1649, dans la quarante-neuvième année de son âge et la vingt-cinquième de son règne. Ce prince infortuné avait souffert noblement et mourut héroïquement : on a dit des Stuarts qu'*ils soutenaient leurs mal-*

heurs mieux que leur prospérité. Une autre reine du Nord, Christine de Suède, après avoir abdiqué volontairement la couronne, vint en France et séjourna quelque temps à Fontainebleau. C'était une femme de beaucoup d'instruction, mais d'un caractère singulier. En quittant son royaume, elle traversa le Danemark et la Belgique travestie en homme. Elle était alors âgée de trente et un ans. Elle ressemblait à un joli garçon, dit Mlle de Montpensier dans ses Mémoires; mais elle n'avait aucune retenue dans ses manières et dans ses paroles; elle étonnait d'abord, elle faisait rire ensuite, enfin elle faisait pitié et scandalisait les esprits délicats. Louis XIV lui fit visite à Fontainebleau en 1657. Le 10 novembre de la même année, un mois environ après, elle épouvantait cette paisible résidence par une tragique histoire qui est restée le souvenir funèbre et sanglant de ce château. Le père Le Bel, supérieur des Mathurins, nous a laissé un récit émouvant de cette terrible exécution : récit publié pour la première fois par Catteau-Calleville, en 1815, dans son *Histoire de Christine, reine de Suède.* Nous en reproduirons quelques détails.

Le 10 novembre 1657, à une heure après midi, Le Bel fut mandé par la reine Christine, dans la galerie des Cerfs. Elle était en compagnie de trois officiers de sa suite, et parlait vivement au marquis de Monaldeschi, son grand écuyer. En ce moment, elle lui montra des lettres dont elle l'accusait d'être l'auteur. Monaldeschi comprit toute la gravité de cette accusation; il voulut nier. « Enfin, dit Le Bel, il se jeta aux pieds de cette reine, lui demandant pardon; et en même temps les trois hommes qui étaient là présents tirèrent leurs épées hors du fourreau. Alors il se leva, tira la reine dans un coin de la galerie, tantôt dans un autre, la suppliant toujours de l'écouter. Sa Majesté ne lui dénia jamais rien, mais l'écouta avec une grande patience. « Mon « Père, me dit-elle, soyez témoin que je donne à ce « traître, à ce perfide, tout le temps qu'il veut. » Après une heure de conférence, le marquis ne contentant pas cette reine par ses réponses, Sa Majesté me dit d'une voix assez élevée, mais grave et modérée : « Mon Père, « je me retire et vous laisse cet homme; disposez-le « à la mort, et prenez soin de son âme. » Quand cet arrêt eût été prononcé pour moi, je n'aurais pas eu plus de frayeur. »

La scène qui suit est déchirante. Monaldeschi se jette de nouveau aux genoux de la reine; le religieux, ému jusqu'aux larmes, en fait autant. Christine reste froide et impassible. Pour tenter un dernier moyen, Le Bel essaie de lui démontrer qu'elle ne saurait commander un meurtre dans le palais du roi de France, et qu'il vaudrait mieux recourir aux voies ordinaires de la justice. Christine réplique fièrement qu'elle est reine partout, et qu'en elle réside la justice souveraine sur ses sujets.

« Je rentrai alors dans la galerie, dit le père Le Bel,

en embrassant ce malheureux qui se baignait en ses larmes. » Les trois hommes pressent Monaldeschi de se confesser, l'épée dans les reins. Enfin tout espoir est perdu. Le malheureux se dispose à mourir, et bientôt son corps est percé de plusieurs coups d'épée. Cet acte de justice sauvage, ou peut-être de vengeance et de jalousie, inspira l'horreur générale. Se sentant mal à l'aise en France, la reine de Suède se retira à Rome, où elle mourut en 1689, dans sa soixante-troisième année.

Tous les ans Louis XIV faisait le voyage de Fontainebleau ; madame de Maintenon y avait un appartement près de la salle d'Henri II. C'est là que, le 9 novembre 1700, un courrier apporta à Fontainebleau la nouvelle de la mort du roi d'Espagne, qui par son testament appelait au trône le petit-fils de Louis XIV. A la suite d'une longue conférence, le roi prit sa résolution : le duc d'Anjou fut proclamé roi d'Espagne.

FORÊT DE FONTAINEBLEAU.

XVI

FONTAINEBLEAU

(SUITE)

Le règne de Louis XV fit peu pour l'embellissement du château de Fontainebleau. Il faut bien le dire, ce prince se trouvait mal à l'aise dans cette vaste résidence, où la royauté vit exposée, pour ainsi dire, à tous les regards. A ce monarque trop ami de l'ombre et des réduits cachés, il fallait de petits boudoirs et de petits appartements. Même au sein des grands palais où jadis nos rois se croyaient trop à l'étroit, il se fit arranger des pièces meublées avec recherche, mais peu dignes de la majesté royale. Les constructions qu'il ordonna à Fontainebleau ne font pas honneur à sa mémoire. La salle de la belle cheminée fut transformée en théâtre, et la magnifique galerie d'Ulysse, bâtie sur les dessins de Serlio, et décorée par Primatice et Nicolo del Abbate fut divisée en chambres à coucher. L'aile neuve de la cour du Cheval-Blanc, élevée à cette époque, dépare le château, dit un historien moderne, en offrant l'aspect d'une caserne. Peut-être ne devons-nous pas trop regretter ici l'absence de Louis XV, qui résidait habituellement à Versailles et à Trianon; du moins nous n'avons pas à déplorer les désordres qui attristent notre histoire durant le xviii° siècle presque entier.

En 1717, Fontainebleau reçut la visite du czar Pierre Ier; ce prince, de mœurs rudes et presque sauvages, se rendit coupable envers Mme de Maintenon d'un acte de curiosité indiscrète, condamné par la plus simple politesse. Le prince russe tenait à voir cette femme célèbre, et il ne sut pas remplir à son égard les devoirs d'un honnête homme. Introduit dans la chambre de Mme de Maintenon à Saint-Cyr, « il ne savait que me dire, écrit cette femme si remplie de sens et de tact; il a fait ouvrir le pied de mon lit pour me voir : vous croyez bien, ajoute-t-elle en riant, qu'il en aura été satisfait. »

A Fontainebleau, cette majesté du Nord fut invitée à une grande partie de chasse. Cet exercice, dit plaisamment le duc de Saint-Simon, lui plut médiocrement, car il pensa plusieurs fois tomber de cheval. « Au retour, ajoute malicieusement l'auteur des Mémoires, il voulut manger seul avec ses gens dans l'île de l'Étang. Il revint à Petit-Bourg dans un carrosse avec trois de ses gens. Il parut dans ce carrosse qu'ils avaient largement bu et mangé. »

Laissons là ces souvenirs, qui n'appartiennent pas

évidemment à une civilisation raffinée, et passons à un trait de mœurs d'un des chefs de la philosophie moderne. C'est sur le théâtre intérieur de Fontainebleau qu'eut lieu, en 1752, la première représentation du *Devin du village*, par J.-J. Rousseau. L'auteur nous a raconté lui-même d'une manière trop amusante ses débuts dans l'art de la composition musicale pour que nous ne les rappelions pas ici, avant de dire un mot de cette fameuse représentation, qui prend sous sa plume les proportions d'un événement. Notre philosophe, sachant à peine les premiers éléments de la musique, s'était posé comme compositeur. « Je voulus, dit-il, donner un échantillon de mon talent, et je me mis à composer une pièce aussi effrontément que si j'avais su comment m'y prendre. J'eus la constance de travailler pendant quinze jours à ce bel ouvrage, de le mettre au net, d'en tirer les parties, et de les distribuer avec autant d'assurance que si c'eût été un chef-d'œuvre d'harmonie. Enfin, ce qu'on aura peine à croire, et qui est très-vrai, pour couronner dignement cette sublime production, je mis à la fin un joli menuet qui courait les rues, et que tout le monde se rappelle peut-être encore, sur ces paroles jadis si connues :

> Quel caprice !
> Quelle injustice !

« On s'assemble pour exécuter ma pièce. J'explique

à chacun le genre du mouvement, le goût de l'exécution, les renvois des parties; j'étais fort affairé. On s'accorde pendant cinq ou six minutes, qui furent pour moi cinq ou six siècles. Enfin, tout étant prêt, je frappe avec un beau rouleau de papier sur mon pupitre magistral les cinq ou six coups du *prenez garde à vous*. On fait silence, je me mets gravement à battre la mesure; on commence... Non, depuis qu'il existe des opéras français, de la vie on n'ouït un semblable charivari. Quoi qu'on eût pu penser de mon prétendu talent, l'effet fut pire que tout ce qu'on semblait attendre. Les musiciens étouffaient de rire; les auditeurs ouvraient de grands yeux et auraient bien voulu fermer les oreilles, mais il n'y avait pas moyen. Mes bourreaux de symphonistes, qui voulaient s'égayer, raclaient à percer le tympan d'un Quinze-Vingts. J'eus la constance d'aller toujours mon train, suant, il est vrai, à grosses gouttes, mais retenu par la honte, n'osant m'enfuir et tout planter là. Pour ma consolation, j'entendis autour de moi les assistants se dire à leur oreille, ou plutôt à la mienne, l'un : « Il n'y a rien là de supportable; » un autre : « Quelle musique enragée! » un autre : « Quel diable « de sabbat! »

« Mais ce qui mit tout le monde de bonne humeur fut le menuet. A peine en eut-on joué quelques mesures, que j'entendis partir de toutes parts les éclats de rire. Chacun me félicitait sur mon joli goût de chant; on m'assurait que ce menuet ferait parler de moi, et que je méritais d'être chanté partout. »

Les circonstances étaient bien différentes, quand on exécuta le *Devin du village* à Fontainebleau. La pièce eut un succès complet. Il n'y eut de comique que l'embarras et les grimaces de l'auteur. Laissons-le parler lui-même : « J'étais, ce jour-là, dit-il (le jour de la première représentation), dans le même équipage négligé qui m'était ordinaire : grande barbe et perruque assez mal soignée. Prenant ce défaut de décence pour un acte de courage, j'entrai de cette façon dans la même salle où devaient arriver peu de temps après le roi, la reine, la famille royale et toute la cour. Quand on eut allumé, me voyant dans cet équipage au milieu de gens tous excessivement parés, je commençai d'être mal à mon aise : je me demandai si j'étais à ma place, si j'y étais mis convenablement; et, après quelques minutes d'inquiétude, je me répondis oui, avec une intrépidité qui venait peut-être plus de l'impossibilité de m'en dédire que de la force de mes raisons. Je me dis : Je suis mis à mon ordinaire, ni mieux ni pis. Mon extérieur est simple et négligé, mais non crasseux et malpropre; la barbe ne l'est pas en elle-même, puisque c'est la nature qui nous la donne, et que, selon les temps et les modes, elle est quelquefois un ornement. On me trouvera ridicule, impertinent : eh! que m'importe? »

La pièce eut un succès prodigieux; mais pour éviter

d'être présenté au roi, notre philosophe s'esquiva comme un coupable. Rien ne put réussir à lui faire reprendre contenance. En vain un de ses amis lui écrivit-il : « Sa Majesté ne cesse de chanter, avec la voix la plus fausse de son royaume : *J'ai perdu mon serviteur, j'ai perdu tout mon bonheur.* »

Le temps des amusements est passé. Louis XVI vint assez souvent à Fontainebleau pour s'y livrer à l'exercice de la chasse. Mais l'orage révolutionnaire commence à gronder : il éclate bientôt avec fureur. Le château fut délaissé et dépouillé de son riche mobilier. Encore quelques années, et *il allait passer*, suivant l'expression d'un écrivain du temps, *à l'état de ruine pittoresque*. En 1804, il servait de caserne à des prisonniers de guerre. Napoléon Ier en ordonna la restauration, et y dépensa plusieurs millions.

Nous touchons maintenant à des événements qui ont une grande importance historique et qui auront un long écho dans la postérité. La révolution française avait tout changé chez nous, et avait ébranlé le reste de l'Europe. Jamais le monde ne fut témoin de catastrophes plus effroyables, de luttes plus gigantesques, de changements plus extraordinaires. Le bruit de nos armes et de nos victoires remplissait l'univers; mais nous sommes arrivés à une époque où nos triomphes seront troublés par des revers douloureux, où la plus brillante fortune va décroître, pâlir et s'éteindre.

Entraîné par les événements qu'il aurait dû diriger et maîtriser, le gouvernement français fit enlever de Rome le pape Pie VII, accompagné du cardinal Pacca, pour le conduire à Savone. Ce fait eut lieu en 1809. Les détails de cet enlèvement et de cette captivité qui émurent toutes les consciences catholiques ne peuvent trouver place dans notre récit. Nous devons nous arrêter quelques instants à la translation du pape à Fontainebleau, le 20 juin 1812. A cette même date, nos troupes traversaient le Niémen et envahissaient le territoire russe. Quelques mois plus tard, victorieuses sur le champ de bataille, mais vaincues par les rigueurs du climat, elles revenaient presque détruites par le froid et les privations. Leur héroïsme ne servit qu'à constater la grandeur du désastre.

Pie VII, accablé par la vieillesse et les infirmités, parut céder un instant aux influences qu'on exerçait sur sa volonté. Il en résulta ce qu'on appela alors le *Concordat de Fontainebleau*. Mais le Pontife se releva énergiquement et déclara nuls et de nul effet les actes dans lesquels il protesta qu'il n'avait pas été libre. Le pouvoir temporel du pape avait été anéanti; mais telle fut la rapidité des événements qui se succédèrent de 1812 à 1814, qu'on peut dire que ce pouvoir, au milieu de la crise générale, sommeilla plutôt qu'il ne fut détruit.

Le 24 mai 1814, Pie VII fit son entrée solennelle à Rome. Ce fut le sujet d'une allégresse générale. N'est-il pas regrettable que ce retour, si joyeux pour l'Église, ait commencé par l'humiliation de la France? Nos sentiments eussent été sans mélange d'amertume, si, comme on pouvait raisonnablement l'espérer, le pontife romain eût été replacé sur son siége et dans l'exercice régulier de son autorité suprême par le grand capitaine, revenu à une plus saine appréciation des choses.

Accablé, mais non écrasé par les coups de l'adversité, Napoléon Ier, retiré à Fontainebleau, pouvait lutter encore et triompher. Il préféra se retirer, déclarant « qu'il n'est aucun sacrifice, même celui de la vie, qu'il ne soit prêt à faire aux intérêts de la France. » Le 20 avril 1814 fut le jour marqué pour son départ.

La cérémonie de ses adieux à ses compagnons d'armes rappelle, par sa touchante simplicité et l'élévation des sentiments, les grands drames de l'histoire ancienne. La garde impériale, composée de l'élite de l'armée, et qui comptait dans ses rangs des soldats de toutes les batailles de la révolution et de l'empire, était rangée dans la cour du palais de Fontainebleau, pour cette dernière et solennelle revue. Tous les cœurs étaient émus, et l'émotion se trahissait par mille signes non équivoques. Lorsque Napoléon parut, et descendit lentement l'escalier du perron, des acclamations, des cris, des plaintes, des sanglots même, partirent de toutes les bouches, des larmes coulèrent de tous les yeux. Pour ces vieux grenadiers qui cent fois avaient affronté la mort sur les champs de bataille, comme pour leur chef intrépide, qui tant de fois les avait menés à la victoire, il n'y avait qu'un sentiment : celui d'une profonde douleur, mêlée de consternation. L'empereur était accompagné des généraux Drouot et Bertrand. Avant de descendre les dernières marches du perron, il jette un coup d'œil rapide autour de lui, et donne ordre au général Petit de faire former le cercle aux soldats réunis dans la cour du Cheval-Blanc, qui depuis ce jour a reçu le nom de *cour des Adieux*. Dès que les soldats ont fait les évolutions commandées par le général, Napoléon s'avance au milieu des officiers. Son front est pâle, et un nuage de tristesse voile sa figure. Il fait signe qu'il va parler, et au milieu d'un silence que les circonstances rendaient plus saisissant, il prononce, d'une voix sonore, mais saccadée, les paroles suivantes :

« Soldats de ma vieille garde, je vous fais mes adieux.

« Depuis vingt ans que nous sommes ensemble, je suis content de vous; je vous ai toujours trouvés sur le chemin de la gloire.

« Toutes les puissances de l'Europe se sont armées contre moi; une partie de l'armée a trahi ses devoirs, et la France elle-même..... a voulu d'autres destinées : j'ai dû lui sacrifier mes plus chers intérêts.

« Avec vous et les braves qui me sont restés fidèles, j'aurais pu entretenir la guerre pendant trois ans; mais la France eût été malheureuse, ce qui était contraire au but que je me proposais.

« Vous, mes amis, soyez fidèles au nouveau souverain que la France s'est choisi. N'abandonnez point cette chère patrie, trop longtemps malheureuse! Son bonheur était mon unique pensée; il sera toujours l'objet de mes vœux.

« Ne plaignez pas mon sort. Je serai toujours heureux quand je saurai que vous l'êtes.

« J'aurais pu mourir; rien ne m'était plus facile; mais non : je suivrai toujours le chemin de l'honneur; j'écrirai les grandes choses que nous avons faites ensemble. »

A ces mots, le général Petit agite en l'air son épée et s'écrie : « Vive l'empereur! » Cette acclamation est répétée par toute la garde. L'empereur reprend d'une voix attendrie :

« Soldats, je ne puis vous embrasser tous, mais j'embrasserai votre général. — Approchez, général Petit. »

Il presse le général dans ses bras.

« Qu'on m'apporte l'aigle, » dit-il.

Il l'embrasse trois fois, en disant à haute voix :

« Chère aigle! que ces baisers retentissent dans le cœur de tous les braves!

« Adieu, mes enfants! »

Il dit, et, se dérobant aux transports des officiers et des soldats, il gagne sa voiture, donnant le signal du départ, qui est celui de l'exil. Fontainebleau retombe aussitôt dans le deuil et le silence. Mais un peu moins d'un an après, le 15 mars 1815, Napoléon, de retour de l'île d'Elbe, dans cette même cour du Cheval-Blanc, passait en revue les vieux grenadiers qui l'avaient suivi dans son exil, et prenait de nouveau le chemin des Tuileries. Les événements furent plus forts que son énergie : il succomba. Le 5 mai 1821, le grand capitaine rendit le dernier soupir sur le rocher de Sainte-Hélène. Il avait écrit, quelques semaines auparavant, en tête de son testament : « Je meurs dans le sein de la religion catholique, apostolique et romaine, dans le sein de laquelle je suis né. » L'article huitième de son testament est conçu en ces termes : « Je désire que mes cendres reposent sur les bords de la Seine, au milieu de ce peuple français que j'ai tant aimé. » Le désir de l'empereur fut accompli; le 15 décembre 1840, le corps de Napoléon, rapporté de l'île Sainte-Hélène, fut déposé solennellement sous le dôme de l'église des Invalides, à Paris.

L'héritier de Napoléon I*er*, après un demi-siècle environ depuis la scène des adieux, a reparu à Fontainebleau, reliant ainsi la chaîne des grands souvenirs historiques. Dans l'intervalle, la royauté s'y était montrée plus d'une fois, attirée par le charme de cette magnifique résidence et par cet attrait secret qui semble appeler les hommes vers les lieux consacrés par d'illustres renommées. Louis XVIII y vint recevoir la princesse Caroline de Naples, fiancée au duc de Berry. Charles X s'y livra fréquemment au plaisir de la chasse. En 1830, la *cour des Adieux* vit arriver, le 30 juillet, à six heures du matin, la duchesse d'Angoulême, cette fille infortunée de Louis XVI, qui allait repartir pour un dernier exil. Le 30 mai 1837, le mariage du duc d'Orléans, fils aîné du roi Louis-Philippe, y fut célébré avec la princesse Hélène de Mecklembourg. Terribles leçons de la Providence! l'héritier de Louis-Philippe est mort d'une chute de voiture; la princesse sa femme est morte en exil.

Avant de clore cette notice, nous devons dire quelques mots de la célèbre forêt de Fontainebleau, où jadis les rois se livraient à l'exercice de la chasse, où de nos jours s'organisent chaque automne les grandes chasses impériales. Cette forêt présente, en plusieurs endroits, un sol accidenté, des sites pittoresques, des plateaux découverts, des gorges profondes, des fourrés épais, de magnifiques futaies. Elle n'a pas moins de quatre-vingts kilomètres de pourtour, et une contenance d'environ dix-sept mille hectares. On estime que les routes et les sentiers dont elle est percée dans toutes les directions n'ont pas moins de deux mille kilomètres de développement. Plusieurs chênes séculaires, remarquables par leur vétusté et leurs immenses proportions, sont visités des curieux, comme des monuments des âges passés, tels que le *chêne des fées*, le *Clovis*, le *Charlemagne*, la *reine Blanche*, le *Henri IV*, le *Sully*, le *bouquet du roi*, les *trois Hercules*. Dans quelques cantons on voit beaucoup de houx et de genévriers âgés de plusieurs siècles, dont le maigre feuillage se dresse à travers les rochers. Autrefois le gibier abondait dans la forêt de Fontainebleau, où l'on estimait qu'il n'y avait pas moins de trois mille cerfs, biches et daims; les sangliers y étaient nombreux; ils sont rares aujourd'hui. Les grandes chasses de Napoléon Ier en ont fait disparaître beaucoup. Aujourd'hui, par suite des chasses impériales, très-régulièrement suivies chaque année, le gibier tend à devenir de plus en plus rare.

RÉSIDENCES ROYALES ET IMPÉRIALES.

VINCENNES.

XVII

VINCENNES

Nos rois de la première et de la seconde race possédaient un grand nombre de domaines rustiques disséminés dans toutes les provinces de leur vaste empire. C'étaient les châteaux royaux du temps, espèces de grandes métairies, où l'on déployait un luxe quelque peu barbare. Le logis du maître était entouré de bâtiments de service : on y pouvait héberger toute une population d'officiers, de seigneurs et de valets. Héritiers dans les Gaules de la magnificence des premiers conquérants, ces princes avaient des habitations spéciales pour la chasse, pour la pêche, pour les bains; d'autres étaient destinées à conserver les provisions nécessaires à la consommation ordinaire et aux festins de la cour. Les revenus en nature et en argent de ces grands et nombreux domaines constituaient alors une espèce de liste civile de la royauté, sans compter les ressources variées du fisc, source, pour ainsi dire, inépuisable en tous les temps.

Aux siècles les plus reculés de notre histoire, Vincennes était une forêt, où les princes venaient chasser quelquefois. Aucune habitation, aucune séduction de la nature n'y étaient propres à attirer des chasseurs, ayant à leur disposition des forêts plus spacieuses, au milieu de contrées favorisées de tous les dons du ciel et de la terre. Les rois de la troisième race, résidant habituellement à Paris, furent les premiers qui donnèrent aux bois de Vincennes une illustration particulière. A défaut d'autres qualités, ces bois étaient à la porte de leur capitale, et, sans rien changer à leurs habitudes quotidiennes, ces princes pouvaient se livrer à un exercice qui eut toujours le privilége de les passionner.

Louis VII, dit le Jeune, y fit bâtir le premier manoir royal. Nous ignorons en quoi consista primitivement cette demeure : ce fut, sans doute, d'abord un modeste abri pour les chasseurs surpris par le mauvais temps. Ainsi commencèrent les plus splendides châteaux des environs de Paris. Grâce à des agrandissements successifs, il fut transformé en une résidence somptueuse digne de la majesté royale. Louis VII aimait à se reposer sous les ombrages de Vincennes des soucis de la politique et des fatigues de luttes, pour ainsi dire, sans trêve. A la suite de la croisade, ce prince, justement indigné de la conduite de son épouse, Éléonore de Guienne, se décida à la répudier en 1152. Cet acte énergique fut une satisfaction à son honneur offensé; mais l'épouse infidèle n'aurait pas dû être rendue à la liberté. Cet excès de générosité causa plus tard au roi les plus grands embarras, et fut l'origine de troubles qui agitèrent la France durant plusieurs siècles. En effet, six semaines après la dissolution de son mariage, Éléonore épousait Henri Plantagenet, duc de Normandie, comte d'Anjou et de Touraine, depuis roi d'Angleterre, auquel elle portait en dot deux de nos plus belles provinces, la Guienne et le Poitou. Cette alliance, personne ne pouvait s'y méprendre, était beaucoup moins une affaire d'affection et de confiance qu'une combinaison d'intérêt. L'héritage tentait plus que la personne : aussi plusieurs prétendants s'étaient-ils embusqués sur la route du midi pour enlever la princesse, et ravir de cette manière peu chevaleresque sa main et ses États.

Louis VII mourut à l'âge de soixante ans, en 1180. Trois ans après, Philippe-Auguste fit clore de murailles le parc de Vincennes, afin d'y enfermer les cerfs, daims et autres bêtes fauves que le roi d'Angleterre lui avait envoyés en cadeau. Les monarques des deux pays en étaient alors à se faire des présents et des compliments : ils allaient bientôt entrer en guerre ouverte. Nos plus belles provinces étaient l'enjeu de la lutte, et Philippe-Auguste ne s'épargna guère pour porter de rudes coups à la puissance sur le continent d'un vassal trop fort et d'un voisin très-incommode. Il se délassait des travaux de la guerre en surveillant lui-même la reconstruction du château de Vincennes.

Saint Louis aimait beaucoup la résidence de Vincennes. Il y vint fréquemment, et à chaque fois il y séjourna longuement. « Maintefois, dit Joinville, ay veu que le bon saint, après qu'il avoit ouy la messe en esté, il se alloit esbattre au bois de Vincennes, et se seoir au pied d'ung chesne, et nous faisoit seoir tout auprès luy; et tous ceulx qui avoient affaire à luy venoient à luy parler, sans que aulcun huissier ni aultres leur donnast empeschement, et demandoit haultement de sa bouche s'il n'y avoit nul qui eust partie. Et quand il y en avoit aulcuns, il leur disoit: « Amis, taisez-vous, et on vous « délivrera l'un après l'autre. »

La justice rendue par saint Louis sous le chêne de Vincennes est un des traits les plus populaires de la vie de ce pieux monarque. Louis IX, personne ne l'ignore, inaugura chez nous dans l'administration de la justice des progrès notables. Sans cesse il se préoccupait de la manière dont les différents tribunaux, à tous les degrés de juridiction et dans toutes les branches des services publics, répondaient à ses intentions, aux obligations spéciales de leurs charges et aux principes éternels de l'équité : souci digne d'une grande âme! Il n'était pas moins désireux de soulager toutes les misères qui affligent l'humanité. Pour atteindre ce but, sa charité était inépuisable; elle était certainement beaucoup plus ingénieuse que la philanthropie moderne. Saint Louis fut compatissant comme s'il avait été dans le malheur; libéral, sans perdre de vue les règles d'une sage économie; intrépide, mais sans emportement. Il proscrivit des terres qui dépendaient immédiatement de la couronne l'absurde procédure des duels judiciaires, et il y substitua la voie d'appel à un tribunal supérieur : ainsi il ne fut plus permis comme auparavant de se battre contre sa partie, ni contre les témoins qu'elle produisait.

En 1315, Enguerrand de Marigny comparut devant ses juges au château de Vincennes, où il fut condamné à être pendu à Montfaucon. Il était principal ministre du roi Philippe le Bel, capitaine du Louvre, intendant des finances et bâtiments du royaume. L'administration des deniers publics lui porta malheur, comme à tant d'autres surintendants des finances. On l'accusa d'avoir dilapidé les fonds du trésor, d'avoir surchargé le peuple d'impôts : on s'efforça de faire peser sur lui la responsabilité de la misère qui accablait le pays. Ses ennemis allèrent jusqu'à lui reprocher la disette qui désolait le royaume. La mémoire d'Enguerrand de Marigny n'a pas été pleinement réhabilitée devant l'histoire : tant les affaires d'argent sont délicates, surtout à des époques où les attributions des officiers de finance ne sont pas parfaitement délimitées. Les écrivains les plus indulgents ont dit de lui « que les malheureux ont souvent tort au tribunal de l'histoire comme aux autres. »

Les exactions des agents du fisc avaient alors exaspéré la population. Ces maltôtiers n'étaient connus que sous le nom de *loups dévorants*. En les poursuivant, la justice ne s'égara pas; mais, comme l'histoire en offre tant d'exemples, les plus pauvres seulement furent punis pour tous; les plus puissants furent à peine inquiétés. Louis X, qui autorisa ces poursuites, se trouvait toujours à court d'argent : la guerre malheureuse qu'il fit contre le comte de Flandre épuisa ses coffres. Pour battre monnaie, il lui vint en idée d'émanciper les serfs qui se trouvaient encore sur le domaine royal, moyennant une certaine somme représentant le rachat de leur liberté. Ce trafic n'était guère digne de la majesté royale. Les serfs se montrèrent peu empressés de payer leur rançon, le prix en étant exigible par la force, sans aucune garantie en leur faveur. L'édit du roi s'appuyait sur un considérant dont la conséquence paraîtra assez étrange. On y déclare que, *selon le droit de nature, chacun doit naître franc*, et l'on en conclut que chacun doit payer le droit de nature. C'était réclamer le prix d'un objet qui n'appartenait pas au souverain; peut-être même, en se reportant aux faits passés, voulait-on le faire payer deux fois. Louis X, dit le Hutin, c'est-à-dire *le querelleur*, mourut à Vincennes le 8 janvier 1316, âgé de vingt-six ans.

Six ans plus tard, Philippe V mourut dans le même château, après un règne de courte durée. Il avait succédé à son frère Louis le Hutin, ou plutôt à son neveu Jean Ier, enfant posthume, qui ne vécut que huit jours. La grandeur de sa taille le fit surnommer Philippe le Long. Sa douceur, sa générosité, de l'aptitude aux affaires, d'excellentes intentions manifestées à diverses reprises, avaient fait concevoir de belles espérances. Il rendit le dernier soupir à peine âgé de vingt-huit ans. Il eut pour héritier au trône de France Charles le Bel, son frère, troisième fils de Philippe le Bel; mais ce prince ne l'occupa pas longtemps. Il mourut aussi à Vincennes, le 31 janvier 1328, à l'âge de trente-quatre ans. Ces faits montrent assez qu'au commencement du xive siècle la résidence de Vincennes avait beaucoup d'attraits pour la royauté. La naissance de Charles V, fils aîné du roi Jean, en 1337, indique que la cour continuait d'y demeurer. Ce prince, qui prit la couronne en 1364, et mérita le glorieux titre de *Sage*, eut toute sa vie une affection marquée pour le royal manoir où il avait vu le jour. Quand il saisit les rênes de l'État, la France était dans la désolation et l'épuisement. Sous le roi Jean, nous avions perdu tout ce que Philippe-Auguste avait conquis sur les Anglais : Charles V s'en remit en possession par sa dextérité et par ses armes. Grâce à une sage économie, on trouva dans ses coffres à sa mort dix-sept millions de livres, qui représenteraient aujourd'hui une somme énorme. Il aurait pu réaliser de plus grandes choses encore pour le bonheur de la France, si la mort ne l'avait pas enlevé prématurément, à l'âge de quarante-trois ans. On dit qu'il fut empoisonné, et que les effets du poison, atténués par un habile médecin allemand, ne se firent pas sentir sur-le-champ avec une violence mortelle. Par suite du fatal breuvage, ses dernières années furent pleines d'ennui, de tristesse, d'abattement, jusqu'à ce que la source de la vie, déjà si fortement troublée, fût enfin épuisée. Charles le Sage rendit une foule d'arrêtés et d'ordonnances datés du château de Vincennes. Parmi ces actes nous devons noter l'ordonnance qui règle la régence et la tutelle des rois mineurs, et fixe pour eux la majorité à quatorze ans. Il avait fait exécuter des travaux considérables au donjon de Vincennes; on lui devait la Sainte-Chapelle, que remplaça plus tard l'élégant édifice élevé par les soins de François Ier et de Henri II.

Hélas! nous sommes à la veille de voir les plus grands maux fondre sur la patrie. Charles VI, à peine âgé de douze ans, succède à son père. Sa jeunesse livra la France à l'avarice et à l'ambition de ses oncles. Au moment où il aurait pu gouverner par lui-même, il tomba en proie à une folie furieuse. Pour comble de malheur, la reine Isabeau de Bavière, loin d'être à la hauteur de la sublime mission que les circonstances lui avaient faite, trahit ses devoirs et donna la main aux ennemis de la

France. Le royaume semblait toucher à sa ruine : le sang inondait nos villes et nos campagnes; le désordre était à tous les degrés de la hiérarchie sociale. Henri V d'Angleterre avait pris le titre et la place du roi de France. Vincennes était devenu le boulevard de la domination étrangère. En 1422, Henri d'Angleterre y expira, deux mois environ avant la mort de l'infortuné Charles VI. Ces deux événements changèrent la face des affaires. « La mort de Charles VI, dit le président Hénault, sauva la France, comme celle de Jean sans Terre avait sauvé l'Angleterre. » En 1430, le château de Vincennes, toujours occupé par les Anglais, est pris par les troupes de Charles VII. Les Anglais le reprennent peu de temps après, le perdent en 1432, le recouvrent en 1434, pour en être expulsés définitivement dans le cours de cette même année.

A partir de cette époque, nos rois y feront quelques séjours passagers : ils n'y établiront plus leur résidence. C'est ainsi que nous y verrons successivement apparaître Charles IX, Henri IV, Louis XIII, Louis XIV et Louis XV. Les bâtiments reçurent aussi plusieurs changements : Marie de Médicis y fit construire une belle galerie; Louis XIII, son fils, fit renverser d'anciens corps de logis pour élever à la place deux pavillons, qui furent achevés seulement sous le règne de Louis XIV. Ce dernier travail n'était pas encore terminé quand le cardinal Mazarin mourut à Vincennes, le 3 mars 1661. On fit courir le bruit qu'il avait été empoisonné par un Italien au moyen d'un breuvage, que les mauvais plaisants appelèrent l'*élixir d'hérédité*. L'opinion populaire croyait alors que la mort des personnages importants était annoncée par l'apparition d'une comète. Pendant que Mazarin était couché sur son lit d'agonie, quelqu'un vint lui dire qu'on voyait une comète briller dans le ciel. « Voilà, répondit-il, « une comète qui me fait trop d'honneur. »

Vincennes a joué dans notre histoire un rôle dont nous n'avons point parlé jusqu'ici : le donjon du château fut transformé en prison d'État par Louis XI, et, depuis le règne de ce prince quelque peu ombrageux jusqu'en 1784, plusieurs personnages de distinction y furent enfermés. Nommons seulement Enguerrand de Marigny, le roi de Navarre, le duc d'Alençon, le colonel d'Ornano, le prince de Condé, le duc de Vendôme, le duc de Beaufort, surnommé *le roi des halles*; les princes de Condé, de Conti et le duc de Longueville, chefs du parti de la Fronde. Pour charmer les ennuis de la captivité, le prince de Condé s'amusait à cultiver des fleurs. Mlle de Scudéry fit à ce propos le quatrain suivant, si souvent répété depuis :

> En voyant ces œillets, qu'un illustre guerrier
> Arrose d'une main qui gagne des batailles,
> Souviens-toi qu'Apollon bâtissait des murailles,
> Et ne t'étonne pas que Mars soit jardinier.

Sous Louis XIV, le donjon eut pour hôtes forcés le

cardinal de Retz, Nicolas Fouquet et Mme Guyon, l'héroïne du quiétisme, dont les doctrines avaient séduit l'âme tendre de Fénelon. Le prisonnier le plus célèbre du xviiie siècle fut le comte de Riquetti Mirabeau, enfermé à Vincennes en 1777, en vertu d'une lettre de cachet obtenue contre lui par son père. D'un caractère violent, avec un esprit inquiet et mal réglé, Mirabeau se livra de bonne heure à toutes les fougues d'une jeunesse indomptée. La licence de ses mœurs n'est guère comparable qu'à l'obscénité de quelques-uns de ses écrits Condamné pour crime de rapt, il se réfugia en Hollande; son extradition ayant été obtenue, il fut arrêté à Amsterdam et conduit au donjon de Vincennes, où il passa trois ans et demi. Avant les événements révolutionnaires qui le firent monter sur la scène politique, il avait si mauvaise réputation, qu'on avait dit publiquement de lui : « Il emploie à dire du mal les instants où il n'en fait pas. » Nommé aux états généraux de 1789 par le tiers état d'Aix en Provence, il se montra dès le début l'implacable ennemi de la religion et des vieilles formes constitutionnelles de sa patrie. D'une éloquence entraînante, sa parole exerça la plus grande influence dans les délibérations d'une assemblée mobile et impressionnable. Il est mort après avoir contribué fortement à démolir, sans avoir pu rien édifier.

Le séjour des prisonniers au donjon de Vincennes était loin d'être agréable ou poétique. L'exercice des droits de la justice et la sécurité publique ont des exigences que nient et repoussent ceux-là seulement dont les opinions ou la conduite ne sont pas conformes aux éternels principes sur lesquels reposent les sociétés humaines.

En 1804, au milieu de la nuit, les verrous de Vincennes grincèrent d'une manière lugubre pour laisser passer un prisonnier : c'était le prince Louis-Antoine-Henri de Bourbon, duc d'Enghien, arrêté à Ettenheim, le 15 mars 1804. A peine arrivé à Vincennes, il fut accusé, condamné et exécuté. Il fut fusillé dans les douves du château : en 1816, ses restes furent retrouvés et déposés dans un tombeau érigé dans la chapelle. Les auteurs de la mort de ce prince ont été sévèrement jugés par l'histoire. Lisez ces stances du poëte :

> Pourquoi détournes-tu ta paupière éperdue ?
> D'où vient cette pâleur sur ton front répandue ?
> Qu'as-tu vu tout à coup dans l'horreur du passé ?
> Est-ce de vingt cités la ruine fumante,
> Ou du sang des humains quelque plaine écumante ?
>   Mais la gloire a tout effacé.
>
> La gloire efface tout..., tout, excepté le crime.
> Mais son doigt me montrait le corps d'une victime,
> Un jeune homme, un héros, d'un sang pur inondé.
> Le flot qui l'apportait passait, passait sans cesse,
> Et toujours, en passant, la vague vengeresse
>   Lui jetait le nom de Condé.

En 1808, le château de Vincennes, transformé en

citadelle, reçut la destination qu'il a conservée depuis. Napoléon I" y établit un dépôt de poudre, de projectiles et de matériel de guerre, qui s'est agrandi encore sous le règne de Louis-Philippe, et a pris une nouvelle importance sous celui de Napoléon III. Aujourd'hui, Vincennes est une forteresse, une caserne, un arsenal et une école de tir pour le perfectionnement des armes à feu.

XVIII

COMPIÈGNE

Rien ne manque à l'illustration de Compiègne : les beautés de la nature et la richesse du sol y répondent à la grandeur des souvenirs historiques. Maîtres des Gaules autant par l'habileté de leur politique que par la force des armes, les Romains y résidèrent longtemps, attachant une extrême importance à un établissement à la fois civil et militaire qui, grâce à une situation avantageuse, leur assurait la possession paisible du pays placé entre Senlis, Amiens et Soissons. Héritiers de la puissance romaine, et, sous certains rapports, des vues politiques des premiers conquérants, les rois francs ne manquèrent pas de venir s'y installer dès qu'ils se furent rendus maîtres de la contrée. Ces princes, moins barbares que les chroniqueurs peu impartiaux élevés à l'école des Romains les ont représentés, comprirent aisément l'intérêt stratégique d'un lieu occupé trois siècles par les plus adroits capitaines du monde. De là leur influence pouvait aisément s'étendre sur les provinces du nord, et jusque sur les régions du centre des Gaules. Le résultat ne trompa point leur attente.

La dynastie carlovingienne, à son tour, ne négligea jamais la possession du château de Compiègne, et montra même une prédilection marquée pour cette résidence. Plus tard, on y vit successivement paraître nos plus grands rois : saint Louis, Louis XI, François I*er*, Louis XIV. Dans les temps modernes, Napoléon I*er* y vint entouré d'une escorte de princes et de guerriers illustres, telle que les siècles passés n'en virent jamais de semblable. En 1861, Napoléon III y donnait une brillante hospitalité aux rois de Prusse, de Hollande, de Belgique et de Suède.

Le voisinage de la forêt de Compiègne eut constamment un puissant attrait pour le cœur des princes de toutes les races qui régnèrent en France. Aujourd'hui, les chasses impériales de Compiègne ne sont pas moins célèbres que du temps des princes carlovingiens. Pour les successeurs de Clovis, l'exercice violent de la chasse était une habitude de famille, une nécessité du temps, une agitation qui rappelait la guerre, un délassement, accompagné de bruit et de fatigue, en rapport avec la rudesse des mœurs. Les rois mérovingiens, d'humeur inquiète et querelleuse, d'une activité fébrile, de goûts peu civilisés, n'aimaient guère le séjour des villes : ils respiraient plus à l'aise sur la lisière des bois. Nous les voyons fréquemment au château de Compiègne, poursuivant les bêtes fauves dans la forêt, en compagnie de leurs plus courageux compagnons d'armes. En 558, Clotaire Ier y mourut, dans la soixante-unième année de son âge. L'histoire de son règne est attristée par de grands malheurs et de grands crimes. Sur son lit de mort, on lui entendit répéter ces paroles : « Que le Roi du ciel est puissant, puisqu'il dispose ainsi des plus grands rois de la terre ! » C'était l'expression d'un remords et d'une pensée religieuse. Les derniers jours du monarque furent empoisonnés par les reproches de sa conscience et les chagrins. Un an avant de rendre le dernier soupir, il avait poursuivi avec une ardeur passionnée et avec colère un fils ingrat, qui avait pris les armes contre son père. Emporté par un aveugle ressentiment, le roi n'hésita pas à faire mettre le feu à une cabane dans laquelle son fils était réfugié avec sa famille, et où il périt misérablement au milieu des flammes. Le crime de Chramne était odieux ; la punition ne le fut pas moins. A la réflexion, le roi, qui ne pouvait à jamais étouffer ses sentiments de père, en eut horreur. Depuis cette journée néfaste, son front resta couvert d'un nuage. On remarqua qu'il mourut à Compiègne le même jour et à la même heure que son fils, l'année suivante.

Charles le Chauve, fils de Louis le Débonnaire et de l'impératrice Judith, transforma la ville et la résidence royale de Compiègne. Rien ne fut ménagé pour les agrandir et les embellir. Le prince avait rêvé pour elles des destinées extraordinaires : il donna à la cité le nom de *Carlopolis*. Était-ce envie de fonder en France une capitale qui portât son nom? Voulait-il, à l'exemple de Constantin, changer une humble bourgade en une cité superbe? S'il eut cette ambition, il faut avouer qu'elle ne se réalisa en aucune manière. Son génie, d'ailleurs, était loin de se trouver à la hauteur de si vastes projets. Les bords de l'Oise, en outre, quoique riants et pittoresques, sont loin d'offrir les mêmes avantages que les rives enchantées du Bosphore. Charles le Chauve jeta les fondements de l'abbaye de Saint-Corneille. C'était, à cette époque surtout, une entreprise commune à une foule de riches personnages, et aisée à exécuter. Le monastère royal, bien bâti, bien doté, traversa heureusement tout le moyen âge. Le prince y déposa solennellement le saint suaire, que Charlemagne, son aïeul, avait placé, avec tant d'autres reliques insignes, dans son église impériale d'Aix. Sous Philippe Ier, au xie siècle, on tira cette précieuse relique du coffret d'ivoire où elle était enfermée, pour la transférer dans une châsse d'or, don de Mathilde, reine d'Angleterre. Puisque notre récit nous a conduit à mentionner ces faits, nous devons ajouter qu'en 1516 et en 1628 on procéda régulièrement à l'ouverture de cette châsse, où, suivant les termes du procès-verbal, on trouva « un linge long de deux aulnes, de fin lin, tissu de façon de toile de Damas, épaissi par les aromates. »

Ce n'est pas la seule fondation religieuse à laquelle Charles le Chauve ait pris part. La postérité lui a tenu compte de ses bonnes intentions; mais elle ne lui a pas pardonné son inaction contre les pirates du Nord, qui, sous son règne, ravagèrent nos plus belles provinces. Au lieu du fer et d'un cœur intrépide, l'héritier et le petit-fils de Charlemagne n'opposa que l'or et une âme faible. Avec ces hordes envahissantes, au lieu de marchander, il aurait fallu se battre. Cette tactique déplorable eut l'effet auquel on devait s'attendre : les Normands goûtèrent cette manière de les éloigner; ils reparurent en plus grand nombre et plus souvent.

Plusieurs rois vinrent, sous les voûtes de l'église abbatiale de Compiègne, demander à la tombe la paix du dernier sommeil. Nous ne refuserons pas de nommer ici Louis II, prince infortuné, mort à Compiègne, âgé de trente-trois ans, ni Louis V, roi plus malheureux encore, puisqu'il mourut à l'âge de vingt ans, victime d'un lâche empoisonnement, dont on accusa la reine sa femme. Pour comble de disgrâce, ce prince, qui occupa le trône un an seulement, et dans un âge où l'on peut ébaucher à peine quelques espérances, reçut après sa mort le surnom ignominieux de Fainéant, comme si un règne de quelques mois et un monarque presque enfant avaient pu laisser de nombreux et longs souvenirs dans l'histoire. Hugues le Grand y reçut également la sépulture. Le corps de Henri III y demeura en dépôt jusqu'en 1610, année de l'assassinat de Henri IV.

Au mois de janvier 888, le château de Compiègne fut témoin d'un événement important, l'élection du roi Eudes. Jamais la France n'avait été réduite à un pareil état d'abaissement. Charles le Gros venait d'être enterré sans pompe dans le cimetière du couvent de Reichenau, près de Constance. Le pouvoir était disputé par une foule de prétendants. On compta jusqu'à cinq souverains portant le titre de rois. Par surcroît de malheur, les pirates du Nord infestaient toujours le pays, et les seigneurs féodaux, dans leurs luttes sans cesse renaissantes, déchiraient un royaume qu'ils auraient dû protéger. Quelques succès remportés sur les hordes normandes par Eudes, comte de Paris et fils de Robert le Fort, le firent proclamer roi de France. Pendant dix ans de guerre, ou plutôt d'anarchie, Eudes exerça l'autorité royale, en vertu d'un droit qui ne fut jamais reconnu de tous. Il mourut en 898, et fut enseveli à Saint-Denis.

Charles le Chauve avait fait rebâtir le château avec la magnificence que comportait le goût du temps : c'était une forteresse plutôt qu'un palais. Saint Louis y ajouta plusieurs bâtiments d'une grande étendue et d'une architecture élégante. Charles V y fit exécuter des travaux si considérables, qu'on l'a regardé avec raison comme le second fondateur de l'édifice. Louis XI, François Ier, Louis XIV, y firent successivement des additions considérables. Mais, de toutes ces réparations ou reconstructions, il ne reste plus rien aujourd'hui : le château actuel est l'œuvre de Louis XV, qui le fit élever dans le style d'architecture à la mode au xviiie siècle, mais qui ne soutient guère avantageusement la comparaison avec l'art grandiose du xiiie siècle, ou avec l'art brillant de la renaissance. Toutefois l'aspect de l'ensemble n'est pas dépourvu de grandeur, et les appartements intérieurs sont décorés avec luxe. Beaucoup d'embellissements sont dus à Napoléon Ier, et, depuis dix ans, Napoléon III n'a rien négligé pour en faire une des résidences les plus somptueuses et les plus agréables du monde.

Reprenons le fil des principaux souvenirs se rattachant à Compiègne. Au commencement du xve siècle, la ville et le pays environnant eurent beaucoup à souffrir des guerres entre la France et l'Angleterre. En 1415, Charles VI la reprit sur le duc de Bourgogne, dont la perfidie avait attiré les Anglais en France. Ce même duc l'assiégea en 1430. Jeanne d'Arc vint s'enfermer dans ses murs, et réussit à lui en faire lever le siége; mais ce fut là que l'héroïne, victime d'une infâme trahison, tomba entre les mains de ses ennemis. Elle s'était engagée fort avant dans le combat, et, quand elle voulut rentrer en ville, elle en trouva les portes fermées. Jeanne tomba au pouvoir d'un gentilhomme picard, qui la vendit à Jean de Luxembourg, lequel la revendit aussitôt aux Anglais, pour une somme de dix mille livres, et cinq cents livres de pension annuelle. Cet odieux marché, comme la suite des événements ne devait pas tarder à le démontrer, conduisit Jeanne d'Arc au supplice. En montant sur le bûcher, l'héroïque vierge de Vaucouleurs montra autant de fermeté que sur les remparts d'Orléans. Le cruel supplice auquel fut condamnée une jeune fille de vingt-un ans, prisonnière de guerre, sera l'éternel déshonneur de ses juges et de ses bourreaux. « Tous ses juges, dit Mézeray, moururent de mort *vilaine*. » La mémoire de la Pucelle d'Orléans a été réhabilitée juridiquement; mais la révision de son procès n'était pas nécessaire : sa mémoire est restée vivante et honorée dans le cœur des Français.

Arrivons à des souvenirs moins pénibles. A l'exemple de ses prédécesseurs, Louis XIV venait à Compiègne se livrer à l'exercice de la chasse. Un jour, entraîné à la poursuite d'un cerf dans les plaines qui avoisinent la forêt, il lui vint en pensée de choisir ce lieu comme le théâtre le plus convenable au déploiement d'une grande fête militaire et aux évolutions d'un corps complet d'armée. Quand la paix de Ryswick eut été signée, en 1698, il crut le moment favorable pour mettre sous les yeux du duc de Bourgogne, son petit-fils, l'image de la guerre, dans un camp de plaisir à Compiègne. Le roi, qui aimait l'ostentation, ne cédait pas en cette circonstance uniquement au plaisir de faire de brillantes démonstrations : derrière ces exercices d'apparat, il cachait des vues politiques; il voulait montrer à l'Europe, qui pouvait croire la France affaiblie, de quelles ressources guerrières il pourrait disposer sur-le-champ si l'honneur du pays le demandait.

« Le camp de Compiègne fut magnifique, dit le duc de Saint-Simon dans ses Mémoires[1]. Le maréchal de Boufflers y commandait, et en fit les honneurs. Il traita le roi et toute la cour avec une somptuosité qui fut admirée. Le roi s'amusa fort à voir et à faire voir les troupes aux dames, l'armée, le campement, les distributions, les détachements, des marches, des fourrages, des exercices, des convois, des escortes, des rencontres, des petits et des grands combats, enfin une parfaite image de la guerre. Le duc de Bourgogne, pour qui cet appareil était ordonné, assista à tout. La duchesse de Bourgogne s'y trouvait souvent, avec un cortége de dames superbement parées. Jamais spectacle ne fut si brillant. Le monarque entassa, pour ainsi dire, dans un camp, une magnificence inconnue aux plus célèbres tournois, et aux entrevues des rois les plus fameux. »

Une des scènes militaires les plus curieuses est décrite

---

[1] Passage cité dans l'ouvrage intitulé : *Louis XIV, sa Cour*, etc., par Anquetil, tome II, p. 56.

par le même auteur dans les termes suivants: « Le roi voulut montrer des images de tout ce qui se fait à la guerre; on fit donc le siége de Compiègne dans les formes, mais fort abrégées : lignes, tranchées, batteries, sapes, etc. Crenan défendait la place. Un ancien rempart tournait, du côté de la campagne, autour du château; il était de plain-pied avec l'appartement du roi, et, par conséquent, élevé, et dominait toute la campagne. Il y avait au pied une vieille muraille et un moulin à vent, un peu au delà de l'appartement du roi, sur le rempart qui n'avait ni banquette, ni mur d'appui. Le samedi 13 septembre fut destiné à l'assaut; le roi, suivi de toutes les dames, et par le plus beau temps du monde, alla sur le rempart; force courtisans et tout ce qu'il y avait d'étrangers considérables. De là on découvrait toute la plaine et la disposition de toutes les troupes. J'étais dans le demi-cercle, fort près du roi, à trois pas au plus, et personne devant moi. C'était le plus beau coup d'œil qu'on pût imaginer, que toute cette armée et ce nombre prodigieux de curieux de toutes conditions, à cheval et à pied, à distance des troupes pour ne les point embarrasser, et ce jeu des attaquants et des défendants à découvert, parce que, n'y ayant rien de sérieux que la montre, il n'y avait aucune précaution à prendre pour les uns et les autres que la justesse des mouvements. »

L'auteur des Mémoires ne saurait, à ce qu'il semble, raconter quelque trait de longue haleine, sans terminer par la médisance. Voici comment il finit la description des manœuvres de Compiègne :

« On dit que le dessein de Louis XIV était d'étonner l'Europe, et de lui faire craindre sa puissance. Il y réussit; mais, au lieu de cette ostentation ruineuse, il aurait mieux fait de remplir ses coffres et ses magasins par une prudente économie, de laisser le royaume se repeupler et se refaire des maux de la dernière guerre, réparer la marine, tirer le commerce de sa langueur, et se mettre en état, non pas de se montrer formidable, mais de l'être en effet, si les événements qu'on voyait prochains forçaient de nouveau à reprendre les armes. »

Pour faire oublier la méchanceté de notre auteur, nous devons dire que le maréchal de Boufflers était un courageux et habile capitaine, et qu'il ne s'entendait pas seulement à commander des armées faisant semblant de se battre. Il prit une part glorieuse à plusieurs affaires de guerre importantes, où il se fit remarquer par de belles actions. Lorsqu'il mourut à Fontainebleau, en 1711, âgé de soixante-huit ans, Mme de Maintenon écrivait: « En lui le cœur est mort le dernier. » Outre cet éloge qui peint bien l'estime qu'on faisait de sa bravoure, nous rapporterons un trait qui montre les sentiments qu'il avait su inspirer à ses adversaires. Le roi Guillaume, ayant pris Namur en 1695, arrêta Boufflers prisonnier, contre la foi des traités. Le maréchal réclama avec une extrême énergie. On lui répliqua que l'on agissait ainsi par représailles pour les garnisons de deux villes que les Français avaient retenues, malgré la capitulation. « Si cela est, dit Boufflers, on doit arrêter ma garnison, et non moi. — Monsieur, lui fut-il répondu, l'on vous estime plus que dix mille hommes. »

Le camp de Compiègne fut réorganisé plusieurs fois; jamais il ne fut aussi brillant que sous Louis XIV. La mention seule de ces grands jeux militaires peut servir de transition à une époque où la gloire militaire rayonna plus que jamais sur notre pays. Dès le commencement de ce siècle, le nom de Napoléon Ier retentit à Compiègne. Charles IV, roi d'Espagne, après avoir perdu sa couronne, y passa quelque temps, en compagnie de la reine sa femme et de son favori Godoy, prince de la Paix. Deux ans après, le château se pare d'ornements nouveaux. Les travaux d'embellissement s'exécutent avec une incroyable rapidité et une rare magnificence. L'empereur a choisi cette résidence pour sa première entrevue avec l'archiduchesse Marie-Louise, qui vient s'asseoir sur son trône impérial. Tout fut réglé avec une extrême attention pour cette circonstance solennelle, et la cour du héros des temps modernes surpassa en splendeur celles que les chroniqueurs ont le plus vantées. Par une attention délicate, Napoléon Ier avait fait planter à Compiègne une allée en berceau d'un kilomètre de long, semblable à celle que la princesse autrichienne choisissait de préférence pour ses promenades dans les jardins de Schœnbrünn. En 1815, un corps d'armée autrichien, campé au milieu du parc de Compiègne, dévasta les magnifiques plantations qui entouraient le château, et n'épargna pas le berceau de verdure de Marie-Louise. Celui qui l'a remplacé, et que l'on admire aujourd'hui, forme une des promenades les plus agréables que l'on puisse imaginer.

Chaque année Napoléon III aime à passer quelques semaines à Compiègne, durant la saison des chasses. La forêt, en effet, est la plus belle qui existe aux environs de Paris, et elle est parfaitement aménagée : elle n'a pas moins de quatorze mille cinq cents hectares d'étendue.

SAINT-CLOUD.

RÉSIDENCES ROYALES ET IMPÉRIALES.

XIX

SAINT-CLOUD

Le nom de Saint-Cloud nous reporte involontairement vers une des époques les plus agitées de notre histoire, et nous rappelle une scène de violence sauvage. Clodowald, fils de Clodomir, roi d'Orléans, était petit-fils de Clovis et de sainte Clotilde. Il vit assassiner ses deux frères sous ses yeux : les bourreaux étaient ses deux oncles, Childebert et Clotaire. S'il fut épargné, ce ne fut pas par un sentiment de pitié; il dut son salut au dévouement d'un serviteur fidèle. Jamais le spectacle cruel dont il fut témoin ne s'effaça de sa mémoire. L'ambition, à cause des crimes ou des bassesses qu'elle inspire trop souvent, ne le tenta jamais. L'exercice du pouvoir souverain lui parut sans charmes, quoiqu'il fût d'extraction royale et du sang des princes les plus turbulents du monde.

Clodowald se coupa lui-même sa longue chevelure,

emblème de son illustre origine, préférant l'humilité du cloître à l'éclat d'une couronne. Sa pieuse abnégation eut sa récompense, même en ce monde. Le village de Nogent prit le nom de son patron, qui fut inscrit dans les fastes de la sainteté : l'histoire a attaché le nom de Saint-Cloud à des événements qui remplissent l'univers. Il faut le dire cependant, beaucoup de ces faits célèbres ne sont pas sans quelque rapport avec celui qui priva Clodowald du trône. Ici, le roi Henri III tomba sous le fer d'un assassin; avec lui finit la branche de Valois. Ici mourut soudainement, non sans quelque soupçon d'empoisonnement, la spirituelle et brillante Henriette d'Angleterre, femme de Monsieur, frère de Louis XIV. En ce même lieu, la reine Marie-Antoinette préparait la plus charmante des résidences royales, quand la révolution vint la traîner sur l'échafaud. La révolution du 18 brumaire y renversa la république française. En 1815, les étrangers, ayant Blücher et Wellington à leur tête, sont à Saint-Cloud, où la capitulation de Paris est signée le 3 juillet. Charles X, le 28 juillet 1830, y signe les fatales ordonnances, suivies immédiatement d'une nouvelle révolution : ce prince quitte Saint-Cloud le 30 juillet, à trois heures du matin, partant pour l'exil, où il doit trouver un tombeau.

La pureté de l'air, l'abondance des eaux, la fraîcheur du paysage, la beauté des rives de la Seine, ont attiré de tout temps à Saint-Cloud les habitants de Paris. Les seigneurs de la cour, les membres du parlement, les hommes de finance y bâtirent d'élégantes maisons de campagne. Les gens du peuple, suivant une tradition qui n'a pas disparu, y allaient respirer en liberté, se promener sous les ombrages, y prendre leurs ébats. La foire de Saint-Cloud est toujours aimée des enfants.

On ne saurait, il faut en convenir, trouver aux portes de Paris un lieu de promenade plus agréable, ni un séjour plus attrayant. Aussi, à l'époque de nos guerres intestines, la possession en fut-elle disputée avec acharnement. En 1346, Saint-Cloud résista aux Anglais; les habitants furent assez heureux pour les éloigner de leur territoire. Mais en 1358, après la funeste bataille de Poitiers, les Anglais prirent le bourg, le pillèrent et le réduisirent en cendres, sans épargner les maisons de plaisance établies dans le voisinage. Sous le règne de l'infortuné Charles VI, Armagnacs et Bourguignons fondirent tour à tour à main armée sur le village et ravagèrent la campagne. Ces désastres multipliés furent réparés promptement, et les collines de Saint-Cloud se parèrent de nouveau d'habitations élégantes, encadrées de verdure.

La maison qui servit de noyau au château royal de Saint-Cloud appartint d'abord à Jérôme Gondi. C'était un Italien, venu en France à la suite de Catherine de Médicis; comme plusieurs de ses compatriotes, il réussit chez nous à amasser une fortune considérable. Plus heureux que certains d'entre eux, il se conserva dans les bonnes grâces de la reine mère. Ce fut dans cette maison que, le 1er août 1589, Henri III fut assassiné par Jacques Clément. Le meurtrier était âgé de vingt-cinq ans : c'était un homme d'un esprit faible et d'une imagination déréglée; par cet exécrable attentat, il est resté un objet d'horreur pour tous les cœurs honnêtes [1].

Le roi de Navarre, qui depuis fut Henri IV, avait amené toutes ses forces au secours du roi de France. Le duc d'Épernon, resté fidèle au malheur, le rejoignit avec deux cents chevaux et douze cents fantassins; Harlay de Sanci, par une négociation adroite, avait enrôlé quinze mille Suisses; La Noue et le duc de Longueville s'étaient présentés avec douze cents chevaux et quinze mille arquebusiers. L'armée royale était en réalité forte de quarante-deux mille combattants. Henri III et Henri de Navarre avaient résolu de tenter, le 2 août, un suprême effort pour se rendre maîtres de Paris. Le quartier général était à Saint-Cloud : tout faisait présager un heureux succès à l'entreprise. Les chefs du parti opposé étaient inquiets et agités. Les passions étaient surexcitées : la main de Jacques Clément leur servit d'instrument. On

---

[1] Jacques Clément était dominicain, et il appartenait au couvent de Saint-Jacques, à Paris. Le P. Frédéric Steill et le P. Matthieu Dolmans, dominicains, dit l'auteur de la *Biographie universelle*, ont publié des dissertations pour prouver que l'assassin de Henri III n'était pas Jacques Clément, mais un huguenot qui s'était revêtu de ses habits après l'avoir tué.

n'a jamais bien su qui l'avait armé, et les circonstances précipitées de sa mort ont fait penser qu'on avait grand intérêt à son silence. Le meurtrier était porteur de lettres pour le roi. On ne fit aucune difficulté aux avant-postes de le laisser passer; le procureur général Laguesle l'introduisit auprès du roi : il était environ huit heures du matin. En remettant la lettre au roi, l'assassin lui dit qu'il avait en outre une commission secrète à faire à Sa Majesté. Sur ce, le prince ordonna aux personnes présentes de se retirer. Voyant le roi fort attentif à lire la lettre, le meurtrier tira un long couteau qu'il tenait caché dans sa manche, et en porta au roi un coup si violent dans le bas-ventre, que l'arme resta entièrement enfoncée dans la blessure. Henri III poussa un grand cri : ses officiers accoururent sur-le-champ, et massacrèrent le coupable aux pieds du roi. Quelques heures après, le dernier des Valois expirait, et des serviteurs dévoués saluaient roi de France Henri IV, qui se trouvait à Saint-Cloud dans la maison du Tillet. Cette maison, témoin de l'avénement au trône de la branche des Bourbons, a disparu depuis : l'emplacement en est marqué dans les jardins du château par l'allée du Tillet.

Le petit-fils de Henri IV, si passionné pour la grandeur de sa maison, acheta ou fit acheter Saint-Cloud pour Philippe d'Orléans, son frère, généralement désigné sous le nom de *Monsieur*. Diverses acquisitions vinrent compléter successivement ce beau domaine : le château fut rebâti par Lepautre, et les jardins dessinés par Le Nôtre. Saint-Cloud resta longtemps la résidence favorite des ducs d'Orléans. Henriette d'Angleterre, par son esprit enjoué, ses belles manières, son amour des fêtes, son goût pour l'apparat, son caractère engageant, ses avances discrètes, et l'amitié que lui témoignait le roi son beau-frère, en avait fait le séjour le plus élégant, le centre des réunions les plus recherchées, le palais des plaisirs décents et délicats. « On ne la quittait pas, dit Saint-Simon, sans être content de ses propos obligeants et de son honnêteté. » — « D'un esprit solide et délicat, ajoute l'évêque de Valence, cité par Hénault, elle mêlait dans toute sa conversation une douceur qu'on ne trouvait pas dans les autres personnes royales. »

Hélas! ces brillantes fêtes mondaines allaient bien vite être interrompues par un affreux coup, qui retentit subitement comme un éclat de tonnerre. Henriette revenait d'Angleterre, où elle avait été chargée par Louis XIV de négocier un traité secret avec le roi Charles II, son frère. Elle en rapporta le germe de la maladie cruelle qui l'enleva bientôt, ou une main criminelle avait préparé le funeste breuvage qui devait la précipiter dans la tombe. Arrivée au commencement de juin 1670, elle se reposait tranquillement à Saint-Cloud, quand, le 29 du même mois, on entendit tout à coup dans le château, au milieu de la nuit, ce cri effrayant: *Madame se meurt*, et, huit heures après: *Madame est morte*. Cette princesse était âgée de vingt-six ans. Le mal se déclara par des douleurs affreuses, au moment où elle achevait de boire un verre d'eau de chicorée. Elle déclara d'abord qu'elle était empoisonnée ; si elle se rétracta ensuite, ce fut dans l'appréhension des conséquences terribles que pouvait entraîner une fausse accusation. Les soupçons qu'elle avait manifestés ont été partagés par les historiens, lesquels ajoutent brièvement : Louis XIV fut heureux d'apprendre que son frère était innocent de ce crime.

Au premier bruit de cet affreux accident, le roi courut à Saint-Cloud, où se trouvait déjà Mademoiselle, fille de Gaston d'Orléans, frère de Louis XIII. Celle-ci, dans ses Mémoires, rapporte des circonstances qui trouvent ici naturellement leur place. « En arrivant à Saint-Cloud, dit-elle, nous ne trouvâmes quasi personne qui parût affligé. Monsieur semblait fort étonné. Nous vîmes Madame sur un petit lit qu'on avait fait à sa ruelle, tout échevelée : elle n'avait pas eu de relâche pour se faire coiffer de nuit, sa chemise dénouée au cou et aux bras, le visage pâle, le nez retiré ; elle avait la figure d'une morte. On causait, on allait et venait dans cette chambre, on y riait, comme si elle avait été dans un autre état. La malade voyait avec peine cette tranquillité de tout le monde. Le roi voulut raisonner avec les médecins. Ils ne savaient que lui répondre. » Monsieur témoigna sa douleur par de grandes cérémonies funèbres. Ce qui rend impérissable le souvenir de ces funérailles, c'est l'oraison funèbre prononcée par Bossuet, un des chefs-d'œuvre de l'éloquence de la chaire.

Les larmes, feintes ou vraies, étaient à peine séchées, qu'on songea à remplir la place laissée vide par la mort. Le roi fit des ouvertures à ce sujet à Mademoiselle; mais cette princesse était alors préoccupée d'un projet qui fit le tourment de sa vie : elle voulait épouser le comte de Lauzun. Ce dessein n'eut pas l'agrément du roi; mais un moment les courtisans le crurent à la veille de se réaliser. La marquise de Sévigné écrivit à ce propos une de ses lettres les plus piquantes. « Je m'en vais vous mander, dit-elle à M. de Coulanges, la chose la plus surprenante, la plus merveilleuse, la plus miraculeuse, la plus triomphante, la plus étourdissante, la plus inouïe, la plus singulière, la plus extraordinaire, la plus incroyable, la plus imprévue, la plus grande, la plus petite, la plus rare, la plus commune, la plus éclatante, la plus secrète jusque aujourd'hui, la plus brillante, la plus digne d'envie. Une chose que nous ne saurions croire à Paris, comment le croiriez-vous en province? Une chose qui se fera dimanche, où ceux qui le verront n'en croiront pas leurs yeux. Une chose qui se fera dimanche, et qui ne sera peut-être pas faite lundi. Je ne puis vous la dire. Devinez-la. »

Après quelques plaisanteries, elle continue :

« Hé bien! il faut donc vous la dire. M. de Lauzun

épouse dimanche au Louvre : devinez qui. Je vous le donne en quatre, je vous le donne en six, je vous le donne en cent. — Voilà, dit Mme de Coulanges, qui est bien difficile à deviner : c'est Mme de la Vallière? — Point du tout, Madame. — C'est donc Mlle de Retz? — Point du tout; vous êtes bien provinciale. — Ah! vraiment, nous sommes bien simples, dites-vous; c'est Mlle Colbert? — Encore moins. — C'est, assurément, Mlle de Créqui? — Vous n'y êtes pas. Il faut donc à la fin vous le dire; il épouse dimanche, au Louvre, avec la permission du roi, Mademoiselle... Mademoiselle, la grande Mademoiselle, Mademoiselle fille de feu Monsieur, Mademoiselle petite-fille de Henri IV, Mlle d'Eu, Mlle de Dombes, Mlle de Montpensier, Mlle d'Orléans, Mademoiselle, cousine germaine du roi, Mademoiselle, le seul parti de France qui fût digne de Monsieur. Voilà un beau sujet de s'écrier; si vous le faites, si vous vous mettez hors de vous-même, si vous dites que cela est faux, qu'on se moque de vous, que voilà une belle raillerie, que cela est bien fade à imaginer; si, enfin, vous nous dites des injures, nous trouverons que vous avez raison; nous en avons fait autant que vous. »

Un mariage aussi disproportionné n'avait pas effrayé une personne dont la vie fut agitée et attristée par plus d'une folle aventure. La famille royale y mit une opposition formelle. Quatre mois après la mort de la douce et spirituelle Henriette d'Angleterre, Monsieur épousa la princesse palatine, fille de l'électeur palatin. « Vous comprenez bien, écrivait malignement Mᵐᵉ de Sévigné, la joie qu'aura Monsieur à se marier en cérémonie[1], et quelle joie encore d'avoir une femme qui n'entend pas le français. » La princesse palatine, robuste Allemande, aux traits fortement prononcés, ennemie de la gêne, détestant les fêtes par ennui de la contrainte, ayant la toilette en aversion pour ne point se déranger de ses habitudes ordinaires, formait un contraste complet avec la vive et délicate Henriette. Saint-Simon en a tracé un portrait ressemblant. « C'était, dit-il, une princesse de l'ancien temps. Attachée à l'honneur et à la vertu, inexorable sur les bienséances; de l'esprit autant qu'il en faut pour bien juger; bonne et fidèle amie, sûre, vraie, droite[2], aisée à prévenir et à choquer; fort difficile à ramener; vive, et femme à faire des sorties quand les choses et les personnes lui déplaisaient; fort allemande dans toutes ses mœurs; franche, et même un peu sauvage; ignorant toute commodité pour soi et pour les autres. Elle aimait beaucoup les chiens et à monter à cheval, et s'habillait en homme pour cet exercice[3]. »

[1] Ce prince, d'un caractère froid, ne semblait prendre quelque intérêt qu'aux cérémonies pompeuses. Ses contemporains riaient de son humeur flegmatique.

[2] Je crois que Saint-Simon eût changé quelques traits à ce tableau, s'il eût connu la correspondance de cette princesse publiée récemment.

[3] On a remarqué que la femme la moins curieuse de la mode a laissé son nom à un ornement de cou, la *palatine*.

Elle avait fait abjuration du luthéranisme la veille de son mariage.

On peut juger d'après ces peintures du changement qui s'opéra d'abord dans les habitudes du château de Saint-Cloud. Mais ce changement dura peu. Philippe d'Orléans aimait à tenir une cour, et il était jaloux de la voir constamment remplie de gens qui pussent s'y amuser. On y jouait gros jeu; il y venait beaucoup de dames, « qui, dit Saint-Simon, n'auraient guère été reçues ailleurs. » A Saint-Cloud, comme au Palais-Royal, c'était une succession non interrompue de divertissements. Madame boudait souvent la compagnie : « Monsieur, dit l'auteur que nous venons de citer, n'avait pu la ployer à une vie plus humaine. » Elle passait la plus grande partie de la journée dans son cabinet. Le prince, son mari, lui laissait toute liberté, et usait de la sienne, sans s'en préoccuper davantage. Si l'on veut connaître ce personnage, on l'a peint d'un seul coup de pinceau : « Avec beaucoup de défauts, destitué de toutes vertus. » Au physique, « c'était un petit homme ventru, monté sur des échasses, tant ses souliers étaient hauts, toujours paré comme une femme, plein de bagues, de bracelets, de pierreries partout, avec une longue perruque tout étalée en devant, noire et poudrée, et des rubans partout où il en pouvait mettre, plein de toutes sortes de parfums, et en toutes choses la propreté même. On l'accusait de mettre imperceptiblement du rouge. Le nez fort long, la bouche et les yeux beaux, le visage plein, mais fort long. Tous ses portraits lui ressemblent [1]. »

En 1701, Philippe d'Orléans, frère du roi, mourut à Saint-Cloud. La princesse palatine y rendit également le dernier soupir. Cette magnifique résidence continua d'être habitée avec la même somptuosité et le même luxe de la part des nouveaux maîtres : c'étaient le duc de Chartres, qui, à la mort de son père, prit le titre de duc d'Orléans, et sa femme, Mademoiselle de Blois, fille de Louis XIV. Cette princesse y voulut tenir une cour propre à faire honneur au premier prince du sang. Le roi l'approuva, pourvu qu'elle eût soin d'y réunir une compagnie de distinction, sans ces mélanges confus et condamnables qui avaient avili la société du feu duc d'Orléans. Les débuts de cette nouvelle cour furent admirables. Les familles les mieux placées du royaume se pressèrent aux réceptions de Saint-Cloud. Les salons et les jardins furent remplis de personnages appartenant aux maisons les plus illustres du royaume. Comme Louis XIV était vieux, et que Versailles n'offrait pas toujours beaucoup d'agrément, les jeunes gens se dirigeaient volontiers vers Saint-Cloud, où la politesse, la libéralité, la magnificence, les belles manières et une aimable liberté séduisaient et retenaient tout le monde. Ces commencements promettaient beaucoup plus que

[1] *Mémoires du duc de Saint-Simon.* (*Extraits;* 1 vol. in-18, Paris, 1853, p. 150.)

l'avenir ne devait tenir. Le duc d'Orléans ne tarda pas à se laisser entraîner à une conduite déréglée. La petite cour de Saint-Cloud perdit promptement sa réputation de bon ton et d'honnêteté. Tout le monde connaît les excès dans lesquels tomba ce prince, qui, en 1715, devint régent du royaume. Les débauches du régent sont trop honteuses pour que nous arrêtions un seul instant nos regards sur le tableau qu'en ont tracé les Mémoires du temps. Plût à Dieu que le souvenir de cette triste époque, où l'irréligion prit son essor en France, fût ensevelie dans un éternel oubli! Le régent mourut subitement, en 1723, à l'âge de quarante-neuf ans.

En 1752, Louis-Philippe d'Orléans, petit-fils du régent, donna à Saint-Cloud une fête splendide, dont les écrivains du temps se sont plu à tracer une description détaillée. On remarqua que le peuple avait été admis à y prendre part. Cette remarque, sur laquelle on insista avec une sorte d'affectation, indique l'influence d'idées nouvelles. Nous ne sommes pas éloignés, en effet, d'événements graves qui changeront l'état moral de la France. Ce prince, en 1759, devint veuf de Louise-Henriette de Bourbon-Conti, et, en 1773, il se lia par un mariage secret avec la marquise de Montesson. Celle-ci, désirant une habitation modeste, engagea le duc d'Orléans à vendre le château de Saint-Cloud. En 1785, cette belle résidence fut achetée par la reine Marie-Antoinette, au prix de six millions.

De nombreux changements furent opérés sous les ordres de la reine. La nouvelle chapelle fut bâtie alors, et sur l'emplacement de l'ancienne on établit l'escalier d'honneur qui conduit aux grands appartements. Des additions considérables furent faites aux bâtiments, en doublant deux corps de logis. Les travaux furent conduits avec rapidité ; mais les événements marchèrent encore plus vite ; ils n'étaient pas encore achevés quand la révolution éclata. Le palais fut abandonné ; « les jardins furent réservés pour l'agrément des citoyens. »

Un grand fait politique allait bientôt s'accomplir à Saint-Cloud. Après des agitations horribles et stériles comme celles de la tempête, le Directoire, loin de guérir la France des excès de l'anarchie, était impuissant, et sa faiblesse, non moins que la légèreté de conduite des directeurs, l'avait fait tomber dans le discrédit. La liberté avait un grand reproche à faire à la révolution : c'était de l'avoir déshonorée. Fatiguée de tant de commotions violentes, la nation aspirait au retour de l'ordre et de la sécurité, disposée à tout pardonner à quiconque la délivrerait du joug le plus redoutable à ses yeux, celui de la honte et de l'immoralité. Tout était prêt pour une nouvelle révolution, et elle s'accomplit le 18 brumaire (9 novembre 1799). Le corps législatif avait été transféré au château de Saint-Cloud. Le vainqueur de Lodi et d'Arcole, récemment revenu d'Égypte, était mûr pour de nouvelles destinées. Entouré d'une foule d'officiers supérieurs décidés à en finir avec *le gouvernement des avocats*, il fallait agir. Il alla donc à Saint-Cloud, après avoir arrêté ses mesures à Paris. Les deux assemblées, le conseil des Anciens, celui des Cinq-Cents, avaient pris possession des salles qui leur avaient été préparées. A deux heures la séance est ouverte. Bonaparte se présente d'abord, entouré de son état-major, au conseil des Anciens, où on lui fait les honneurs de la séance. Il y parla avec émotion et embarras, interrompu par des interpellations pressantes. Mais la lutte fut bien plus vive au conseil des Cinq-Cents. Quelques grenadiers s'étaient mêlés à sa suite. A peine s'est-il montré dans la salle, que de toutes parts éclatent ces cris : *Des soldats! des armes! à bas le tyran! à bas le dictateur!* Bonaparte interdit hésite; on l'apostrophe, on le menace, on l'accable de reproches. *Sortez! sortez!* criait-on; *hors la loi! hors la loi!* Trois ou quatre grenadiers entourèrent leur général, et l'entraînèrent au dehors. « On a voulu, dit-il, me mettre hors la loi. — Eh bien! lui répondit Sieyès, *mettez-les hors la salle!* » Déjà Lucien Bonaparte excitait les troupes. Sur un mot du jeune général, Murat et Leclerc lancèrent un bataillon de grenadiers vers le conseil des Cinq-Cents. A la vue des grenadiers qui s'avançaient la baïonnette en avant, les membres du conseil épouvantés se dispersent, fuyant par les couloirs ou sautant par les fenêtres. Une ère nouvelle allait s'ouvrir : Napoléon-Bonaparte est nommé premier consul, consul pour dix ans, consul à vie, empereur.

Dès l'année 1800, les demeures royales avaient été mises à la disposition du nouveau représentant de l'autorité souveraine en France; et il choisit le château de Saint-Cloud pour sa résidence d'été. C'est à Saint-Cloud qu'on lui remit le sénatus-consulte qui le proclamait empereur des Français. Napoléon vint s'y reposer souvent de ses victoires. Là, dans le calme, il préparait de nouvelles conquêtes, et surtout il élaborait ces règlements d'administration publique qui, avec le code qui porte son nom, constituent peut-être aux yeux de la postérité son plus beau titre de gloire. Le 27 mars 1805, on vit paraître à Saint-Cloud le pape Pie VII, venant baptiser solennellement un enfant du prince Louis. De brillantes destinées attendaient cet enfant; mais il mourut deux ans après. En 1810, le 1ᵉʳ avril, le mariage de Napoléon avec Marie-Louise fut célébré dans la chapelle de Saint-Cloud. Le château et les jardins furent alors témoins de réjouissances qui semblaient ne devoir jamais être attristées par aucun nuage. Bien des soucis pourtant, à partir de cette époque, vinrent obscurcir le front de l'empereur. Le divorce avec Joséphine avait pu être conseillé par la politique; il était réprouvé par la religion et par la morale : le peuple en fut affligé et le condamna. En 1815, hélas! la scène a bien changé. Saint-Cloud est envahi par une horde d'étrangers. Le vainqueur affecte de déshonorer le palais du héros trahi par la fortune. Les troupes sont campées dans les jardins, les chevaux se désaltèrent aux bassins du parc. Rien n'est respecté, pas même le salon particulier de l'impératrice. On y place une meute; les meubles sont souillés, les livres lacérés jonchent le plancher. Un soldat se couche tout habillé dans le lit de Napoléon, et s'amuse avec ses éperons à déchirer les draperies impériales. Ce furent des jours de deuil pour Saint-Cloud et pour la France! La capitulation de Paris fut signée à Saint-Cloud, le 3 juillet 1815.

Quinze ans après, au même mois de juillet, une autre révolution chassa Charles X de Saint-Cloud. C'est ici que ce prince signa les ordonnances du 24 juillet 1830. Six jours après, la royale famille de Bourbon était sur le chemin de l'exil! Le gouvernement de la restauration fit exécuter plusieurs embellissements au palais et aux jardins de Saint-Cloud. On doit à Charles X la construction des bâtiments du grand commun, destinés aux employés des différents services de sa maison, ainsi qu'une belle caserne, située dans les jardins du bas parc, pour le logement des gardes du corps.

Louis-Philippe n'oublia point Saint-Cloud, qui lui rappelait des souvenirs de jeunesse. Les appartements furent restaurés et richement meublés; de nouvelles distributions améliorèrent encore cette belle résidence. Suivant une description publiée en 1840, par l'architecte

Fontaine, le château de Saint-Cloud, avec tous les bâtiments qui en dépendent, renfermait, outre l'appartement du roi et de la reine, quarante-cinq appartements de maître, six cents logements de suite; écuries pour deux cent trente-sept chevaux; remises pour vingt voitures; corps de garde pour cent quatre-vingts hommes d'infanterie et cinquante-quatre de cavalerie, non compris la caserne des gardes du corps, qui peut contenir quinze cents hommes d'infanterie et cent cinquante de cavalerie.

Malgré les travaux considérables entrepris à diverses époques, il est facile de reconnaître les œuvres modernes des parties anciennes. La façade, au fond de la cour d'honneur, a été exécutée d'après les dessins de Gérard; les deux pavillons sont de l'architecte Lepaute. Les appartements de Napoléon III et de l'impératrice sont situés au premier étage de l'aile gauche. La reine Marie-Antoinette, l'impératrice Marie-Louise et la duchesse d'Angoulême habitèrent cette partie du château. La galerie d'Apollon, inaugurée par une fête splendide donnée à Louis XIV par Philippe d'Orléans, son frère, occupe le premier étage de l'aile droite. Sous le Directoire, cette galerie servit aux séances du conseil des Anciens. Au centre de la façade s'ouvre le vestibule de l'empereur, où se trouve l'escalier bâti sur l'emplacement de l'ancienne chapelle. La décoration intérieure du palais est de la plus grande magnificence; les peintures des plafonds sont dues aux pinceaux d'artistes illustres, et le mobilier, plusieurs fois renouvelé, est d'une élégance rare et d'une richesse éblouissante.

L'héritier de Napoléon Ier allait bientôt y reparaître, et c'est à Saint-Cloud, le 2 décembre 1852, que l'empire fut rétabli!

RÉSIDENCES ROYALES ET IMPÉRIALES.

RAMBOUILLET.

XX

RAMBOUILLET

Après tant de magnifiques châteaux, dont l'architecture est en rapport avec d'illustres souvenirs, celui de Rambouillet figure moins avantageusement qu'il ne le mérite en réalité. Le voisinage de Versailles et de Fontainebleau lui nuit par une comparaison écrasante. La disposition des bâtiments, le vieux donjon, couronné de créneaux et de mâchicoulis, les constructions de la renaissance, l'irrégularité pittoresque des tourelles gothiques, la symétrie des corps de logis modernes, les beaux arbres du parc, le voisinage de la forêt, tout concourt à former un ensemble qui n'est dépourvu ni de grandeur ni de charme.

L'histoire de l'antique manoir n'a rien qui mérite d'attirer l'attention plus que tant d'autres châteaux occupés jadis par la noblesse féodale. A la suite de diverses alliances, cessions ou mutations, le domaine de Rambouillet devint propriété de Regnault d'Angennes, écuyer de la cour de Charles VI. Ce gentilhomme augmenta les dépendances de son château en achetant plusieurs fiefs enclavés dans ses terres. Grâce à son adresse et à l'habile administration de sa fortune, il devint un des plus puissants seigneurs de sa province. Au milieu des troubles qui divisèrent le royaume, il demeura fidèle à son maître. Il n'en fut pas de même de son fils, appelé pourtant à un poste de confiance. Jean d'Angennes avait été nommé gouverneur de Cherbourg. Après avoir quelque temps défendu avec vaillance cette place contre les Anglais, il eut la faiblesse de consentir à la leur vendre. Cet infâme marché ne pouvait pas lui porter bonheur. Afin de jouir en toute sécurité du prix de sa félonie, il avait obtenu un sauf-conduit pour rester en paix sur le territoire occupé par l'ennemi. Il s'y croyait en sûreté, lorsqu'à l'expiration du temps qui lui avait été mesuré avec des intentions perfides, il fut saisi par ceux-là mêmes dont il avait servi les intérêts, jeté en prison et décapité. Cette mort ignominieuse fut la juste punition de sa forfaiture : elle n'est pas toutefois moins déshonorante pour les Anglais, qui se préoccupaient alors (nous ne faisons aucune allusion au temps présent) beaucoup plus de leurs intérêts que de ceux de la justice.

Jean II, fils du précédent, effaça la tache imprimée à son écusson par la lâcheté de son père. Il fut attaché constamment à la cause nationale, batailla courageusement contre les ennemis de la patrie, et se distingua parmi les plus intrépides défenseurs de la monarchie sous Charles VII.

Plusieurs autres personnages de la famille d'Angennes se rendirent justement célèbres. Charles d'Angennes, plus connu sous le nom de cardinal de Rambouillet, fut établi par Sixte-Quint gouverneur de Corneto. L'énergie du pape donne à croire qu'il l'avait choisi à cause de sa fermeté : il se montra digne de l'estime de ce grand pontife. La tâche qu'on lui avait imposée était pénible; les abus étaient difficiles à extirper. Il mourut à la peine, âgé de cinquante-six ans, non sans soupçon d'avoir été empoisonné. Ce prélat avait exercé une utile influence dans les immortelles sessions du concile de Trente.

Claude d'Angennes, frère du précédent, né à Rambouillet en 1538, rendit également des services à l'Église et à l'État. Il fut d'abord évêque de Noyon, et succéda au cardinal de Rambouillet sur le siége épiscopal du Mans.

Le 13 mars 1547, François Ier rendit le dernier soupir au château de Rambouillet. Ce prince, plusieurs années avant sa mort, miné par un mal secret, était en proie à une inquiétude que rien ne pouvait calmer. Sans cesse il se déplaçait, espérant trouver enfin quelque part un repos propre à ranimer ses forces épuisées. Il était venu chasser à Rambouillet, quand tout à coup la maladie fit des progrès si alarmants, que tout le monde comprit que la dernière heure du roi était proche. Il fut impossible de le transporter à Saint-Germain, et il expira entre les bras de son serviteur et ami Jacques d'Angennes.

En 1562, Catherine de Médicis, accompagnée de son fils Charles IX, vint attendre à Rambouillet l'issue de la bataille de Dreux. En 1588, Henri III, fuyant Paris, après la journée des Barricades, y vint prendre gîte et y passa la nuit. « Il y coucha tout botté, » dit le *Journal de l'Estoile*.

Les représentants du nom et de la famille d'Angennes restèrent maîtres du château de Rambouillet jusqu'à Charles d'Angennes, dont les deux fils moururent avant lui, sans postérité. Trois de ses filles devinrent religieuses; une autre fut la première femme du comte de Grignan, auquel Mme de Sévigné donna ensuite sa fille en mariage, et que les lettres de la marquise ont rendu célèbre. L'aînée, Julie d'Angennes, épousa le duc de Montausier, gouverneur du Dauphin, fils de Louis XIV; le duc de Montausier devint ainsi propriétaire de Rambouillet, au titre de sa femme.

Nous ne devons pas omettre ici le nom de Catherine de Vivonne, épouse de Charles d'Angennes, qui joua un rôle si marqué dans l'histoire de notre littérature. Personne ne l'ignore, le salon de la marquise de Rambouillet fut une sorte d'académie pour les beaux esprits du temps. « Cet hôtel, dit M. de Chateaubriand, était le rendez-vous de ce qu'il y avait de plus élégant à la cour et de plus connu parmi les gens de lettres. Là, sous la protection des femmes, commença le mélange de la société, et se forma, par la fusion des rangs, cette égalité intellectuelle, ces mœurs inimitables de notre ancienne patrie. La politesse de l'esprit se joignit à la politesse des manières; on sut également bien vivre et bien parler[1]. » On vit paraître dans *la chambre bleue* Voiture, Vaugelas, Menage, Gombault, Malherbe, Racan, Balzac, Chapelain, Cottin, Benserade, Saint-Évremont, Corneille, La Fontaine, Fléchier, Bossuet. Les cardinaux de la Valette et de Richelieu passèrent à l'hôtel de Rambouillet, qui toutefois résista à la puissance du maître de Louis XIII. La marquise de Rambouillet mourut à l'âge de quatre-vingt-deux ans, en 1665. Il y avait déjà longtemps qu'elle n'existait plus, si l'on retranche de sa vie les jours attristés par la vieillesse et l'ennui. Elle avait fait son épitaphe :

> Et si tu veux, passant, compter tous ses malheurs,
> Tu n'auras qu'à compter les moments de sa vie.

Tel est le secret de ces moments qui passent pour heureux[2].

La fille du duc de Montausier porta, par son mariage,

---

[1] *Vie de Rancé*, liv. I, p. 12.
[2] *Ibid.*, p. 17.

la terre de Rambouillet dans la maison d'Uzès. En 1699, Fleuriau d'Armenonville, directeur général des finances, l'acheta, l'agrandit et l'embellit. En 1706, elle fut vendue au comte de Toulouse, qui la transmit à son fils, le duc de Penthièvre. Celui-ci, en 1783, la céda au roi Louis XVI, moyennant le prix de seize millions de francs.

Avant d'arriver à la saisie révolutionnaire de ce beau domaine, nous voulons reproduire ici une très-curieuse cérémonie de foi et hommage qui devait se rendre chaque année au seigneur de Rambouillet, en sa qualité de seigneur du château de Montorgueil. Nous en empruntons les détails au *Dictionnaire historique de la ville de Paris et de ses environs,* par Hurtault et Magny[1]. « Le prieur de Saint-Thomas d'Épernon doit rendre tous les ans, en personne ou par procureur, foi et hommage au seigneur de Montorgueil, le lendemain de Pâques, en la place où était le château de Montorgueil. Il doit être botté et éperonné, avoir une épée au côté, une nappe blanche en écharpe, croisée d'une autre écharpe de pervenches ; avoir aussi une couronne de pervenches sur sa tête nue, et des gants blancs neufs en ses mains. Ainsi équipé, il monte sur un cheval qui doit avoir les quatre pieds et le chanfrein blancs, et doit être sellé d'une selle à piquer, à l'arçon de laquelle doit être attachée une bouteille ronde de verre, couverte d'osier et

---

[1] Tome IV, p. 209 et suiv.

remplie de vin. Le prieur, ou son procureur, doit tenir devant lui un grand gâteau, fait de la fleur d'un minot de blé, et orné de pervenches. Ce cavalier, étant en cet équipage, doit se présenter en la place où était la principale porte ou entrée du château, et demander par trois fois, à haute et intelligible voix : « Monseigneur de Mon-« torgueil, êtes-vous ici, ou gens pour vous ? » Après qu'on lui a répondu que le seigneur n'y est pas, mais que ses officiers y sont pour lui, le prieur ou son procureur dit hautement et intelligiblement, *qu'il vient rendre les foi et hommage, et offrir au seigneur les gâteau, bouteille de vin et gants, pour devoirs qu'il doit au dit seigneur de Montorgueil à pareil jour, et en requiert acte.*

« Outre ces formalités, le prieur de Saint-Thomas d'Épernon, ou celui qui le représente, amène d'Épernon un sellier et un maréchal, pour visiter ensemble l'équipage et le cheval sur lequel il doit rendre l'hommage. Les officiers du seigneur de Montorgueil amènent aussi de leur côté un sellier et un maréchal, pour faire aussi leur visite; car, s'il manquait le moindre clou aux fers du cheval, ou le moindre ardillon dans son harnais ou équipage, le cheval serait confisqué, et l'année du revenu des dîmes, données à la charge de la dite foi et du dit hommage, reviendrait au seigneur, de même que le muid de blé dont on a fait le gâteau, et ce muid est pour lors évalué à soixante livres.

« Ces cérémonies étant finies, le gâteau est porté chez le procureur fiscal, qui le distribue aux officiers de la justice de Montorgueil; la bouteille de vin est donnée à qui l'on veut, et l'huissier prend les gants blancs des mains de celui qui a rendu foi et hommage, et les garde, du consentement des officiers supérieurs. »

Nous avons vu que Louis XVI avait désiré posséder le château de Rambouillet : il y établit *la laiterie de la reine*, qui en beaucoup d'occasions manifesta du goût pour les occupations champêtres. La reine Marie-Antoinette gardait ses prédilections pour le petit Trianon de Versailles; elle ne partageait pas la passion du roi pour la résidence de Rambouillet. La cour cependant venait assez fréquemment chercher le calme et respirer à l'aise dans cette demeure royale plus solitaire que les autres. La révolution la chassa, jusqu'à ce qu'une autre révolution y appelât une autre dynastie. Napoléon y fit plusieurs séjours assez prolongés. On raconte même à ce sujet une anecdote assez plaisante. Dans une fête donnée par l'empereur, à Rambouillet, on avait fait venir de Paris les artistes de l'académie impériale de musique. Le ministre de l'intérieur avait reçu ordre de faire à chacun un cadeau proportionné à son talent. Le ministre, sans doute pour ne pas grever son budget, leur envoya des livres magnifiquement reliés qu'il avait sous la main. Ce présent, on le suppose aisément, devait médiocrement flatter des danseuses. A quelque temps de là, Napoléon, voulant donner à Fontainebleau une seconde fête semblable à celle de Rambouillet, demande à son ministre ce qu'il a envoyé précédemment aux artistes de l'Opéra, pour leur marquer sa satisfaction. « Sire, répond le ministre, je leur ai fait remettre des livres. — Comment, des livres!... exclama l'empereur avec étonnement; des *livres tournois*, sans doute? ajouta-t-il en souriant.— Non, Sire; des ouvrages de littérature, tous dorés sur tranche et reliés en maroquin. — Monsieur le Ministre, lui dit Napoléon d'un ton sérieux, cette fois j'entends que ces dames de l'Opéra soient payées en *francs* et non pas en *livres*. »

En 1815, après les désastres de Waterloo, Napoléon fit à Rambouillet sa première étape sur le chemin de l'exil.

C'est dans ce château aussi que Charles X arriva le 31 juillet 1830, accompagné du Dauphin, de la duchesse de Berri, du duc de Bordeaux, de quelques serviteurs fidèles et de soldats dévoués. La Dauphine vint l'y rejoindre le lendemain, déguisée en paysanne. Ici, le 2 août, il signa son abdication, qui fut suivie de celle du Dauphin en faveur du duc de Bordeaux. Là, il entendit prononcer ce mot fatal de toutes les révolutions : *Il est trop tard*. Il prit enfin le chemin de l'exil, où il rendit le dernier soupir.

XXI

MEUDON

Au château de Meudon se rattachent des souvenirs de plus d'un genre, sans parler des agréments du paysage, de promenades charmantes toujours fréquentées des Parisiens, des produits renommés des vignobles qui parent et enrichissent les coteaux, ni de cette craie blanche et fine qui a popularisé le nom de Meudon même auprès de personnes assez peu sensibles aux événements historiques et à la pompe des cours. Deux grands règnes surtout ont laissé des souvenirs à Meudon, celui de Louis XIV et celui de Napoléon Ier. Au moment où ce domaine allait entrer dans la maison royale, il appartenait à la veuve du ministre Louvois. Ce ministre, que la faveur de son père, autant que ses services, recommandèrent à Louis XIV, joua un rôle important dans les affaires de l'État. Louvois était un homme capable et dévoué, mais d'une arrogance qui lui devint fatale.

Il lui semblait que personne ne fût assez habile pour le remplacer; son orgueil l'entraîna aux dernières extrémités; le roi lui-même, quoique bienveillant à son égard, ne put supporter ses hauteurs jusqu'au bout. Il mourut subitement le 16 juillet 1691, à l'âge de cinquante ans. Sa mort causa une vive sensation à la cour, mais peu de regrets. « Il n'est donc plus, dit Mme de Sévigné, ce ministre puissant et superbe, dont le *moi* occupait tant d'espace, était le centre de tant de choses! » Lorsque le roi d'Angleterre, frappé comme tout le monde de la disparition subite d'un personnage si haut placé, envoya de Saint-Germain un officier pour présenter au roi un compliment de condoléance au sujet de la perte qu'il venait de faire, Louis XIV répondit, d'un air plus dégagé que la circonstance ne semblait devoir le permettre : « Monsieur, faites mes complimens et mes remercîments au roi et à la reine d'Angleterre, et dites-leur de ma part que mes affaires et les leurs n'en iront pas moins bien. » Louvois avait conçu le barbare projet de faire un désert de toute la frontière de l'Allemagne du côté de la France. Les ravages affreux exercés dans le Palatinat d'après ses ordres pèseront toujours sur sa mémoire, et l'on assure que le jour même de sa mort il avait préparé des dépêches pour faire détruire la ville de Trèves, et porter la flamme et le fer dans les campagnes voisines. Au demeurant, ce fut un ministre appliqué aux affaires, et

RÉSIDENCES ROYALES ET IMPÉRIALES.

MEUDON.

d'une portée d'esprit peu ordinaire. Il possédait une immense fortune, qui lui venait en partie de sa femme, Anne de Souvré, marquise de Courtanvaux, la plus riche héritière du royaume. Ce fut cette dame qui consentit à la cession de la terre de Meudon, où le marquis de Louvois avait enfoui des millions. Ces dépenses avaient été assez mal dirigées, car le ministre ne passait pas pour un homme de goût. L'acte d'échange de Meudon contre le domaine de Choisy-le-Roi eut lieu moyennant une somme de neuf cent mille livres de retour. Louis XIV n'avait pas vu de bon œil le don de Choisy-le-Roi fait au Dauphin par Mlle de Montpensier, et il tenait à retenir l'héritier du trône dans le voisinage de Versailles.

A partir de ce moment, le château de Meudon subit une entière transformation. C'était une résidence bourgeoise; il s'agit d'en faire une résidence royale. L'ancien château fut abandonné, et le Dauphin commença la construction du nouveau palais. Rien ne fut épargné pour que la construction de l'édifice et la disposition des lieux répondissent à l'idée de magnificence que Louis XIV aimait à voir prévaloir chez ceux qui lui tenaient de près. Mais cette entreprise ne réussit pas à plaire au roi. Monseigneur (c'est ainsi qu'on nommait le Dauphin) avait des habitudes d'ordre et d'économie qu'il entendait concilier avec les frais énormes dans lesquels il se trouvait engagé. Quand le roi, son père, vint visiter les nouveaux bâtiments de Meudon, il ne voulut pas y entrer, trouvant que cela ressemblait plutôt à la maison d'un financier qu'à celle d'un grand prince.

Monseigneur manifesta toujours depuis une affection particulière pour la résidence de Meudon. Il y séjournait habituellement, et il y réunissait une petite cour, qui partageait ses goûts. Le Dauphin allait régulièrement à Versailles, remplissant ses devoirs envers le roi comme le courtisan le plus attentif. Il y était gêné; la solennité des réceptions royales, la même pour lui que pour les autres, plus stricte encore peut-être, n'était guère propre à épanouir son cœur, peu développé par la nature. Aussi revenait-il toujours avec un nouveau plaisir à Meudon, content de la liberté qu'il y goûtait. Ce prince ne paraissait pas avoir tiré grand profit de l'éducation soignée qu'il reçut du duc de Montausier, de Bossuet et de Fléchier. L'étude lui était antipathique; il ne savait même pas se distraire au moyen de lectures agréables. Il avait conçu, durant ses études, une telle horreur pour les livres, qu'il se promit alors de n'en jamais ouvrir aucun quand il serait devenu libre. Malheureusement il tint parole. « De la *Gazette de France,* dit Saint-Simon, il n'avait de sa vie lu que l'article de Paris, pour y voir les morts et les mariages. Il était d'une taille assez avantageuse, et il aurait eu le visage fort agréable, si le prince de Conti ne lui avait pas cassé le nez par malheur, en jouant, étant tous deux enfants. »

Cette époque fut celle de la grande splendeur de Meudon. Comme cela devait arriver naturellement, bien des courtisans y venaient saluer le successeur de Louis XIV et leur futur maître. Le Dauphin ne jouissait pas ostensiblement d'un grand crédit auprès du roi son père; mais on avait intérêt à s'en faire remarquer pour le moment où, le soleil se couchant, un nouvel astre monterait sur l'horizon. Tous les rêves d'avenir s'évanouirent subitement : le 14 avril 1711, il mourut de la petite vérole, après quelques jours de maladie. Cette affreuse nouvelle éclata comme un coup de tonnerre à la cour. Personne n'y était préparé : il en résulta d'abord un trouble dont Saint-Simon, dans ses Mémoires, a dépeint surtout le côté comique. L'événement ne prêtait guère à rire, et la France en fut vivement touchée. L'émotion générale fut portée au comble quand on vit, quelques mois après, succomber aux atteintes d'un mal inconnu le duc de Bourgogne, fils du grand Dauphin, prince de la plus belle espérance.

Le duc et la duchesse de Bourgogne parurent à peine au château de Meudon, pour prendre possession de l'héritage de leur père. Après leur mort, cette belle résidence fut comme enveloppée d'un crêpe de deuil. En 1719, le roi Louis XV autorisa l'échange proposé par la duchesse de Berri, fille du régent, du château d'Amboise contre celui de Meudon. La duchesse de Berri vivait à Paris, au palais du Luxembourg, et, durant la belle saison, elle se plaisait sous les ombrages de Meudon. Pourquoi faut-il ajouter qu'à la campagne, comme à la ville, cette princesse étonnait et scandalisait tout le monde par le déréglement de sa conduite. C'était une femme altière, de beaucoup d'esprit, de peu d'érudition, de manières distinguées et d'habitudes trop libres. « Née avec un esprit supérieur, dit Saint-Simon, et quand elle le voulait également agréable et aimable, et une figure qui imposait et qui arrêtait les yeux avec plaisir, mais que sur la fin le trop d'embonpoint gâta un peu, elle parlait avec une grâce singulière, une éloquence naturelle qui lui était particulière, et qui coulait avec aisance et de source; enfin, une justesse d'expressions qui surprenait et charmait. » Tant de belles qualités furent gâtées par des vices qui l'entraînèrent jusqu'à l'abjection. A la suite de tant d'autres, qui abusèrent des dons de la Providence et des facilités pour le bien et pour le mal que donne une haute position, elle rencontra sa punition là où elle s'imagina trouver le plaisir. Un indigne favori la tyrannisa jusqu'à l'humiliation. Souvent, dit la chronique, elle versait des larmes, et elle passa plusieurs fois des jours entiers en pleurs.

Le régent n'était guère en état de faire à sa fille les réprimandes que l'autorité paternelle n'aurait pas dû lui épargner. La duchesse de Berri pourtant n'était pas toujours tranquille : son âme resta accessible aux remords. Elle essayait de les calmer chez les Carmélites, où elle s'était fait construire un appartement. Elle ne manquait pas de s'y rendre pour les grandes fêtes, et d'y passer plusieurs journées, exacte aux offices du jour, très-souvent à ceux de la nuit, ne mangeant que ce que le couvent lui apprêtait, et fidèle jusqu'au scrupule au jeûne et à l'abstinence. Deux religieuses de beaucoup d'esprit, et qui savaient le monde, étaient chargées de la recevoir et de lui tenir compagnie. Frappées des contrastes de la princesse, elles lui disaient que, menant une vie si étrange et si publique, qu'elles-mêmes, au fond de leur cloître, ne pouvaient l'ignorer, elles ne comprenaient pas ce qu'elle venait faire dans leur couvent. La princesse souriait à leur franchise, écoutait leurs remontrances, quelquefois un peu fortes, sans montrer ni chagrin ni humeur, mais aussi sans changer de vie, ni aux Carmélites, ni au Luxembourg.

En 1717, la duchesse de Berri fut chargée de faire au czar les honneurs de la cour de France. Un trait propre à peindre le caractère hautain de cette princesse, c'est qu'elle disputa la préséance même à sa mère, et ce qui paraîtra peut-être surprenant, c'est qu'elle l'obtint. Fière de son droit, ou, si l'on veut, de la complaisance de son père, elle s'en prévalut en beaucoup de circonstances. Elle paraissait en public environnée de gardes et d'une cour brillante. Partout elle prenait le pas sur sa mère, négligeant ou dédaignant ces égards qui font pardonner la prééminence.

Les mémoires contemporains nous ont révélé les fêtes scandaleuses, on pourrait dire les orgies, qui déshonorèrent le manoir princier de Meudon. Les désordres de la régence y eurent un trop facile accès, et la décence, qui aurait dû trouver au moins asile dans les appartements d'une princesse de sang royal, en fut bannie sans nul souci de l'honneur. Cette carrière qui fut loin de donner ce qu'on était en droit d'attendre fut brisée soudain le 20 juillet 1719. Après quelques indispositions assez légères pour ne pas faire naître d'alarmes, la duchesse de Berri fut frappée d'une violente attaque d'apoplexie, qui l'emporta en peu de jours; elle était âgée de vingt-quatre ans. Elle eut le temps de recevoir les derniers sacrements. Cette fin prématurée porta la désolation dans le cœur du régent et l'effroi dans l'esprit de beaucoup de personnes sensées qui, aux représentations inspirées par la religion et, à son défaut, par la sagesse mondaine, à plusieurs reprises avaient entendu la princesse se moquer de la vie en disant : *Courte et bonne!* Hélas! sa vie fut courte; fut-elle bonne? Nous avons déjà répondu à cette question.

Trois mois auparavant, le 15 avril 1719, s'éteignait à Saint-Cyr une noble existence. Mme de Maintenon, âgée de quatre-vingt-quatre ans, rendait le dernier soupir au milieu de celles qu'elle appelait ses filles. Sur le cercueil de la duchesse de Berri on prononça un éloge funèbre; sur la tombe de Mme de Maintenon on garda le silence. Suivant la remarque d'un historien, on s'en rapporta pour sa mémoire à la sévérité de l'histoire, qui devait lui valoir le meilleur panégyrique. Cette remarque était faite à un moment où l'opinion semblait fort injuste envers une femme illustre : on pourrait la regarder comme une prévision extraordinaire, aujourd'hui que de magnifiques travaux historiques et littéraires ont pleinement rendu justice à son caractère, à ses intentions et à son influence.

En 1726, le château de Meudon fut réuni au domaine de la couronne. Dix ans plus tard, Stanislas, roi de Pologne, y reçut l'hospitalité. En 1725, sa fille, Marie Leczinska, était montée sur le trône de France en épousant le roi Louis XV. Jamais destinée royale ne fut plus agitée ni plus malheureuse que celle de Stanislas. Quand il quitta la Pologne pour la seconde fois, sa tête avait été mise à prix. Possesseur enfin des duchés de Lorraine et de Bar, il goûta tout le bonheur dont sa grande âme était digne : il rendit heureuses les populations qui lui étaient soumises, et il mérita le nom glorieux de *Stanislas le Bienfaisant*. N'est-ce pas une bonne fortune que de pouvoir rattacher à un monument le souvenir d'un prince digne à tous égards de l'estime et de l'admiration de la postérité ? Le spectacle de la vertu console, encourage et relève.

La révolution traita le château de Meudon comme les autres palais de la royauté. L'ancien château, depuis longtemps assez négligé, fut changé en forteresse, et dans les bâtiments on établit un atelier de machines de guerre, où des ouvriers travaillaient jour et nuit. En 1795, un violent incendie en compromit la solidité : ils furent abandonnés et bientôt condamnés à la destruction. Les matériaux les plus précieux furent utilisés, et les belles colonnes en marbre blanc veiné de rose qui décorent l'arc de triomphe de la place du Carrousel, à Paris, en proviennent. Napoléon fit restaurer le château neuf, et y fit de fréquentes apparitions. On lui a prêté le projet d'y établir une école de rois : l'institut de Meudon put sourire un instant aux vues de son ambition ; mais il n'exista jamais. Durant la campagne de Russie, Marie-Louise résidait au château de Meudon. Depuis, ce beau manoir fut habité successivement par don Pedro, roi de Portugal, et sa fille dona Maria ; par le duc d'Orléans ; par le maréchal Soult, duc de Dalmatie ; par le prince Jérôme, ancien roi de Westphalie : il est occupé actuellement pendant l'été par le prince Napoléon et la princesse Clotilde, sa femme.

La vue dont on jouit sur les terrasses du château est comparable aux plus beaux panoramas du monde. La nature s'y montre sous un aspect féerique, peut-être un peu trop coquettement parée. L'œil parcourt avec ravissement les collines boisées de Fleury, le Val-Fleury, la plaine de la Seine, le bois de Boulogne, les monuments de Paris. Le château est un édifice à deux étages, du côté de Paris, et à un seul étage du côté du parc, à cause de la différence de niveau du terrain. L'architecture en est régulière, mais un peu froide, comme celle de tous les bâtiments de la fin du xviie siècle. On compte quinze fenêtres de façade. Le corps de logis central, en saillie, est accompagné de chaque côté d'une aile et d'un pavillon. Au milieu, trois larges arcades donnent entrée dans le vestibule. Les distributions intérieures ont subi plus d'un changement depuis la mort du grand Dauphin.

CHAMBORD.

RÉSIDENCES ROYALES ET IMPÉRIALES.

XXII

CHAMBORD

Si vous tenez à voir un des plus curieux, un des plus complets modèles de l'architecture française de la renaissance, allez à Chambord. Le plan de l'édifice, la disposition de l'ensemble, les détails, le donjon, surmonté d'un campanile découpé à jour, l'escalier à double hélice, les sculptures des chapiteaux, la distribution des ornements, faite avec une juste sobriété, tout ici est dû au génie français, à une époque où il est encore libre de l'influence étrangère. Fontainebleau porte la forte empreinte du goût italien ; Chambord est inspiré par l'esprit national : comme les rives de la Loire, il est resté pleinement français.

Trop longtemps on attribua la conception et l'exécution du château de Chambord à un architecte italien, tant on s'était accoutumé, à une certaine époque, à tout rapporter aux artistes venus d'au delà des Alpes. C'était une erreur et une injustice. Un examen plus attentif des monuments, en faisant ressortir les caractères de la renaissance française, devait soulever des doutes contre une tradition mal fondée. En Italie, d'ailleurs, et dans les régions où l'architecture reçut les plus beaux développements, on ne trouve aucun édifice dans le genre de celui de Chambord : l'ordonnance et la décoration, tout est différent.

Enfin des documents écrits ont en partie soulevé le voile qui dérobait le nom et la patrie d'un grand artiste. Étienne Cartier, d'Amboise, et André Salmon, de Tours, ont exhumé de la poussière des archives deux pièces qui nous apprennent qu'en 1526, l'année même de la fondation du monument, Pierre Nepveu, dit Trinqueau, habitant d'Amboise, était *maistre de l'œuvre de Chambord*. En 1544, au moment où les travaux s'achevaient, Jacques Cogneau, aussi d'Amboise, était *maistre maçon des bastimens de Chambord*. Pourquoi refuserait-on à Pierre Nepveu l'honneur d'avoir bâti ce château? Beaucoup d'artistes, auxquels personne ne conteste leurs œuvres, ne sont pas désignés d'une manière plus certaine. Le titre de *maistre des œuvres* ou de *maistre maçon* fut celui des architectes, et le célèbre Jean Goujon n'avait pas d'autre titre que celui de *maître maçon du roi*.

Il n'y aurait rien d'étonnant de voir sortir d'Amboise un artiste aussi éminent que l'auteur des plans du château de Chambord. Au moment où le fameux cardinal Georges d'Amboise faisait construire le château de Gaillon par Pierre Valence, architecte de Tours, plusieurs artistes d'Amboise sont mentionnés dans les comptes curieux publiés par M. A. Deville. La cour de Charles VIII et de Louis XII avait attiré dans cette petite ville une colonie d'artistes en tout genre. On a plaisanté sur le surnom ironique de Nepveu : *Trinqueau*, dit-on, devait appartenir à cette bande joyeuse qui s'est perpétuée jusqu'à nos jours, et qui sut toujours apprécier les produits généreux des coteaux de la Loire et du Cher. Si les vins pétillants de Vouvray, de Montlouis ou de Saint-Martin-le-Beau éveillèrent la verve de Trinqueau, il faut convenir qu'ils lui inspirèrent un poëme, où le goût et la fantaisie ne le cèdent en rien aux charmantes productions du chantre du vieux Falerne.

N'oublions pas que l'architecture de la renaissance, si gracieuse, si parée et si originale, tant qu'elle resta fidèle aux traditions indigènes, s'épanouit surtout sur les rives de la Loire. La brillante école de Tours des Colombe, des Le Juste, des Pinaigrier, des Sarrazin, des Duval, des Fouquet, des Poyet, des Valence, des Jeannet, etc., jeta le plus vif éclat dans un âge d'ailleurs très-fécond en œuvres artistiques. Les traditions françaises demeurèrent si vivaces chez nous, que les procédés étrangers y pénétrèrent avec peine, et n'y triomphèrent jamais complétement. Pour avoir une juste idée du développement de l'architecture dans nos contrées, à la fin du xve siècle et au commencement du xvie, qu'on jette un coup d'œil sur les châteaux de Blois, de Chaumont, d'Amboise, de Chenonceaux, d'Azay-le-Rideau, d'Ussé, sur les églises de Saint-Symphorien de Tours, de Montrésor, des Roches-Tranche-Lion, la Sainte-Chapelle de Champigny-sur-Veude, le couronnement des tours jumelles de la cathédrale de Saint-Gatien, sur la Belle Fontaine à Tours, et cent jolis hôtels ou manoirs bâtis dans notre ville ou assis sur les collines verdoyantes de la Loire, du Cher, de la Vienne, de l'Indre, de la Creuse et des ruisseaux qui arrosent les campagnes fertiles de la Touraine.

Pour construire Chambord, François Ier dédaigna les collines qui bordent nos rivières. On a dit qu'il recherchait trop souvent la solitude et une demi-obscurité plutôt que le grand air et l'éclat du soleil. Il préféra les plaines sablonneuses de la Sologne, et choisit l'emplacement d'un petit castel servant de rendez-vous aux chasseurs. Encore faut-il ajouter que dans les traditions populaires ce vieux manoir avait mauvaise réputation. On le disait hanté par l'esprit du mal. C'était en outre la résidence du *chasseur noir*, dont les villageois redoutaient la rencontre. Malheur à celui que surprend à minuit le chasseur nocturne vêtu de noir, monté sur une cavale noire, suivi de chiens noirs, accompagné de serviteurs aux sombres costumes! C'est lui, durant les belles nuits d'automne, quand l'obscurité est profonde, qu'on entend partir à minuit, à grand bruit d'hommes, de chevaux, de chiens et de cors, pour chasser à travers les airs. Les clameurs de la chasse retentissent dans le ciel, tantôt sourdes, tantôt éclatantes comme les roulements du tonnerre. Ces bruits lugubres se font entendre pendant tout le temps de la chasse aérienne, sans que l'on puisse apercevoir ni chevaux, ni chiens, ni chasseurs [1].

Si du domaine des contes nous remontons à celui de l'histoire, nous ne rencontrons dans les annales de Chambord aucun fait digne de souvenir, avant l'avénement au trône de France, en 1498, de Louis d'Orléans, qui devint Louis XII. Ce prince, dont la mémoire fut toujours en vénération parmi le peuple, disait, au moment où la couronne était pour la première fois déposée sur son front: « Le roi de France ne venge pas les injures du duc d'Orléans. » En montant sur le trône, il réunit au domaine de l'État le château de Chambord, qu'il possédait à titre d'apanage. Chambord, nous venons de le dire, était un pauvre manoir, digne à peine d'un simple gentilhomme. Sur les traces du *chasseur noir*, mais non sur les ailes de l'orage ni au milieu des

---

[1] Cette tradition populaire se trouve mentionnée dans l'*Histoire du château de Chambord*, par M. de la Saussaye, édition in-4°, p. 18.

ténèbres et de la tempête, les seigneurs du voisinage aimaient à venir poursuivre les cerfs et les sangliers dans les bois épais qui l'entouraient. Le bruit des fanfares et l'aboiement des chiens interrompaient seuls le silence de la forêt et la solitude du castel. Louis XII, d'une santé faible, d'habitudes pacifiques, n'avait jamais montré d'ardeur pour les exercices violents de la chasse. Il n'en fut pas de même du duc d'Angoulême, qui lui succéda sous le nom de François Ier. C'était un prince passionné pour les fêtes, les tournois, les cavalcades, la chasse, toujours en mouvement, ne se plaisant que dans l'agitation. Heureux s'il avait su calmer l'ardeur de son caractère dans ces passe-temps brillants et inoffensifs !

Le chevaleresque François Ier, par suite d'une fantaisie, comme il en eut plus d'une fois, résolut de faire sortir un château féerique des tristes campagnes de la Sologne. La volonté royale s'accomplit; et l'on vit avec étonnement, au milieu de plaines arides, au sein des bois, des bruyères, des landes et des marécages, sur les bords d'un ruisseau fangeux, s'élever le plus somptueux édifice de la renaissance.

Aujourd'hui, le voyageur venant de Blois, après avoir traversé des champs peu fertiles, égayés par les vignes et quelques bouquets d'arbres, se trouve au milieu d'un parc entouré de murs, d'une étendue d'environ sept mille cinq cents hectares. La muraille n'a pas moins de vingt-quatre kilomètres de circuit : elle renferme un village, une église, vingt-trois fermes, une population d'environ cinq cents âmes. Bientôt, au détour d'une allée, on aperçoit tout à coup le château. Le premier aspect est séduisant. Le regard se perd dans les hautes tourelles, les flèches, les aiguilles, les cheminées, surmontées d'un élégant campanile, qui dominent la masse de la construction. A mesure qu'on avance, les formes de l'architecture se dessinent davantage. L'ordonnance enfin de tout l'édifice devient apparente, et l'œil distingue les lignes principales et les ornements.

Le monument, dans son ensemble et ses détails, est digne d'admiration. Les connaisseurs l'ont beaucoup vanté; leurs éloges sont encore au-dessous de la réalité. Nous l'avons visité à plusieurs reprises, et nous avons été ravi à chaque fois. Mieux on le comprend, plus on est satisfait. L'auteur de ce bel ouvrage s'est surpassé dans la conception du plan et la distribution des diverses parties. Par ses dispositions fondamentales, le château de Chambord est la continuation du manoir féodal, avec ses tours, ses fortes murailles et ses douves, aujourd'hui comblées en partie. C'est le dernier reflet des traditions du moyen âge. On voit bien cependant que l'époque des luttes sanglantes entre chaque seigneur est passée définitivement. Les tours, tourelles, échauguettes, murs, ponts-levis, donjons, créneaux, mâchicoulis, ne sont plus une défense de guerre : ce n'est plus qu'une décoration militaire. Le château ressemble de loin à une forteresse : ce n'est en réalité qu'une maison de plaisance. Cette transformation, il faut en convenir, n'est nulle part plus élégamment exprimée qu'à Chambord.

François Ier était impatient de jouir : les travaux, ouverts en 1526, furent poussés avec une extrême activité. On y dépensa des sommes énormes : environ deux millions de notre monnaie. Le roi venait fréquemment; sa présence stimulait le zèle des ouvriers, et, au besoin, des largesses adroitement distribuées encourageaient plus efficacement encore. Dès lors la cour se réunit souvent à Chambord, pour prendre le plaisir de la chasse dans les hautes futaies du voisinage. Le départ et le retour des chasseurs offraient un spectacle magnifique. Les courtisans déployaient à l'envi les uns des autres un luxe inouï dans leurs vêtements. Les dames qui suivaient la cour contribuaient encore à entretenir et à augmenter le goût de la dépense. Quand l'empereur Charles-Quint, confiant en la parole de son rival (ce rival, il est vrai, était le roi de France), traversa le royaume, en 1539, il passa quelques jours à Chambord, et fut témoin de la splendeur des chasses royales. Le château étalait en ce moment la fraîcheur de son architecture et de sa décoration. Avec son entraînement ordinaire pour les fêtes, François Ier y retint l'Empereur plusieurs jours, « pour la délectation de la chasse aux daims, qui estoient là dans un des plus beaux parcs de France, à grand'foison. » En quittant Chambord, Charles-Quint déclara « qu'il regardoit ce chasteau comme ung abrégé de ce que peuvent produire les forces, génie et industrie humaine. » On ne saurait en disconvenir, les yeux du prince espagnol pouvaient aisément y être éblouis. Non-seulement l'art de bâtir y avait multiplié les merveilles, mais encore la sculpture et la peinture y avaient créé mille chefs-d'œuvre. On y admirait, dans toute la finesse du coloris et la grâce d'un dessin pur et correct, les délicieuses fresques de Jean Cousin et les compositions de Léonard de Vinci. Dans une vaste galerie, on avait rassemblé les portraits des savants grecs réfugiés en Italie après la prise de Constantinople, qui réveillèrent en Occident le culte presque abandonné de l'antiquité hellénique.

Vers la fin de sa vie, François Ier, vieux avant l'âge, fatigué plutôt que désabusé, était souvent en proie à des accès de sombre mélancolie. Il accourait alors à Chambord, en compagnie de la reine de Navarre, sa sœur, de cette *Marguerite des Marguerites*, comme il l'appelait familièrement. Cette princesse, d'un esprit vif et enjoué, réussissait à dissiper les ennuis du monarque. Marguerite de Valois aimait les lettres; elle composa même plusieurs écrits en prose et en vers. Peut-être essaya-t-elle à égayer le roi en lui racontant quelques-unes de ses *nouvelles*; mais le livre licencieux qu'elle écrivit sous ce titre ne saurait faire honneur ni à l'un ni à l'autre : c'est un répertoire d'anecdotes scandaleuses, et une véritable école du vice. La reine de Navarre, trompée par les fausses doctrines des novateurs, avait embrassé les erreurs du protestantisme; elle revint au catholicisme avant sa mort, arrivée le 2 décembre 1549. On a souvent répété que, dans un de ses derniers voyages à Chambord, François Ier écrivit sur une des vitres de sa chambre à coucher, avec la pointe d'un diamant, les deux vers suivants :

> Souvent femme varie;
> Bien fol est qui s'y fie.

Les narrateurs, ou peut-être les inventeurs de cette anecdote, ont ajouté qu'un siècle et demi plus tard Louis XIV, en présence de Mme de la Vallière, fit voler la verrière en éclats. Des historiens ont contesté la vérité des deux anecdotes; peut-être, en effet, doit-on les rejeter au rang des fables, comme tant d'autres historiettes créées ou embellies par l'imagination.

En 1545, et vers la fin de l'année, François Ier parut à Chambord pour la dernière fois. Il mourut à Rambouillet le 31 mars 1547. « Il fut plus brave chevalier que grand prince, » dit un de ses biographes. « François Ier, dit un autre historien, fut bon, sincère, généreux, populaire, ami des lettres, mais trop souvent indiscret et inconséquent; il aima trop le faste et la dépense; on lui a justement reproché le désordre de ses mœurs. »

Quoique Henri II, fils et successeur de François Ier, ait fait exécuter des travaux à Chambord, on peut cependant regarder comme achevée, à la mort de son père, l'œuvre telle qu'elle est arrivée jusqu'à nous. Rien n'est plus curieux que l'escalier à double hélice s'enroulant l'une sur l'autre, qui forme le centre du château, et conduit aux grandes galeries, à la plate-forme et au campanile. En parlant du grand escalier, le savant architecte Blondel s'exprime en ces termes : « On ne peut trop admirer la légèreté de son ordonnance, la hardiesse de son exécution et la délicatesse de ses ornements; perfection qui, aperçue de la plate-forme de ce château, frappe, étonne, et laisse à peine concevoir comment on a pu parvenir à imaginer un dessin aussi pittoresque, et comment on a pu le mettre en œuvre. » L'effet de cet escalier excite constamment la surprise des étrangers. Deux personnes peuvent monter, pour ainsi dire, côte à côte dans chaque escalier, en faisant la conversation, sans jamais se rencontrer. Douze autres grands escaliers, et quantité de petits escaliers taillés dans l'épaisseur des murs, donnent accès à tous les étages et à tous les appartements. Le nombre des pièces à cheminée s'élève à quatre cent quarante. Qui pourrait décrire les mille ornements répandus à l'intérieur et à l'extérieur de l'édifice ?

Aujourd'hui que la révolution a enlevé les objets précieux qui garnissaient les salles intérieures, les souvenirs historiques animent seuls le château de Chambord. Catherine de Médicis, ici comme partout, se livra aux vaines expériences de l'astrologie. Plus d'une fois elle monta au sommet du campanile *pour consulter nuictamment les cieux et les estoiles*. Charles IX et Louis XIII, également adonnés à la chasse, y firent de fréquentes apparitions. Gaston d'Orléans, frère de Louis XIII, y résida souvent durant les huit dernières années de sa vie qu'il passa en exil dans son comté de Blois. Louis XIV y vint plusieurs fois, et Molière y fit jouer pour la première fois deux de ses comédies, *Pourceaugnac* et *le Bourgeois gentilhomme*.

Sous le règne de Louis XV, Chambord eut pour maîtres deux étrangers illustres, Stanislas Leczinski et Maurice de Saxe. Le roi et la reine de Pologne y restèrent huit ans, édifiant toute la contrée de l'exemple de leurs vertus. La mémoire du roi Stanislas s'y conserva longtemps en vénération. Trop confiant dans des événements qui lui présageaient la restitution du trône de Pologne, Stanislas quitta Chambord à la fin du mois d'août 1733. Vaincu et proscrit, il revint à Chambord attendre la conclusion du traité de Vienne, qui lui conféra, en échange d'une royauté désormais toute nominale, la souveraineté viagère des duchés de Bar et de Lorraine.

Le château de Chambord, en 1748, fut donné au maréchal de Saxe, après la bataille de Fontenoy. Celui-ci y mena la vie militaire, presque comme dans un camp. Tous les jours il faisait manœuvrer ses deux régiments de houlans. De fougueux chevaux de l'Ukraine y étaient entretenus pour lui servir de monture. Les trompettes sonnaient, du haut des terrasses du château, les différents exercices du jour. De vieux compagnons d'armes, des écrivains, des artistes formaient une espèce de petite cour autour du maréchal, dont la vanité était visiblement satisfaite des honneurs qu'on lui rendait. Maurice de Saxe mourut à Chambord le 30 novembre 1750. Ce fut un guerrier illustre, mais un homme de mœurs dissolues.

Au commencement de notre siècle, un guerrier bien plus illustre, Napoléon Ier, mit Chambord, de même que Fontainebleau, sous la protection de la Légion d'honneur. Chambord devint le chef-lieu de la quinzième cohorte de la légion, commandée par le général Augereau. En 1809 il fit retour à la couronne, et quelques mois après il fut donné à titre de récompense nationale à Berthier, prince de Wagram. Dix ans plus tard la veuve de Berthier obtint de Louis XVIII l'autorisation de l'aliéner. Ce magnifique édifice, et le beau domaine qui en dépend, allaient devenir la proie de la bande noire qui a tant amoncelé de ruines dans notre pays, quand, le 5 mars 1821, il fut acheté aux frais d'une souscription nationale, et offert au duc de Bordeaux, qui le possède actuellement.

XXIII

LOCHES

Le voyageur attiré dans nos contrées par la vieille réputation de la Touraine, et venant à Loches pour la première fois, est vivement frappé de la position pittoresque de la ville sur une pente doucement inclinée vers les prairies arrosées par l'Indre. Les maisons s'élèvent les unes au-dessus des autres en formant vingt étages, où tout semble avoir été calculé pour le plaisir des yeux. De modestes logis et d'élégantes demeures brodées par la renaissance, avec leurs toits rouges et bleus, sont tournés vers tous les points du ciel, dans un désordre que le dessinateur serait tenté de prendre pour un effet de l'art. Au-dessus des maisonnettes se dressent les tourelles du château, dominées elles-mêmes par les pyramides de l'antique église collégiale de Notre-Dame, par-dessus lesquelles apparait, dans sa majesté quelque peu austère, la vieille forteresse du moyen âge. Tout cet ensemble forme une perspective enchantée, aux premiers rayons du soleil levant, pour le spectateur placé sur la lisière de la forêt, du côté de la chartreuse du Liget, sur la route de Montrésor.

La nature a paré ce pays de toutes les beautés propres à séduire le cœur des hommes : sol fertile, coteaux couverts de vignobles. Dans son poëme en l'honneur de Philippe-Auguste, Guillaume le Breton vante les riches moissons de la plaine, et les trésors estimés de Bacchus. « L'Indre, dit-il, promène dans une large vallée ses méandres capricieux, répandant de tous côtés la fraîcheur et l'abondance, développant la richesse et la vie, source à la fois de l'embellissement et des productions utiles aux hommes. » Depuis le commencement du xiiie siècle, époque à laquelle notre poëte chantait les exploits de son héros, jusqu'à nos jours, cette contrée privilégiée s'est considérablement améliorée par le changement des mœurs et des temps.

A l'époque la plus reculée de notre histoire, une voie romaine conduisait à Loches, traversant un pays dont tous les conquérants ensuite se sont disputé la possession. Du temps de saint Grégoire de Tours, un château fort couronnait le sommet du coteau et commandait les campagnes environnantes. A la suite des Romains, nous y verrons les Visigoths, les princes mérovingiens, les seigneurs féodaux, les comtes d'Anjou et de Touraine devenus rois d'Angleterre, les rois de

France, après Philippe-Auguste. Au pied de la vieille forteresse de Loches seront engagées et dénouées par les armes cent luttes chevaleresques. Sous le régime de la féodalité, les champs qui l'entourent furent foulés par des bandes marchant sous des drapeaux divers. C'était le bon temps de ces rudes guerriers que l'histoire nous a fait connaître avec les surnoms de *Diable-de-Saumur*, d'*Éveille-Chien*, de *Bras-de-Fer*, de *Brise-Lance*, et même de *Fais-Mal*. Assurément ces siècles, aujourd'hui si curieux à étudier pour l'érudit habile à déchiffrer les vieilles chroniques, n'étaient rien moins qu'heureux pour les cultivateurs et les paisibles habitants de nos campagnes. Les hardis faits d'armes peuvent défrayer les récits des historiens et des archéologues ; mais, il faut en convenir, les témoins et les victimes étaient loin de les admirer avec enthousiasme.

Les comtes d'Anjou, dont l'ambition fut le fléau de notre province, étaient devenus maîtres de Loches, grâce à des alliances matrimoniales heureusement calculées. La citadelle de Loches devint le boulevard de leurs entreprises guerrières, aux XIe et XIIe siècles. De la domination angevine date la fondation de l'église du château : monument compté avec raison par les antiquaires au nombre des plus curieux que nous ait légués le moyen âge. Les constructions primitives sont dues à Geoffroy Grise-Gonelle, à la fin du Xe siècle. Ce prince jeta les fondements de cette basilique à son retour d'un voyage à Jérusalem, et il y déposa une ceinture de la sainte Vierge venant de Constantinople. Foulques Nerra, le grand batailleur, son fils et son successeur, enrichit cette église : on y voyait autrefois les statues de ces deux personnages. Mais l'édifice fut rebâti en grande partie au xiie siècle, par Thomas Pactius, originaire de Loches, chancelier des princes angevins, et prieur de Notre-Dame. La magnificence de l'entreprise donne une haute idée de la puissance des comtes d'Anjou. Certes, ce n'étaient pas de petits compagnons, ces seigneurs en état de construire, pour leur servir de chapelle, un monument capable de rivaliser avec les plus somptueuses cathédrales contemporaines. Les voûtes, en dôme aigu, heureusement conservées jusqu'à nous, d'une structure si originale et si hardie, sont encore aujourd'hui l'objet de l'étonnement et de l'admiration des connaisseurs.

La forteresse du xiie siècle, dont le donjon domine le pays d'alentour, n'est pas aussi bien conservée que l'église collégiale. Toutefois les savants qui étudient nos antiquités nationales l'estiment un des plus précieux restes de l'architecture militaire de cet âge reculé. Qu'on se figure une masse imposante, formée de deux corps de bâtiments accolés, et s'élevant à une hauteur de quarante mètres. Le principal bâtiment a une longueur de vingt-cinq mètres trente-trois centimètres; l'autre ne présente que la moitié de ces dimensions. A l'extérieur, la construction entière se montre sous l'aspect le plus sévère. On voit que l'architecte a eu en vue uniquement la solidité, ne se préoccupant nullement de l'élégance ni de l'effet artistique. Des contre-forts arrondis en affermissent les angles. Cette fière et rude bâtisse est à l'image des fiers et rudes guerriers qu'elle est destinée à protéger. A l'intérieur, le donjon était divisé en quatre étages, auxquels on arrivait au moyen d'escaliers pratiqués dans l'épaisseur des murs. On pouvait y loger un corps de douze cents hommes.

Quelle vie devaient mener les chevaliers d'alors derrière ces hautes et terribles murailles? N'était-ce pas à la fois une citadelle et une prison? Il faut voir maintenant ces débris gigantesques pour se faire quelque idée des nécessités de la guerre impitoyable qui ravagea trop longtemps nos provinces. A l'aspect de ces affreux remparts, on estime davantage la sécurité dont nous jouissons actuellement, et l'on comprend mieux les bienfaits de la civilisation moderne.

Le château de Loches joua un grand rôle dans les guerres dont le résultat définitif fut de changer complétement le régime de la Touraine. Les comtes héréditaires de notre province, sans cesse attaqués par les Angevins, succombèrent enfin dans la bataille engagée sur les hauteurs de Montlouis. Leurs adversaires, avant et après la funeste journée de Nouy, trouvaient un refuge assuré derrière les murailles de la citadelle de

Loches. Ils y étaient à l'abri d'un coup de main; et comme la guerre alors, comme toujours, consistait à piller son voisin et à faire le plus de mal possible à ses vassaux, les hommes d'armes s'y partageaient les dépouilles enlevées aux campagnes voisines. Devenus rois d'Angleterre, les comtes d'Anjou et de Touraine ne négligèrent jamais une place aussi importante pour leur domination toujours ambitieuse et toujours inquiète. En 1194, Richard Cœur-de-Lion, délivré de la prison où le retenait injustement l'empereur d'Allemagne, accourut en hâte vers ses possessions de Touraine, que lui disputait Philippe-Auguste. Rien ne pouvait modérer sa bouillante ardeur. Après avoir pris et rançonné Châteauneuf de Tours, le roi d'Angleterre courut à Loches. Le château était défendu par vingt chevaliers et quatre-vingts archers, sous le commandement de Guy de Laval. Le gouverneur se défendit d'abord avec assez de résolution; mais Richard Cœur-de-Lion fit attaquer la place avec tant de furie, et dirigea lui-même l'assaut avec tant d'entraînement, qu'il fallut céder. Guy de Laval resta prisonnier avec quelques-uns des plus intrépides chevaliers. Mais la lutte était loin d'être terminée : elle resta seulement assoupie quelques années. Le 6 avril 1199, Richard, blessé au siége de Chalus, en Limousin, mourut à Chinon, âgé de quarante-deux ans; il fut enseveli à Fontevrault, laissant un héritage très-troublé, et surtout fort disputé. La reine Bérengère, sa femme, eut pour son douaire les places de Loches et de Montbazon, avec leurs domaines et dépendances.

En 1204, nous voyons reparaître Philippe-Auguste en Touraine. Par suite de la confiscation prononcée contre Jean Sans-Terre, le roi de France venait lui-même prendre possession des villes et places principales de notre province. Tours ouvrit ses portes à la première sommation. Loches ne se montra pas d'aussi facile composition. Le château était défendu par Girard d'Athée et d'autres seigneurs dévoués aux intérêts de l'Angleterre. Il fallut faire un siége en règle. Après un an de travaux et de luttes, la place, manquant de vivres et de munitions, fut forcée de capituler. Philippe-Auguste la donna en récompense à Dreux de Mello, connétable de France, brave chevalier, célèbre par ses exploits en France et en Palestine, où il avait suivi le roi. Cette donation fut rachetée plus tard par saint Louis, en vertu d'un acte daté d'Égypte, sur les bords du Nil, le 12 octobre 1261.

De retour en France, saint Louis passa quelques instants à Loches. En 1301 et 1307, Philippe le Bel se reposa huit jours au château, en allant à Poitiers s'entretenir avec le pape Clément V de l'affaire des Templiers. Un demi-siècle plus tard, Jean II arrivait à Loches à la tête de la fleur de la chevalerie française, courant à Poitiers livrer bataille au prince Noir. La fortune semblait lui sourire, la victoire paraissait assurée; mais, au lieu d'accepter les offres avantageuses que son adversaire lui proposait, il voulut écraser l'armée ennemie. Il devint alors victime d'un de ces désastres qui ont un long et douloureux retentissement dans l'histoire. Le désespoir décupla les forces des Anglais. Nos soldats furent défaits, les principaux chevaliers de France restèrent sur le champ de bataille, le roi lui-même fut blessé et fait prisonnier. Les maux qui accablèrent la France furent horribles. L'anarchie était complète, et elle régnait dans tous les rangs de la hiérarchie. Les Anglais reprirent Loches, et, à travers mille vicissitudes qui furent loin de servir à la prospérité de notre pays, pendant plus d'un demi-siècle, l'étranger désola et foula nos provinces.

Enfin voici Charles VII. Quand il vint à Loches pour la première fois, ce n'était encore que *le roi de Bourges*. Il traînait à sa suite un pauvre équipage; mais il était accompagné de la reine Marie d'Anjou, princesse d'une rare prudence et d'une bravoure à toute épreuve. Cette vertueuse reine fut le bon génie de la France. Malgré les misères du temps, elle ne désespéra jamais de son pays. Sa confiance ne fut pas trompée : Jeanne d'Arc accomplit bientôt sa glorieuse mission : la France fut sauvée.

En 1436, Charles VII reparut à Loches; mais cette fois la reine n'était plus seule. On voyait dans sa compagnie une jeune fille, que sa timidité semblait recommander, mais dont la position n'était un mystère pour personne : c'était Agnès Sorel, née au village de Fromenteau, en Touraine, sur la lisière du Berri. Charles VII lui donna le château de Beauté, en Champagne, afin, disait-il, qu'elle fût *Dame de Beauté* par son titre comme elle l'était en réalité. Agnès possédait à Beaulieu un petit hôtel, où elle résidait quelquefois pour se cacher aux yeux des courtisans. Le roi fit alors construire au château de Loches la tour qui porte encore aujourd'hui le nom d'Agnès Sorel. Cette tour s'élève dans un site ravissant : elle domine la riante vallée de l'Indre, et de là le regard embrasse un panorama délicieux. La vue s'arrête à un rideau de verdure formé par les chênes séculaires de la forêt, et se promène agréablement sur les prairies les plus fraîches que l'on puisse imaginer. De cette même époque datent les principaux bâtiments du manoir royal de Loches : époque remarquable par le progrès des arts et par le goût pour la magnificence. Malgré les mutilations dont cet élégant édifice a été victime, il se présente toujours sous un aspect gracieux et avec un cachet de distinction singulière. Agnès Sorel fut ensevelie dans le chœur de la collégiale de Loches; les chanoines, à défaut d'autre éloge, disent qu'*elle fut piteuse envers toutes gens, qui largement donnoit de son bien aux pauvres*. Sa tombe en marbre blanc, avec sa statue également en marbre, les pieds appuyés sur deux petits moutons, les mains jointes, se voit à présent dans la tour du château qui porte son nom. Quant à

Charles VII, dont la principale qualité ne fut pas l'attachement à ses amis et à ses meilleurs serviteurs, il mourut à Mehun-sur-Yèvre, le 22 juillet 1461, à l'âge de cinquante-huit ans. Les dernières années de sa vie furent empoisonnées par les chagrins que lui causa le Dauphin, son fils, qui devait être un jour le roi Louis XI. Il s'imagina que ses jours étaient menacés par le poison, et refusa à la fin de prendre aucune nourriture. Il mourut ainsi par la peur de mourir.

La forte assiette du château de Loches lui valut de bonne heure le triste honneur de devenir prison d'État. Derrière ses belles et solides murailles, de grands seigneurs vinrent expier leurs menées ambitieuses, ou simplement le malheur d'avoir déplu à de plus puissants qu'eux-mêmes. Geoffroy de Saint-Aignan y fut enfermé et étranglé, au xie siècle; Thibault III, comte de Tours, y subit les plus durs traitements, après sa défaite de Nouy; Jean, duc d'Alençon, y fut jeté au fond d'un cachot, par ordre de Charles VII, pour avoir aidé dans ses tentatives de rébellion un fils ingrat, toujours prêt à fomenter des troubles dans le royaume. Mais ce fut Louis XI qui fit le plus fréquent usage des prisons de Loches. Il les fit même agrandir. C'est dans cette sombre et triste demeure que l'on vit passer successivement Pierre de Brézé, Philippe de Savoie, Charles de Melun, l'évêque de Verdun, Haraucourt et le cardinal Balue. Haraucourt avait inventé pour le service du roi des espèces de cages à barreaux serrés, recouverts de fer *par le dehors et par le dedans, avec terribles ferrures*. Leur largeur était de deux mètres soixante centimètres environ, et leur hauteur celle *d'un homme et un pied de plus,* nous dit l'historien Commines, qui en *avoit tasté pendant l'espace de huict moys*. Commines y fut enfermé par le commandement de Charles VIII, en punition d'avoir pris part à la révolte du duc d'Orléans. Geoffroy de Pompadour, grand aumônier de France, et Georges d'Amboise, le futur ministre de Louis XII, furent amenés à Loches pour la même cause.

Charles VIII habita souvent le château durant sa première enfance. Charlotte de Savoie, sa mère, y fut traitée presque en prisonnière par le soupçonneux Louis XI, qui ne témoigna jamais une bien vive amitié à sa femme. Devenu roi, Charles n'oublia pas Loches; il y fit construire la grosse tour, achevée par son successeur, et il y conduisit sa gracieuse épouse, Anne de Bretagne. Louis XII fit élever le bâtiment qui relie la tour ronde à la tour carrée. Là se trouve la chambre basse où fut enfermé Louis le More en 1505. Le duc de Milan avait pris pour emblème un mûrier, symbole de prudence, *d'autant que le mûrier est tardif à bouter fleurs au printemps, qui fait que bien peu souvent est surpris des bruines*. Le prince italien fut *surpris*, et les *bruines* ne l'épargnèrent pas. Il passa plusieurs années dans sa prison de Loches, où à peine un rayon de soleil venait égayer sa solitude. Ses yeux pourtant s'accoutumèrent à cette demi-obscurité. Il s'amusa à tracer sur les murailles des inscriptions et des peintures, en partie conservées jusqu'à nos jours. Les voyageurs les regardent avec curiosité, comme pour percer les pensées secrètes qui remplissaient amèrement le cœur du prince détrôné. La mort vint le délivrer en 1510. Louis XII cependant ne le laissa pas toujours dans ce cachot obscur. En adoucissant les ennuis de la détention, il lui permit d'occuper les hauts appartements du palais sous la surveillance de quelques soldats écossais.

Trente ans ne s'étaient pas écoulés depuis que le duc de Milan avait rendu le dernier soupir, lorsque le vainqueur de Pavie fut reçu à Loches par celui qui y perdit « tout fors l'honneur ». François Ier, en prince généreux, déploya dans cette circonstance une magnificence extrême : il vint au-devant de son rival, accompagné de la reine Éléonore et suivi de toute sa cour. Les fêtes furent nombreuses et splendides : elles cessèrent seulement lorsque l'Empereur fut arrivé sur la frontière des Pays-Bas.

L'éclat des fêtes brilla encore à Loches en 1559, au passage de Henri II et de Catherine de Médicis. Dix ans après, Henri III, encore dauphin, s'y arrêta quelques jours, au moment où il allait se mettre à la tête de l'armée concentrée aux environs, à la veille de remporter la victoire de Moncontour. On y vit encore

Charles IX, Henri IV et Marie de Médicis. Celle-ci était fugitive; elle s'y réfugia quelques instants au sortir du château de Blois, d'où elle avait réussi à s'évader. A partir de cette époque le silence envahit les vastes salles, les tours, les terrasses et les jardins. Rien ne l'a interrompu, excepté les cris sauvages de la révolution. Aujourd'hui, le palais des rois découronné et presque désert garde seulement le souvenir de magnificences à jamais disparues.

RÉSIDENCES ROYALES ET IMPÉRIALES.

CHENONCEAUX.

XXIV

CHENONCEAUX

Ce qui fait le charme de la Touraine, personne ne l'ignore, c'est le nombre, la variété et la fraîcheur de ses vallées. Cinq grandes rivières sillonnent cette province : la Loire, le Cher, la Vienne, l'Indre et la Creuse, sans compter une multitude de ruisseaux. L'humidité entretient partout une végétation luxuriante; le sol, sous l'influence d'une température constamment adoucie, donne naissance aux productions les plus diverses. De Bléré à Chenonceaux, les rives du Cher offrent l'aspect le plus agréable : prairies, arbres touffus, coteaux chargés de vignobles, blanches maisonnettes, bourgs et villages où respire l'aisance. La nature y étale une sorte de coquetterie, qui prépare le voyageur au spectacle du manoir le plus élégant et le plus gracieusement paré que l'imagination puisse rêver. Le château de Chenonceaux, par sa position sur les bords de la rivière, par sa galerie portée sur les arches d'un pont jeté d'une rive à l'autre, non moins que par l'originalité de sa structure et la richesse de sa décoration, paraîtra toujours supérieur à sa réputation pour les esprits délicats, ennemis des choses banales. La plupart des résidences chevaleresques ont été bâties sur des éminences, quelquefois sur des montagnes ardues et sur des rochers inaccessibles. C'étaient des nids d'aigle, d'où le regard dominait au loin la campagne, d'où l'on pouvait en un clin d'œil intercepter tous les passages, battre l'ennemi ou rançonner le voyageur. Ces forteresses féodales hérissent encore, au moins de leurs ruines, les contrées les plus riches comme les moins fertiles de la France. Le fondateur de Chenonceaux a préféré un site différent; il a placé son logis seigneurial au milieu des roseaux et des aunes, comme un nid d'alcyon qu'entoure la vague. Les murs plongeaient dans l'eau; de larges douves en défendaient l'accès, des prés faciles à inonder en rendaient l'approche presque impossible. Comme les autres forteresses, celle-ci consistait en un donjon propre à donner abri aux hommes d'armes; il a fallu plus d'une révolution pour le métamorphoser en cette gracieuse résidence que nous admirons aujourd'hui.

En 1272, le modeste manoir de Chenonceaux appartenait à la famille de Marques. L'histoire dit que cette famille le possédait alors, elle se tait sur l'époque de la fondation. Les seigneurs de Marques n'étaient pas Tourangeaux. C'étaient des gentilshommes d'Auvergne, de bonne maison, riches et bien alliés, puisqu'ils avaient quelque parenté, à ce qu'on assure, avec la famille royale de France. Quoi qu'il en soit de cette prétention, ils étaient puissants, en état d'entretenir bon nombre d'hommes d'armes, et ils figuraient avantageusement à la guerre.

Sous le règne de l'infortuné Charles VI, Jean de Marques se déclara contre le Dauphin, depuis Charles VII, et prit part aux troubles fomentés par le parti du duc de Bourgogne. C'était une trahison ; car des troupes anglaises furent reçues dans le donjon pour y faire le guet. Cet acte de félonie eut sa punition. La cause nationale, trop longtemps sacrifiée à des vues ambitieuses, finit par triompher. Les Anglais furent battus par le maréchal de Laval Bois-Dauphin dans les prairies de Saint-Georges, entre Montrichard et Bléré. Les fortifications de Chenonceaux furent rasées, les bois de haute futaie furent coupés à hauteur d'infamie ; le châtelain, déclaré traître et rebelle, fut condamné à la prison, où il termina sa vie à jamais flétrie et déshonorée.

La terre de Chenonceaux cependant ne fut pas confisquée ; elle fut remise à Jean II de Marques, fils du précédent, qui rendit foi et hommage au roi, le 12 mai 1431. Ce gentilhomme répara les erreurs de son père en guerroyant vaillamment contre les Anglais ; il reçut, en récompense, l'autorisation de relever les murailles de son château. Son successeur, Pierre de Marques, était d'humeur assez turbulente. Il eût volontiers suivi les traces de son aïeul; mais le trône était alors occupé par Louis XI, maître peu endurant, comme chacun sait. La moindre velléité de rébellion était sur-le-champ et violemment réprimée. Pierre de Marques ne s'éloigna jamais de la ligne du devoir, et il figura avec honneur parmi les troupes royales engagées en plusieurs affaires périlleuses. Malheureusement sa fortune était depuis longtemps compromise. Il se trouva tellement accablé de dettes, sans moyens de les solder, qu'il fut contraint de vendre le domaine de Chenonceaux. C'était une dure nécessité pour un homme de cœur : céder son château, la maison de ses pères, le berceau de ses enfants, la tombe de ses aïeux, c'était un déshonneur. Que faire devant l'implacable nécessité?

Thomas Bohier fut l'acquéreur du castel et de la seigneurie de Chenonceaux. Comme la famille de Marques, il était originaire d'Auvergne : sa mère, Béraude Duprat, était la tante du chancelier du même nom. Il épousa Catherine Briçonnet, et ce mariage aida puissamment à sa fortune. Catherine était fille de Guillaume Briçonnet, personnage heureux et habile, qui parvint aux premiers honneurs de l'Église et de l'État : cardinal, premier ministre, et surintendant des finances de Charles VIII. Avant d'entrer dans les ordres sacrés, il avait épousé Raoulette de Beaune, sœur de Jacques de

Beaune-Semblançay, surintendant des finances sous François Ier, de laquelle il eut cinq enfants. On raconte que l'astrologue de Louis XI annonça un jour au futur cardinal son changement d'état en présence de sa femme, à qui cette prédiction fut loin d'être agréable; c'était assez clairement l'engager à se préparer à la mort. Elle mourut, en effet, peu de temps après. On a remarqué que deux des enfants de Guillaume Briçonnet devinrent évêques, et remplirent près de lui les fonctions de diacre et de sous-diacre dans une messe solennelle.

Thomas Bohier fut pourvu de charges nombreuses et lucratives. De chambellan des rois Louis XI, Charles VIII, Louis XII et François Ier, il devint général des finances et lieutenant général pour le roi dans le Milanais. Comblé d'honneur et de richesses, Thomas Bohier résolut de reconstruire son manoir de Chenonceaux, suivant le style d'architecture alors en faveur. En 1515, on jeta les fondements du nouvel édifice. Rien ne fut épargné pour en faire un des plus jolis manoirs de la renaissance. L'argent ne manquait pas. Dès le commencement, toutefois, le châtelain, resté toujours financier, n'eut pas de peine à s'apercevoir que l'entreprise serait difficile à mener à bonne fin. Aussi fit-il graver en différents endroits l'inscription suivante :

s'il vient a point, m'en souviendra.

Chacun admirait la hardiesse et la perfection de l'ouvrage. A l'aspect de ce palais enchanté, Belleforest plus tard écrivit les lignes suivantes : « Castel fleuronné, blasonné, flanqué de jolies tourelles, ajusté d'arabesques, orné de cariathides, et tout contourné de balconnades avec enjolivements dorés jusqu'en hault du faiste, ezpavillons et tourillons d'icelluy chasteau, lequel est devenu royal et bien justement. »

Il était encore impossible de prévoir l'époque de l'achèvement de l'œuvre, quand Thomas Bohier reçut du roi l'ordre de partir avec Lautrec, pour travailler à la soumission du Milanais. Bohier n'hésita pas un instant : il obéit, laissant à Catherine Briçonnet, sa femme, le soin de diriger et de surveiller la construction. De loin, et au milieu de mille préoccupations sans cesse renaissantes, il n'oubliait pas son castel de Chenonceaux. En 1517, il obtint, par lettres patentes du roi François Ier, la permission de bâtir un pont sur le Cher ; mais cette difficile et coûteuse opération ne fut pas réalisée à cette époque. Le 14 mars 1524, il mourut dans le Milanais. Ses restes mortels furent rapportés à Tours, et ensevelis à Saint-Saturnin, dans une chapelle enrichie d'or et d'azur. Quelques années plus tard, sa veuve vint partager la même tombe. La révolution de 1793 a emporté l'église, la chapelle et le tombeau. Avant de rendre le dernier soupir, Thomas Bohier, aux prises avec des difficultés insurmontables, dut tourner plus d'une fois son regard vers le frais vallon du Cher et vers le *gentil bastiment* qui un instant avait fait le bonheur de ses rêves. Hélas! il avait entrevu sans doute que son œuvre allait être compromise. Personne ne connaissait mieux que lui l'embarras des finances de l'État, seule cause des échecs de l'expédition française en Italie. Sa propre fortune s'y trouvait engagée. Ce fut d'ailleurs le sort commun aux intendants des finances, de perdre en même temps leur crédit, leur fortune et leur réputation : la pénurie du trésor donnait naissance aux poursuites, et la mauvaise administration des deniers publics donnait trop aisément prise contre les officiers chargés de la manutention des finances. La mémoire de Thomas Bohier ne fut pas épargnée. Une chambre de justice le déclara coupable de malversations, et condamna Antoine Bohier, son fils, à restituer à l'État une somme considérable. Cette sentence pouvait faire craindre la ruine de la famille Bohier. En 1533, intervint un accommodement en vertu duquel François Ier fit remise de l'amende en échange du château et du domaine de Chenonceaux. Le roi en fit prendre possession en son nom par Anne de Montmorency et Philibert Babou de la Bourdaisière. Cette prise de possession, dit un historien, fut la cause ou le prétexte de la sentence en restitution portée contre les héritiers de Thomas Bohier.

François Ier fit de fréquentes apparitions à Chenonceaux. Il y conduisit plusieurs fois Catherine de Médicis, sa belle-fille, qui manifesta dès lors une prédilection particulière pour cette charmante résidence. L'Italienne aimait à jouir de la délicieuse fraîcheur qui règne sur les rives du Cher et sous les beaux ombrages du parc qui entoure le royal manoir. C'est là, à l'époque de sa toute-puissance en France, sous le règne de ses fils, qu'elle reçut le Tasse, un des plus célèbres poëtes modernes, venu chez nous à la suite du cardinal d'Este. L'auteur de *la Jérusalem délivrée* ne pouvait manquer d'y être séduit par le spectacle d'une nature, pour ainsi dire, toujours en fête. Le souvenir de ce délicieux pays et de la réception qui lui fut faite lui inspira sans doute ces vers si connus sur la Touraine :

> La terra molle, e lieta, e dilettosa,
> Simili a se gli abitator produce.

Un poëte moderne en a donné la traduction suivante, mais singulièrement affaiblie :

> Leur sol, qui des frimas ne ressent pas l'atteinte,
> Donne à ses habitants sa douce et molle empreinte.

J'aime bien mieux *la terre joyeuse et parée* du Tasse, *la terre paisible et charmante, couverte d'habitants d'un caractère semblable.*

Après la mort de François Ier, Catherine de Médicis s'éloigna de Chenonceaux. Cette reine fière et ombrageuse, justement irritée contre la déloyale conduite d'une femme qui lui avait ravi le cœur de son époux, suscita mille difficultés à Diane de Poitiers, à qui le roi Henri II, dans un moment de faiblesse, avait donné la terre de Chenonceaux et le duché de Valentinois. Antoine Bohier, poussé par la reine, adressa des réclamations si pressantes, que la duchesse de Valentinois fut réduite à payer un domaine dont le prince lui avait fait présent.

Diane de Poitiers n'était dépourvue ni d'ambition ni de vanité. Maîtresse du château de Chenonceaux, elle voulut que sa demeure fût en état de rivaliser de magnificence avec les plus somptueux palais bâtis et décorés par François I*er*. Ses desseins se réalisèrent : elle reconstruisit la façade méridionale du château, et fit élever les neuf arches du pont projeté trente-huit ans auparavant par Thomas Bohier. Ce pont était un embellissement considérable pour le château; en outre, *il falloit une communication prompte et facile sur la rive gauche du Cher, où se trouvoit un sylvestre et plantureulx bocage, arrosé de fontaines et verdoyant comme un pré d'apvril.* Diane, toutefois, ne put mettre à exécution tous les plans qu'elle avait projetés; la mort inopinée de Henri II rompit tous ses desseins d'avenir et ensevelit toutes ses espérances. Diane de Poitiers, à une époque pourtant où l'indulgence à l'égard de tous les déréglements et de tous les vices fut portée jusqu'au scandale, n'eut que des censeurs sévères, à l'exception de Brantôme, écrivain plus que suspect de partialité en faveur des désordres que tous les cœurs honnêtes flétrissent, qui dit « qu'elle estoit débonnaire. » A la mort de Henri II, elle était âgée de soixante ans. Catherine de Médicis ne garda plus de ménagements envers une odieuse rivale. Elle réclama la restitution des joyaux de la couronne et de la terre de Chenonceaux. L'ancienne favorite ne pouvait lutter contre l'impérieuse volonté de la princesse italienne; elle céda le domaine de Chenonceaux, et reçut en échange le château de Chaumont. Elle se retira enfin au château d'Anet, où elle expira six ans après.

Devenue enfin maîtresse souveraine d'un lieu dont elle avait toujours si ardemment convoité la possession, Catherine de Médicis entreprit immédiatement au château des embellissements dont elle demanda les plans aux plus habiles architectes du temps. Elle fit construire une longue suite de bâtiments destinés au logement de la cour, une chancellerie, deux grandes galeries pour y donner *repas à la chasseresse, danses aux flambeaulx et aultres festivités de ce tems-là*. Elle fit venir d'Italie des statues et des médaillons en marbre de la plus grande beauté.

La reine Marie Stuart, épouse du jeune et infortuné François II, qui mourut à l'âge de 17 ans, vint à Chenonceaux, après son entrée solennelle à Tours en 1560. Cette même année, la reine mère y mena la cour, et y donna plusieurs fêtes. Elle y séjourna fréquemment dans la suite; elle s'y trouvait encore quand le duc d'Anjou, depuis Henri III, gagna la bataille de Moncontour contre les protestants rebelles. La joie qu'elle éprouva en apprenant cette victoire fut si vive, qu'elle s'écria : « Je veux que désormais Chenonceaux s'appelle Bonnes-Nouvelles. » Cette idée cependant n'eut pas de suite. L'intention de changer le nom de Chenonceaux a été prêtée également par quelques historiens à Henri III, après la prise de la ville d'Issoire et de quelques autres places occupées par les protestants. On oublia vite le nom de Bonnes-Nouvelles, et celui de Chenonceaux fut conservé.

En 1577, Catherine de Médicis voulut fêter à Chenonceaux l'heureux retour de son fils Henri III, revenant de Pologne pour monter sur le trône de France. Les détails du festin nous ont été conservés : on pourra juger, par ce seul trait, de la licence qui régnait à la cour, et, chose incroyable, permise et même encouragée par une femme et par une mère. « La royne mère, dit l'auteur du *Journal du règne de Henri III*, fit son banquet à Chenonceaulx qui luy revenoit, à ce qu'on disoit, à plus de cent mil livres, qu'on leva comme par forme d'emprunt sur les plus aisés serviteurs du roy, et même de quelques Italiens qui s'en sçurent bien rembourser au double. En ce beau banquet, les plus belles et honnestes de la cour, ayant leurs cheveux espars comme espousées, furent employées à faire le service. Madame de Sauve estoit maistresse d'hostel, et tout y estoit en bel ordre. »

En 1589, Catherine de Médicis rendit le dernier soupir au château de Blois. Avant de mourir, elle avait légué la terre et le château de Chenonceaux à Louise de Lorraine, épouse du roi Henri III. Cette princesse était fille de Nicolas, duc de Mercœur, comte de Vaudemont, et de Marguerite d'Egmont, sa première femme. Aussitôt que la reine mère eut reçu les honneurs de la sépulture, la reine Louise vint prendre possession de son château. Dès le 1ᵉʳ février 1589, elle écrivit à Gilles de Faverolles, capitaine de deux cents hommes de guerre, le chargeant de veiller à la conservation de cette belle propriété, au milieu des troubles qui désolaient le royaume. Six mois après, elle fut amenée à Chenonceaux. On lui cacha quelque temps la mort du roi, tombé sous le fer d'un infâme assassin. Quand elle eut appris l'affreux malheur qui l'avait atteinte, sa résolution fut arrêtée sur-le-champ : sa vie entière fut vouée à la douleur et aux pratiques de la religion. Veuve éplorée, elle se réfugia dans le sein de Dieu, le seul vrai consolateur, et ne demanda d'adoucissement à ses chagrins qu'en visitant les pauvres et en répandant partout d'abondantes aumônes. A sa requête, Philippe II, roi d'Espagne, lui envoya des religieuses capucines. Pour les recevoir, elle fit disposer dans les combles du château des cellules, un réfectoire, une chapelle qui s'y voient encore aujourd'hui. Dix ans après la mort de Louise de Vaudemont, ces pieuses filles vinrent se fixer à Tours. Jusqu'en 1594, avec dix à douze mille écus de rente qui lui étaient assez mal payés, vu le malheur des temps, cette vertueuse reine soutint l'honneur de son rang, distribua d'abondantes charités et fit des fondations dans plusieurs églises. Naguère encore, malgré les années qui amènent si vite l'indifférence et l'oubli, sa mémoire était en vénération dans toute la contrée qui avoisine Chenonceaux, où elle était connue sous le nom de la Reine Blanche, à cause de la couleur de ses vêtements de deuil, les reines alors portant le deuil en habits blancs. Louise de Lorraine mourut à Moulins, le 29 février 1601.

Avec cette princesse disparut la distinction royale du château de Chenonceaux. Le domaine passa d'abord entre les mains de Françoise de Mercœur, femme de César duc de Vendôme et nièce de la reine Louise, puis dans la famille de Bourbon-Condé. Enfin, en 1733, il fut vendu à Claude du Pin, issu d'une ancienne famille du Berri. Le milieu et la fin du xviiie siècle virent paraître à Chenonceaux, dans les salons de Mme du Pin, femme de beaucoup d'esprit, les célébrités littéraires du temps : Fontenelle, Mairan, Buffon, le comte de Tressan, l'abbé de Saint-Pierre, Mably, Condillac, lord Bolingbroke et Voltaire. Jean-Jacques Rousseau y fut quelque temps secrétaire de M. et de Mme du Pin. Cette femme distinguée mourut à Chenonceaux en 1799, à l'âge de quatre-vingt-treize ans.

RÉSIDENCES ROYALES ET IMPÉRIALES.

XXV

PAU

Au château de Pau se rattache la mémoire du plus populaire de nos rois : Henri IV y naquit le 14 décembre 1553. Aussi, pour les Français comme pour les étrangers, ce château est-il le château de Henri IV. Le pays environnant est toujours rempli du souvenir du *Béarnais*. Ces montagnes et ces vallées furent les témoins des jeux de son enfance et des exercices de sa jeunesse. Des traditions touchantes circulent encore dans toute la contrée et autour de son berceau; comme autour de celui des hommes auxquels la Providence réserve de grandes destinées, le merveilleux ne fait pas défaut. On raconte que son père, Antoine de Bourbon, et Henri de Navarre, son grand-père, firent éclater à sa naissance des signes de joie extraordinaires. Henri voulut que sa fille, dès qu'elle ressentit les premières douleurs de l'enfantement, chantât une chanson béarnaise, afin que l'enfant ne fût *ni pleureur ni rechigné*. Jeanne d'Albret chantait encore lorsque l'enfant vint au monde; et plus d'un grave historien a remarqué d'une manière très-sérieuse qu'il naquit sans pleurer ni crier, comme s'il avait été sous le charme de la voix de sa mère. Au comble du bonheur, Henri, roi de Navarre, emporta l'enfant dans un pan de sa robe, en disant : *Il est à moi*. Tout en le couvrant de caresses, et par suite des mœurs du temps, il lui frotta les lèvres d'ail et lui fit sucer quelques gouttes de vin de Jurançon, en s'écriant gaiement : « Va, tu seras un vrai Béarnais! » La prédiction s'accomplit : Henri IV fut le Béarnais par excellence. Le prince voulut que son petit-fils fût élevé sans recherche ni délicatesse, vêtu d'habits simples, comme les autres enfants du pays, accoutumé à prendre une nourriture grossière, à sortir la tête nue, à gravir les montagnes, à prendre part aux jeux du village. Le grand air, l'exercice, une vie frugale, fortifièrent sa santé, qui fut quelques instants délicate. Le régime campagnard lui fut on ne peut plus favorable : il fut traité comme un enfant des montagnes, gravissant les rochers pieds nus, mangeant du pain noir, du bœuf, du fromage et de l'ail. Dès lors c'était un joyeux compagnon. Quand, à l'âge de cinq ans, sa mère le conduisit à la cour de France, il ne savait pas un mot de français, et il amusa singulièrement le roi Henri II et toutes les dames de la cour par sa gentillesse, la vivacité de ses reparties et son langage méridional.

Obligée de laisser son fils à la cour, Jeanne d'Albret, avant de reprendre le chemin du Béarn, donna au jeune Henri un précepteur renommé par sa sagesse et ses lumières, du nom de La Gaucherie. L'enfant fut mis au collége de Navarre, *pour y estre institué ès bonnes lettres*. Il y rencontra, en qualité de compagnons d'étude, le duc d'Anjou, qui fut roi, et le duc de Guise, qui voulut l'être. Rien n'égala l'intimité qui s'établit entre les trois Henri enfants, si ce n'est la haine irréconciliable qui régna plus tard entre ces trois princes, devenus chefs de partis [1].

Henri entrait dans sa treizième année. La Gaucherie étant venu à mourir, la reine de Navarre fit revenir son fils, et l'entoura de guerriers et de savants qui *avoient l'esprit délicat, le raisonnement pur et les mœurs irréprochables*. Une des causes qui paraissent avoir décidé Jeanne d'Albret à surveiller elle-même l'éducation de son fils, c'est que cette princesse avait embrassé ouvertement le calvinisme, et qu'elle avait l'intention de nourrir son fils des doctrines de la réforme. Dans l'esprit de cette femme ambitieuse, c'était conviction sans doute; mais d'autres avaient en vue des menées politiques. Le Béarnais, trois ans plus tard, en 1569, devait être déclaré le chef du parti protestant, avec le prince de Condé pour lieutenant.

---

[1] *Histoire du collége de Navarre*, tome Ier, p. 341.

Le retour du jeune Henri à Pau fut le signal de l'allégresse générale dans le Béarn. Les habitants de la campagne accouraient le dimanche au château pour y contempler leur jeune souverain, que beaucoup d'entre eux avaient connu dans son enfance, et que recommandaient des mœurs affables, un caractère ouvert, une aimable familiarité. Il se plaisait à converser avec eux, goûtant leurs plaisanteries, et ne se faisant pas faute de rire et de s'ébattre avec les jeunes gens qui lui paraissaient les plus alertes.

Ce qui peint parfaitement les mœurs du temps et du lieu, c'est la scène racontée par Duflos[1]. Le jeune prince de Béarn avait passé ses premières années à Coarraze. Dès qu'on eut appris son arrivée, la population entière du village, hommes, femmes, enfants, partit un beau matin pour venir le saluer dans son château royal de Pau. Parmi eux se trouvaient d'anciens camarades d'enfance du petit prince; tous l'avaient connu. Dès qu'ils sont entrés dans la cour d'honneur, Henri descend avec sa mère; les applaudissements sont bruyants et unanimes. L'enthousiasme est à son comble. Jamais on ne vit démonstrations plus vives et plus sincères. Quand les acclamations sont calmées, on voit un vieillard s'avancer lentement, appuyé sur un bâton, et tenant à la

---

[1] Elle est reproduite dans l'*Histoire du château de Pau*, par G. Bascle de Lagrèze, p. 181.

main un panier rempli de fromages. Voici sa harangue :

« C'est bien de l'honneur pour moi, notre bon prince, que de causer avec vous de si près et tête à tête. Aussi je rechignais à me charger de la commission. Mais ceux de notre village et des environs, dans un parlementage qu'ils ont eu ensemble, ont dit : Grégoire a la langue bien pendue, et n'est pas si bête qu'il le paraît; il faut que ce soit lui qui fasse le compliment à Henri. Depuis ce temps-là, en bonne foi, je me suis mis martel en tête pour vous fabriquer quelque chose d'agréable; car je sais que vous êtes un bon compagnon, qui aimez à gaudir et à rire. Mais je n'ai pu tirer d'esprit de ma cervelle, pas plus qu'on ne tire de l'huile d'une pierre. Aussi a-t-on raison de dire qu'on ne fait pas boire un âne, quand il n'a pas soif. Voyant donc que je ne trouvais rien de gentil dans mon invention, j'ai imaginé un bon tour, pour vous dédommager de mon compliment mal tourné : c'est de vous apporter des fromages. Oh! ils sont bons, je vous l'assure; vous pouvez vous en vanter. Nos femmes les ont faits tout pareils à ceux que vous mangiez de si bon appétit quand vous étiez petit, au milieu de nous. Allons, prenez-les sans façon, et que le bon Dieu vous bénisse! C'est ce que nous demandons tous pour vous! »

Ce discours achevé, aux applaudissements de la foule et aux grands éclats de rire du prince, qui ne se tenait pas d'aise en écoutant et en regardant le père Grégoire, Henri accepta les fromages, remercia cordialement l'orateur, et fit servir à boire à tous ces braves gens. La fête fut complète. En se retirant, les habitants de Coarraze étaient gais et animés; ils chantaient à gorge déployée le refrain d'une vieille chanson béarnaise : *Quel bon prince nous avons, et qu'il a de bon vin!*

Mille souvenirs charmants de Henri IV se rattachent au château de Pau. Son caractère expansif, jovial même, sa bonté d'âme, sa franchise, ses bons mots, ses réponses gracieuses et touchantes, ses reparties fines, son air décidé, lui gagnaient tous les cœurs. Son courage le fit surnommer *le roi des braves*. Personne ne peut oublier ces paroles pleines de sens: « Les rois doivent avoir pour Dieu un cœur d'enfant, et pour leurs sujets un cœur de père. » Heureux s'il avait su observer dans ses mœurs cette régularité qui relève la dignité de l'homme. Mais nous sommes contraints de quitter le château de Pau avec le prince, qui, devenu majeur, mena une vie assez errante, jusqu'au jour où il monta sur le trône de France.

Le château de Henri IV est toujours une des merveilles du Midi, et par son site admirable et par sa structure distinguée. Mais il doit un nouveau lustre aux travaux de restauration entrepris dans le cours des dernières années. La révolution l'avait transformé en caserne, après y avoir commis des dégradations déplorables. Sous la restauration, des besoins plus pressants avaient dirigé les ressources ailleurs : la chambre même où naquit Henri IV était tombée dans un tel état de délabrement, qu'il était impossible de la visiter faute de plancher. Quant au mobilier et aux richesses intérieures, Henri IV avait fait transporter les plus précieuses à Paris; Louis XIII continua cette triste opération; enfin Louis XIV donna le reste à l'intendant Foucault, pour le récompenser de son zèle contre les protestants, après la révocation de l'édit de Nantes. D'autres meubles, la plupart du temps de Henri IV, ont été placés récemment dans les salles. Il faut l'avouer, l'œil de Henri IV aurait peine aujourd'hui à reconnaître son royal manoir, tant les changements ont été nombreux et importants. Des parties ont été démolies et sacrifiées à un faux goût de symétrie; d'autres ont été ajoutées, qui n'entraient pas dans le plan primitif. Ce qui est toujours le même, ce qui ravissait le regard du roi de Navarre, ce qui enchante toujours l'œil de l'étranger, c'est le magnifique paysage qui se déroule au pied du vieux manoir princier. A l'horizon se dressent les cimes majestueuses des Pyrénées. Plus près s'inclinent doucement les coteaux de Jurançon, couverts de vignobles renommés. Le Gave roule ses eaux dans une vallée charmante. Tout semble disposé à dessein pour le plaisir des yeux. Il n'est pas jusqu'au climat qui ne semble approprié à ces scènes gracieuses et pittoresques.

Si Henri le Grand est la principale illustration du château de Pau, il fut précédé néanmoins de nobles personnages dont la mémoire n'est pas oubliée, et doit trouver ici au moins une mention honorable. Il nous est impossible de tout dire dans une notice abrégée, mais on nous reprocherait avec raison d'avoir passé sous silence le nom des Centulle, de Gaston Phébus et de Henri II de Navarre. Pour ceux qui aiment les souvenirs chevaleresques des croisades, nous avons à rappeler les exploits de Gaston de Béarn, dont le nom et les prouesses sont vantés dans les chroniques des croisades. La bravoure est d'héritage chez les Béarnais. Est-il étonnant que dans les guerres saintes, en Orient, en Espagne, et même dans le pays d'Albi, les princes de Béarn se soient distingués par des actions d'éclat, par leur sang-froid, leur prudence, leur vaillance et leur désintéressement? Plus d'un membre de l'illustre famille des vicomtes de Béarn arrosa de son sang les champs de bataille de l'Europe et de l'Asie. Pour un Français, sans doute, ce serait un mérite ordinaire; mais ce qui relève les hauts faits de ces illustres gentilshommes, c'est qu'ils *ouvraient vistement et bien*. Gaston de Béarn fut un des premiers chevaliers qui entrèrent à Jérusalem, en 1099. C'était, dit un historien contemporain, *un prince très-noble et honoré de tous, à cause du mérite de ses vertus et du profit que l'armée retiroit de ses services.*

Il ne saurait entrer dans notre plan de faire connaître en détail tous les faits qui intéressent l'histoire du Béarn et qui eurent pour théâtre le château de Pau. Il en est un cependant qu'il nous est impossible de ne pas mentionner en passant, parce qu'il est trop honorable pour le souverain et pour les sujets; je veux parler des droits que les Béarnais firent toujours valoir à leur indépendance, et surtout à la conservation de leurs coutumes particulières, droits qui furent respectés par leurs souverains et reconnus dans des circonstances solennelles et des actes qui font également honneur aux maîtres et aux sujets. Les coutumes du Béarn, les *fors,* selon le terme consacré, pour ceux qui ont étudié le droit coutumier du moyen âge, constituent, en Europe, un progrès que d'autres provinces mirent plusieurs siècles à conquérir et à faire passer en pratique. Tel est le mérite des institutions d'une province qui joua un rôle, pour ainsi dire, inconnu dans la France actuelle, et qui pourtant précéda les provinces les plus illustres dans la voie des institutions qui ont fondé le droit moderne.

Nous devons nous arrêter quelques instants à Gaston Phébus, le plus illustre, après Henri IV, des princes de Navarre. Gaston restaura et même fit rebâtir en partie le château de Pau. C'était un prince magnifique, généreux, ami des arts et des lettres, brillant chevalier, sage législateur, d'humeur douce et toujours égale, en un mot, un des souverains qui savent se faire aimer et respecter, dont le nom devient populaire et reste comme le type de la justice, de la bonté et de toutes les qualités qui font les rois suivant le cœur de Dieu et pour le bonheur des peuples. Dans son enfance, il fut entouré *d'une volée de gens vertueux*. Les luttes qu'il eut à soutenir contre le comte d'Armagnac attristèrent plusieurs années de sa vie; mais à la fin il fut vainqueur de son ennemi, et, par l'usage qu'il sut faire de la victoire, il s'assura l'estime et l'admiration de ses contemporains et de la postérité.

L'histoire nous a transmis quelques détails sur la manière de vivre de Gaston Phébus. On en a fait un grand éloge. Nous les ferons connaître ici; mais nous doutons que les modernes partagent en cela complétement l'admiration des contemporains. « Il se lève vers l'heure de midi; après avoir ouï la messe, il dîne. Il y a ordinairement grand'foison de mets et d'entremets. Le nombre s'en est élevé jusqu'à deux cent cinquante, dans un grand festin donné par Phébus à Toulouse, et que le roi de France lui-même eut la curiosité d'aller voir. Derrière le comte se tiennent deux chevaliers remarquablement beaux, Yvain et Gratian, et plus près de lui, essayant les mets qu'il doit goûter, son fils unique, à la douce et mélancolique figure.

« Le dîner terminé, le comte passe à la salle *de parlement*, où l'on parle de toutes choses. Parmi les chevaliers le plus souvent cités par Froissart à la cour de

Phébus, nous nommerons Roger d'Espaigne, Menant de Navailles, le sire de Coarraze, de Bascle, de Caupène, Ernaulton de Sainte-Colombe, et Arnault de Béarn. Dans cette salle de parlement, on entendait ménestrels et troubadours, et l'on se plaisait à regarder dans les jardins les ébattements des Béarnais et des Basques s'éprouvant à la lutte, ou au jet de la pierre, ou au jeu de la paume, ou à *traire la darde* au plus haut et au plus loin. Après ces délassements, du vin et des épices étaient servis aux convives au moment où ils prenaient congé.

« Les goûts littéraires du comte de Foix ne le détournaient pas du soin des affaires sérieuses. Il a laissé de curieux monuments de jurisprudence. Il administrait tout par lui-même et voulait tout voir. Il s'occupait attentivement des finances, et savait allier à une magnifique générosité une sage économie.

« Minuit a sonné. Gaston Phébus passe de ses appartements à la salle à manger. Douze varlets, portant de grandes torches allumées, marchent devant lui et se rangent autour de la table, sur laquelle se répand ainsi une grande clarté. La salle est pleine de chevaliers et d'écuyers, car *tousjours estoient tables à foison dressées pour souper qui vouloit.* Comme le comte s'entend beaucoup en musique, il fait chanter les ménestrels et les clercs pendant les deux heures que dure son repas du soir.

« Pour bien finir sa journée, il récite de longues prières : un nocturne du Psautier, les Heures de Notre-Dame, du Saint-Esprit, de la Croix, et la Vigile des Morts[1]. »

Sous le gouvernement de Henri II de Navarre, le Béarn jouit d'une prospérité qu'il n'avait pas encore connue. Henri avait été fait prisonnier, en même temps que François Ier, à Pavie. Il réussit à s'évader, et, peu de temps après, il épousa la sœur du roi de France, la célèbre Marguerite de Valois, veuve en premières noces du duc d'Alençon. L'arrivée de la jeune reine de Navarre occasionna toute une révolution au château de Pau. Le vieux castel ne tarda pas à se métamorphoser en palais de la renaissance. De nouveaux appartements furent construits et meublés avec élégance; l'extérieur et l'intérieur de l'édifice furent décorés avec une recherche et un luxe propres à rappeler les merveilles créées ailleurs par le roi François Ier. Tout s'embellit par la volonté et sous la direction de cette princesse, qui professait une véritable passion pour les arts et la littérature. Elle voulut avoir les plus beaux jardins du monde. Une cour brillante entoura la princesse. Parmi les courtisans on ne tarda pas à remarquer les plus fougueux novateurs modernes : le protestantisme fut protégé à la cour de Navarre. C'était une erreur et une

---

[1] Bascle de Lagrèze, *Le château de Pau*, p. 56 et suivantes.

faute : une erreur, puisque la reine Marguerite, vers la fin de sa vie, désabusée des fausses doctrines de la réforme, revint à la religion catholique; une faute, attendu que, derrière les doctrines théologiques des prétendus réformateurs, se cachaient des prétentions politiques qui ne tardèrent pas à éclater, et qui ensanglantèrent notre pays. Marguerite afficha un peu trop ses prétentions au titre de femme savante : elle parlait le français, l'espagnol et l'italien, et elle entendait le latin, le grec et l'hébreu, dit-on. Dans l'assemblée des savants qu'elle attirait à sa cour, elle aimait à s'entretenir publiquement d'histoire, de philosophie et de théologie. Elle ne se contenta pas de parler; elle écrivit. Tout le monde connaît ses contes, réunis dans l'*Heptaméron*; c'est un recueil où l'honnêteté est blessée à chaque page; on n'en peut rien citer sans rougir. Comment une femme et une reine a-t-elle pu les écrire? Nous répèterons, après un spirituel auteur moderne, que son plus beau titre de gloire est d'avoir été la mère de Jeanne d'Albret, qui donna naissance au meilleur des rois.

Chez le voyageur sensible aux nobles impressions, que de souvenirs éveille le noble manoir de Pau! Ce n'est pas sans une vive émotion que l'on parcourt ces salles historiques, que l'on se promène dans les beaux jardins qui entourent le château, que l'on contemple ces paysages ravissants. Tout ici rappelle les sentiments qui remplissent et agitent le cœur des hommes. Les temps présents ne seront pas inférieurs aux temps passés. Digne héritier de toutes les gloires de la patrie, Napoléon III a fait somptueusement restaurer le berceau du plus populaire de nos princes, et dans les bosquets où brillèrent jadis des reines célèbres par leur esprit et leur beauté, on voit chaque année paraître l'impératrice Eugénie, dont l'inépuisable charité rappelle ce mot heureux d'une princesse de Navarre, que *les rois et princes sont les ministres de Dieu pour secourir et consoler les pauvres.*

RÉSIDENCES ROYALES ET IMPÉRIALES.

XXVI

CHINON

Un écrivain anglais, ravi de la perspective riante et variée qui se déroule au-dessous du château de Chinon, disait qu'en aucun pays du monde il n'avait rien vu de plus pittoresque, de plus frais, de plus gracieux que la vallée de la Vienne. Ce témoignage d'un étranger ne paraîtra pas suspect. Il faut ajouter que l'habitant de la Touraine, accoutumé à jouir des points de vue les plus agréables sur les coteaux de la Loire, du Cher, de l'Indre, de la Creuse, ne se lasse jamais de contempler les vertes prairies arrosées par la Vienne, coupées de grands arbres, bordées de collines couvertes de vignobles, se prolongeant dans un lointain vaporeux jusqu'à Cande et à l'immense val de la Loire. A travers le feuillage on voit se dresser de jolis manoirs, d'élégantes maisons de campagne, des hameaux, des bourgs, des clochers et des tourelles gothiques. Les habitations semblent avoir été disséminées à tous les points de l'horizon pour le plaisir du spectateur. La ville de Chinon étale ses maisons, tournées à tous les vents, au pied des hautes murailles du château et au bord de la rivière, dominées par la vieille église romane de Saint-Mexme, par la flèche de l'église Saint-Maurice bâtie par Henri II d'Angleterre, et par l'église Saint-Étienne reconstruite au milieu du xve siècle. Du côté de l'Ile-Bouchard le paysage n'est pas moins riche ni moins varié; en sorte que tout semble se réunir en un même cadre pour former un tableau incomparable.

Pour le voyageur arrivant à Chinon par les routes du midi ou du couchant, l'aspect du vieux castel est imposant. Quel effet devait-il produire à l'époque où il était dans toute sa splendeur! Ce fut primitivement une forteresse, située sur une éminence, commandant le cours de la Vienne et la fertile plaine du Véron. On pouvait la regarder comme la clef de la basse Touraine. Aussi voyons-nous les Romains, les Visigoths, les Francs, et plus tard les comtes d'Anjou, les comtes de Touraine, les rois d'Angleterre et les rois de France ne rien épargner pour s'en assurer la possession. En 462, Frideric, frère de Théodoric II, roi des Visigoths, s'étant avancé jusqu'aux bords de la Loire, s'empara du château de Chinon: les Romains l'occupaient jusque-là, et, par son heureuse position, il était devenu la dernière citadelle de leur puissance dans cette partie des Gaules. Ægidius

Afranius, gouverneur des Gaules pour les Romains, accourut en Touraine pour reprendre Chinon; mais il ne put en venir à bout par la force des armes; les habitants du pays d'alentour préféraient ces nouveaux conquérants à leurs anciens maîtres, dont ils avaient beaucoup à se plaindre. Peut-être, d'ailleurs, l'espérance d'une prochaine indépendance souriait-elle alors à toutes les imaginations? Les premiers dominateurs n'avaient plus qu'un empire fortement ébranlé, et les barbares étaient loin d'être solidement établis dans nos contrées. Quoi qu'il en soit, les Romains, désespérant d'emporter la place d'assaut, en firent le blocus. Déjà les défenseurs étaient aux abois, faute d'eau pour étancher leur soif, quand un violent orage vint verser une pluie abondante au milieu des remparts. Les Romains levèrent le siége, et les Visigoths restèrent maîtres du château jusqu'à la défaite d'Alaric dans les plaines de Vouillé. Clovis, vainqueur, comprenant l'importance de ce poste militaire, en fit un des remparts de son royaume dans nos riches provinces.

Les princes francs s'y installèrent si bien, que jamais aucun ennemi ne songea à leur en disputer la possession. Les Carlovingiens en étaient encore les maîtres, quand la féodalité transforma au profit des hauts barons le titre précaire qu'ils tenaient de la confiance du souverain. Thibault le Tricheur, dans ce vaste morcellement de la France, eut la Touraine en partage : il fit réparer le château de Chinon, et il y résida souvent, comme dans une forteresse inexpugnable.

Le lot de Thibault dans le partage du territoire n'était pas le moins agréable : aussi eut-il à le défendre contre l'envie de ses voisins. La Touraine, durant un siècle environ, fut comme une proie que se disputaient des rivaux puissants. A la fin elle resta au plus fort. Les comtes d'Anjou en devinrent complétement les maîtres à la suite de la bataille de Nouy, livrée sur les hauteurs de Montlouis en 1030. Dans le sein même de cette puissante maison, on se querelle sur la possession du château de Chinon, jusqu'à ce que, grâce à une alliance qui porta la maison d'Anjou jusque sur le trône d'Angleterre, Henri Plantagenet donne un nouveau relief à cette belle résidence. Henri II en fit son manoir de prédilection. Il y établit le siége d'un domaine royal privilégié, qui comprit Cande, Champigny, La Haye, l'Ile-Bouchard, Saint-Épain, Sainte-Maure, Azay-le-Rideau et Bourgueil. Ce prince était un rude jouteur et un adroit politique. Il mérita la réputation de protecteur des lettres et des arts. De cette époque datent d'utiles et remarquables travaux d'architecture en Anjou et en Touraine. De belles églises, d'un style élégant, que les archéologues ont désigné sous le nom de *style Plantagenet,* sont arrivées jusqu'à nous comme un témoignage permanent de l'avancement des arts. Henri II ajouta au château de Chinon une forteresse distincte des autres, ayant ses remparts, ses fossés, ses portes, ses ponts-levis, ses bâtiments pour le logement du roi, de sa cour et de ses archers, et son église dédiée à saint Georges. Du haut de son donjon, le roi d'Angleterre travaillait sans relâche à agrandir son territoire et son influence sur le continent. Par suite de son mariage avec Éléonore de Guienne, répudiée par le roi Louis VII, il était devenu plus puissant que son suzerain. Rien ne semblait devoir arrêter le cours de tant de succès, si la discorde ne s'était mise dans sa propre famille. Il était en guerre ouverte avec l'aîné de ses fils, le fameux Richard Cœur-de-Lion, lorsque la mort vint le frapper à Chinon, le 11 juillet 1189.

A peine ce puissant monarque eut-il fermé les yeux, qu'il fut dépouillé et abandonné par ses propres favoris. Son cadavre fut délaissé sans honneur : on emporta jusqu'à ses vêtements. Il demeura nu, gisant sur une table, et il ne se trouva qu'un jeune page, depuis peu à son service, qui le couvrit de son manteau. Tandis qu'on le transportait sans pompe à l'abbaye de Fontevrault, près de Chinon, où il avait souhaité d'être inhumé, Richard, que le bruit public avait informé de la mort de son père, vint se joindre avec ses barons au lugubre convoi, qu'il rencontra dans le faubourg Saint-Jacques, à deux pas des hautes murailles du château. Le guerrier témoigna de sa profonde douleur par des gémissements et par des larmes. Le corps fut exposé dans la grande église de l'abbaye, jusqu'au moment des funérailles. Richard vint à l'église. A l'aspect du roi étendu dans son cercueil, le visage découvert et encore empreint des convulsions d'une violente agonie, il éprouva un frémissement indicible, se mit à genoux devant l'autel, se leva après un court intervalle, et repartit aussitôt. Selon le récit des chroniqueurs contemporains, le sang coula en abondance des deux narines du mort, tant que le comte resta dans l'église. « Le lendemain de ce jour, dit Augustin Thierry, d'après Giraud le Cambrien, eut lieu la cérémonie de la sépulture. On voulut décorer le cadavre de quelques-uns des insignes de la royauté; mais les gardiens du trésor de Chinon les refusèrent, et, après beaucoup de supplications, ils envoyèrent seulement un vieux sceptre et un anneau de peu de valeur; faute de couronne, on coiffa le roi d'une espèce de diadème fait avec la frange d'or d'un vêtement de femme, et ce fut dans cet attirail bizarre que Henri, fils de Geoffroy Plante-genest, roi d'Angleterre, duc de Normandie, d'Aquitaine et de Bretagne, comte de l'Anjou et du Maine, seigneur de Tours et d'Amboise, descendit à sa dernière demeure [1]. »

Dix ans plus tard, un autre convoi royal prenait le chemin de Fontevrault : c'était celui de Richard Cœur-de-Lion. Blessé mortellement au siége de Chalus, ce

---

[1] *Histoire de la conquête de l'Angleterre*, tome III.

prince se fit transporter à Chinon, où il ne tarda pas à succomber dans une cruelle agonie.

Rien alors ne faisait présager que le château de Chinon dût sortir des mains des rois d'Angleterre, quand tout à coup un long cri d'indignation et d'horreur retentit dans le monde. Jean Sans-Terre venait d'assassiner lâchement à Rouen Arthur de Bretagne, son neveu. Un tel forfait ne devait pas rester impuni : de toutes parts on réclamait justice et vengeance. Philippe-Auguste fit citer le meurtrier à comparaître devant la cour des pairs du royaume. La jurisprudence du temps lui donnait ce droit, puisque Jean Sans-Terre, à cause de ses domaines sur le continent, avait des devoirs à remplir envers le roi de France, son suzerain. Après plusieurs ajournements régulièrement signifiés, le coupable, ne s'étant pas présenté, fut condamné à perdre tous les fiefs relevant de la couronne de France. La sentence était facile à rendre ; elle n'était pas aussi aisée à faire exécuter. Il fallait, pour que la justice eût son cours, un prince belliqueux et persévérant comme Philippe-Auguste. Le roi de France accourut en Touraine à la tête d'une armée, et s'empara de Tours, de Loches et de Chinon.

Le château de Chinon, il faut en convenir, fut vaillamment défendu : il fut pris d'assaut après une lutte opiniâtre. Philippe-Auguste y mit bonne garnison. Depuis lors, les Anglais n'y remirent jamais le pied ; et quand, par suite de nos discordes intestines, profitant de la trahison, ils dominèrent dans beaucoup de nos provinces, le château de Chinon fut le dernier refuge de la monarchie. De là partiront les coups qui rendront à la France son indépendance, et lui permettront de reprendre le cours de ses progrès et de sa marche civilisatrice, trop longtemps interrompu.

La féodalité avait singulièrement amoindri la puissance royale. De nobles efforts avaient été tentés pour rendre au prince l'autorité qu'il n'aurait jamais dû perdre. Ces tentatives avaient produit de mémorables résultats; mais les grands feudataires étaient mécontents. Ils voulurent profiter de la minorité de Louis IX et de la régence d'une femme pour reconquérir l'influence qui leur échappait. Les événements appelèrent à Chinon saint Louis et la reine Blanche. Le jeune roi tint un parlement de vingt jours aux portes du château. Les seigneurs rebelles refusèrent d'y comparaître; leurs projets cependant avortèrent, grâce à l'habileté de Blanche de Castille.

Philippe-Auguste rebâtit en partie le château de Chinon : l'œuvre du xiiie siècle est très-apparente au milieu des constructions postérieures. Sous le règne de saint Louis, on exécuta encore quelques travaux propres à rendre formidable l'ensemble de cette forteresse. Quoique la cour pût s'y loger et y déployer une grande pompe, il ne faudrait pas s'imaginer que les appartements fussent, par leur disposition, comparables à ceux de nos palais modernes. C'étaient de grandes salles, se commandant souvent, où beaucoup de monde se trouvait à la fois; on y accumulait les meubles précieux avec plus de profusion que de goût. Sauf la chambre royale et celles de quelques dames de distinction, le reste était un peu laissé à l'aventure, pendant la nuit, à l'usage des courtisans. Ceux-ci se couchaient à terre sur des tapis ou sur de la paille fraîche, que l'on renouvelait le soir, et qu'on faisait disparaître chaque matin.

En 1308, une vive agitation se manifeste dans le château et dans la ville de Chinon : on vient d'y conduire Jacques de Molay, grand maître de l'ordre des Templiers; Hugues de Péraldo, visiteur de France, et les commandeurs de Chypre, d'Aquitaine et de Normandie. D'autres chevaliers du même ordre y étaient déjà enfermés. On devait les conduire tous à Poitiers, où se trouvaient le pape Clément V et le roi de France Philippe le Bel; mais plusieurs d'entre eux étant tombés malades en chemin, le souverain pontife députa à Chinon trois cardinaux pour procéder à leur interrogatoire. Personne n'ignore le résultat de cette grave procédure: l'ordre des Templiers fut supprimé, et ceux qui étaient prisonniers à Chinon ne sortirent des cachots que pour monter sur un bûcher, à Paris. Ils avaient fait l'aveu de leurs fautes dans les interrogatoires auxquels ils avaient été soumis; mais la plupart se rétractèrent au milieu des flammes. Cette effroyable exécution eut lieu en 1313.

Vers la fin du xive siècle, Charles VI céda le duché de Touraine et le comté de Chinon à son frère Louis, duc d'Orléans, assassiné depuis par les ordres de Jean Sans-Peur, duc de Bourgogne. Cette époque rappelle les plus lugubres souvenirs de notre histoire. Nos campagnes furent ravagées par les bandes anglaises, habiles à profiter de nos dissensions. Charles VI, en proie à la plus affreuse des infirmités qui affligent la nature humaine, ne retrouvait de temps en temps quelques lueurs de raison que pour constater les maux qui désolaient le royaume. Voilà enfin l'heure de la délivrance arrivée. Le Dauphin a pris en main la cause de la royauté délaissée, trahie, humiliée. Il en appelle de son droit à Dieu et à son épée. Bientôt il monte sur le trône : pour ses ennemis, c'est le roi de Bourges. La France verra des jours plus prospères; et Charles VII, le Victorieux, étendra son sceptre sur le territoire soumis jadis à ses aïeux.

Charles VII établit sa cour à Chinon. C'est de là que la victoire, trop longtemps incertaine, partira pour accompagner nos drapeaux. Jeanne d'Arc vint trouver le prince à Chinon, et inaugurer sous les voûtes du château sa mission extraordinaire. Personne n'ignore les détails de l'arrivée de l'héroïne à Chinon; comment elle reconnut le roi déguisé au milieu de ses courtisans, lui révéla

un secret connu de Dieu seul et de lui, se montra pleine de confiance en la cause qu'elle devait faire triompher, réussit enfin à faire passer dans le cœur des autres l'enthousiasme qui débordait de son propre cœur. Charles donna à l'héroïque fille de Vaucouleurs l'*état* d'un chef de guerre, c'est-à-dire une maison, un écuyer, deux pages, deux hérauts d'armes et un chapelain. Le chef de cette maison était Jean d'Auton, vieux gentilhomme et vaillant chevalier. Douze chevaux composaient sa suite. Jeanne reçut des mains du roi une armure complète. Elle prit l'épée trouvée, d'après ses indications, dans l'église de Sainte-Catherine-de-Fierbois, sur la lame de laquelle cinq croix étaient gravées. On lui amena un grand coursier noir, jeune et vif. Elle s'élança avec la grâce et l'agilité de l'homme d'armes le mieux exercé sur ce haut cheval de bataille, saisit d'un air martial une petite hache qu'elle ne devait plus quitter. Tous étaient étonnés de sa contenance belliqueuse. Au moment de partir, Jeanne, entourée de la fleur de la noblesse française, et étendant la main dans la direction d'Orléans, dont elle allait faire lever le siége : « Partons, dit-elle, Messei-
« gneurs, et dans peu nous reviendrons en ce noble
« chastel apporter au Dauphin, notre maître, la nou-
« velle de la délivrance de sa bonne ville d'Orléans,
« puis le conduirons à Reims, où il sera sacré au nom
« des Cieux ! »

L'histoire l'a constaté, Jeanne inspira aux troupes

royales la plus grande confiance et ranima leur courage. Les rôles, de ce moment, furent changés : nos soldats prirent l'offensive, et ne tardèrent pas à faire expier aux Anglais leurs succès passés.

Au vieux manoir de Chinon se rattachent donc les premiers faits publics de la mission providentielle de Jeanne d'Arc. En ce moment Charles VII avait à ses côtés une autre femme au cœur généreux, à l'âme fortement trempée : c'était la reine Marie d'Anjou. Au milieu des plus tristes conjonctures, cette princesse s'efforçait de rallumer dans l'esprit du roi ces nobles sentiments qui n'auraient jamais dû s'éteindre. Son influence fut plus grande que les historiens ne l'ont reconnu ; elle fut bien plus salutaire et plus efficace que celle d'Agnès Sorel, dont les conseils *magnanimes* ont été révélés uniquement par l'*Histoire des femmes galantes*. Quand Agnès Sorel parut à Chinon pour la première fois sous les yeux de Charles VII, Jeanne d'Arc était montée sur le bûcher de Rouen depuis six mois. N'est-ce pas assez dire que la France était sauvée depuis longtemps et que les avis et remontrances d'Agnès venaient trop tard?

Quoi qu'il en soit, la présence d'Agnès Sorel à la cour de Chinon était insupportable au Dauphin, depuis Louis XI. Il s'en fit même un prétexte pour tramer une conspiration contre le roi. Ces projets d'un fils dénaturé ne réussirent pas ; mais ils empoisonnèrent les dernières années du roi.

En 1461, Charles VII mourait à Meun-sur-Yèvre, et Louis XI lui succédait sur le trône. Louis XI se fixa de préférence au château de Plessis-lez-Tours : il vint souvent à Chinon. Ce fut aux environs de cette ville, au château de Forges, qu'il sentit les premières atteintes du mal qui le conduisit au tombeau. Philippe de Commines, seigneur d'Argenton, gouverneur du château de Chinon, nous apprend comment lui survint cet accident, qui n'était pas moins qu'une attaque d'apoplexie. « Il commençoit jà à vieillir, dit l'auteur des Mémoires, et devenoit malade ; et lui estant aux Forges, près de Chinon, à son disner, lui vint comme une perclusion, et perdit la parole. Il fut levé de table et tenu près du feu, et les fenestres closes : et combien qu'il s'en voulsist approcher, on l'en garda par aulcuns qui pensoient bien faire, et fut l'an mille quatre cent quatre-vingt, au mois de mars que cette maladie lui print. Il perdit de tous points la parole et toute connoissance et mémoire. »

L'année même de la mort de Louis XI, naquit à Chinon un personnage fameux dans la littérature bouffonne, dont les écrits, quoi qu'en dise La Bruyère, ont fait les délices surtout de la canaille. François Rabelais est le plus cynique des écrivains, et si, comme quelques-uns le prétendent, il a voulu cacher sa philosophie sous le masque de la folie, il faut convenir qu'il y a trop bien réussi. Il faut être armé d'un courage à toute épreuve pour se hasarder à chercher les leçons de la sagesse au milieu d'un pareil tas d'ordures. Ce qu'on a pu dire de plus favorable au caractère de cet auteur obscène, c'est que sa conduite était meilleure que ses écrits:

Lasciva est nobis pagina, vita proba est.

Depuis la fin du règne de Louis XI, le château de Chinon fut peu fréquenté par la cour. Catherine de Médicis y était en 1560, et le duc d'Anjou, depuis Henri III, y parut à la tête de son armée marchant contre les réformés qui devaient être si rudement châtiés dans les plaines de Moncontour.

En 1629, la princesse de Conti, qui possédait Chinon par suite d'un échange de propriétés avec Henri de Lorraine, duc de Chevreuse, vendit le château de Chinon avec toutes ses dépendances au cardinal de Richelieu. L'acte de vente donne, pour ainsi dire, le signal de la démolition du château royal des Plantagenets et des monarques français. Nous l'avouons avec tristesse, l'œuvre de la destruction fut rapidement consommée. Quand vint la révolution qui chez nous amoncela tant de ruines, elle ne trouva plus rien à faire ici. Depuis un siècle et demi la demeure des rois était souillée et livrée au plus triste délabrement; la chambre même où Jeanne d'Arc vint promettre à Charles VII des jours plus prospères et le triomphe de la France est devenue méconnaissable!

Les débris du vieux manoir sont encore gigantesques. Ces hautes murailles, ces courtines démantelées, ces murs crénelés, ces tourelles découronnées abritent des souvenirs glorieux, et, dans son incessant travail de réhabilitation, l'archéologie nationale n'oubliera jamais le royal castel de Chinon!

AZAY-LE-RIDEAU.

XXVII

AZAY-LE-RIDEAU

Sur les rives de l'Indre, dans une fraîche vallée, au sein d'un pays fertile, le château d'Azay, ce joli bijou de l'art de la renaissance, se cache derrière de beaux massifs d'arbres. C'est bien la plus agréable résidence, avec Chenonceaux, que l'on puisse rêver pour se mettre à l'abri des ardeurs de l'été. Le calme, l'ombre, le murmure des eaux, une végétation luxuriante, des fleurs, le parfum des bois et des prés, le chant de mille oiseaux, tout ici se réunit pour en faire un séjour enchanté. Ajoutez à cela le voisinage d'une petite ville, assise à mi-côte de la manière la plus pittoresque, où l'industrie et le commerce font régner l'aisance.

La ville et le château d'Azay doivent leur origine à un établissement romain : la voie antique passait auprès, comme l'attestent des ruines assez considérables. Si les conquérants ont choisi ce lieu pour s'y fixer, leur préférence, sans doute, aura été motivée par l'existence antérieure d'une bourgade gauloise. Quoi qu'il en soit, à la station romaine succédèrent, dans le moyen âge, une forteresse et un poste militaire. La position était favorable : aussi l'histoire de Touraine montre qu'on s'en disputa sans cesse la possession, surtout à l'époque tourmentée qui s'étend de la dernière moitié du xiv° siècle au milieu du xv°. En 1418, le manoir féodal subit un rude assaut. L'année précédente, le duc de Bourgogne s'était emparé de la ville de Tours, aidé dans son entreprise par une reine coupable, mère dénaturée, Isabeau de Bavière, qui donnait la main aux ennemis de la patrie et travaillait contre les intérêts de son propre fils. Le Dauphin se trouvait alors à Chinon. Il partit en toute hâte, à la tête d'un corps d'armée, pour reprendre la capitale de la province. En passant devant Azay, il fut insulté par la soldatesque du haut des murs du château. Ceux-ci appelaient le prince et ceux de sa suite : *Restes des petits-pâtés de Paris;* faisant allusion aux massacres qui avaient récemment ensanglanté la capitale. Irrité d'une telle insolence, le Dauphin résolut d'en châtier sévèrement les auteurs; il ordonna d'assiéger la place, et de ne faire aucun quartier aux aventuriers qui s'y trouvaient enfermés. Le siége ne traîna pas en longueur. Les assaillants étaient exaspérés; les murs furent escaladés au bout de quelques jours. Le gouverneur eut la tête tranchée, et les soldats de la garnison furent pendus aux créneaux et aux barreaux des fenêtres. Cet acte de fermeté eut d'heureuses conséquences : on fut convaincu que le Dauphin ferait respecter l'autorité. Son arrivée à Tours avait été précédée du bruit de cette sévère expédition. La ville lui ouvrit ses portes sans difficulté. Les Tourangeaux lui étaient restés fidèles; et c'est une remarque qui doit être répétée à leur honneur : dans ces jours désastreux où la monarchie paraissait à deux doigts de sa perte, ils n'abandonnèrent jamais la cause nationale.

Ce qui paraîtra curieux, c'est que le château d'Azay n'appartenait pas aux agresseurs; c'était le droit du plus fort qui seul avait permis aux Bourguignons de s'y installer. Le seigneur d'Azay était alors Jacques de Montberon, fils du maréchal de ce nom, qui avait pour épouse Marie de Maulévrier. Les châtelains de ce temps éprouvèrent plus d'une fois les dures nécessités de la guerre, et leurs forteresses devenaient fréquemment l'enjeu des luttes sanglantes qui agitaient le pays. Ceux mêmes qui, par prudence ou par des calculs égoïstes, s'imaginaient pouvoir se réduire à un rôle passif, n'étaient pas épargnés au milieu des passions effervescentes et des animosités qui en étaient la conséquence inévitable.

Après le passage du terrible orage qui venait de fondre sur le château d'Azay, les dégâts furent promptements réparés. Nous y voyons en qualité de seigneur un membre de cette illustre famille de Bueil, qui se signala par son courage et sa persévérance à combattre les Anglais. Jean de Bueil, cinquième du nom, mérita par ses hauts faits d'armes et l'espèce de fureur avec laquelle il se précipitait sur les ennemis de sa patrie, à chaque fois qu'il en rencontrait, le surnom de *Fléau des Anglais*. Quand apparaissait la bannière du sire de Bueil, les plus braves parmi ses adversaires étaient comme frappés d'une terreur panique, si bien qu'à la fin son nom et sa présence valaient autant qu'un corps d'armée pour décider de la victoire. Il devint un des plus riches gentilshommes de France, du chef de sa femme, qui lui apporta le comté de Sancerre. En 1428, il se jeta dans la ville d'Orléans assiégée par les Anglais, et il concourut fortement à la défense de cette place, le boulevard alors de la puissance royale. En 1431, il était à la tête des deux cents Français qui, dans la chaude affaire de Beaumont-le-Vicomte, battirent trois mille Anglais. En 1435, il assistait à la bataille de Saint-Denis, où les Anglais furent complétement défaits. Il ne se passe presque pas une année sans qu'il prenne part à quelque glorieux fait de guerre : en 1439, il contribue à dégager le château de Sainte-Susanne, alors une des places les plus fortes du royaume; en 1441, il est présent au siége de Pontoise; en 1444, il est aux côtés du roi durant le siége de Metz; en 1449 et 1450, il parcourt la Normandie, toujours bataillant, toujours infatigable; cette même année, il assiste au siége de Cherbourg, où il est nommé grand amiral de France, après la mort de Jean Prégent de Coëtivy, qui fut tué durant ce siége; et, lorsque Cherbourg fut pris, le roi lui en confia le commandement. Il a une grande part à la conquête des villes de la Guienne, en 1451 et 1453; il se signale surtout au combat de Castillon, en Périgord.

Jacques de Bueil, que nous trouvons à Azay, était frère d'Anne de Bueil, mère du fameux cardinal Georges d'Amboise, ministre de Louis XII. Lui-même fut échanson des rois Charles VIII et Louis XII; il était comte de Sancerre, et parmi ses domaines il comptait celui d'Azay-le-Rideau, qu'il tenait de sa femme Jeanne de Bois-Jourdan.

Au commencement du xvie siècle, cette terre passa aux mains de la famille Berthelot de Tours. Les Berthelot appartenaient à la bourgeoisie; c'étaient même d'abord d'assez minces personnages. Mais ils réussirent à s'enrichir dans l'administration des finances. Grâce à leurs alliances avec la famille de Beaune-Semblançay, ils parvinrent aux emplois et à la fortune, s'ils n'arrivèrent pas à la considération. Jean de Beaune était aussi bourgeois de Tours. Louis XI les tira de l'obscurité, comme tant d'autres, et les plaça sur le grand chemin de la grandeur et de l'opulence. Gilles Berthelot fit raser l'ancien castel d'Azay pour construire le château actuel, ce chef-d'œuvre de la renaissance française, que les connaisseurs placent au-dessus des œuvres les plus estimées, à cause de la pureté, de la finesse et de l'originalité des sculptures. Il était fils de Jean Berthelot, trésorier et maître de la chambre aux deniers du roi. « Gilles Berthelot, dit M. Loiseleur, est l'homme important de la famille, et dont la mémoire mérite seule d'être sauvée de l'oubli. Gilles Berthelot, qui est le véritable constructeur d'Azay, dut l'influence qu'il exerça à la haute position de trois des sœurs de son père. Ces trois tantes furent pour lui comme des fées bienveillantes et protectrices, pareilles à ces marraines des contes qui entourent le prince nouveau-né de toutes sortes d'heureux dons. Toutes trois avaient contracté de bonnes et solides alliances, toutes trois eurent des enfants ou des gendres appelés à jouer un grand rôle dans l'État, et qui tendirent une main de frère à Gilles Berthelot, qui n'était que leur cousin germain[1]. » Pour comprendre la puissante influence de ces trois dames, il faut rappeler que Jeanne Berthelot, l'aînée, épousa Jean Briçonnet, et devint mère de ce Guillaume Briçonnet, d'abord surintendant des finances, qui, après la mort de Raoulette de Beaune, sa femme, entra dans l'état ecclésiastique, devint archevêque de Reims, et qui est connu dans l'histoire sous le nom de *cardinal de*

---

[1] Étude sur Gilles Berthelot, *Mémoires de la Société archéologique de Touraine*, t. XI, p. 184.

Saint-Malo. La seconde, nommée Marie, épousa Pierre Fumée, et eut pour fils Adam Fumée, le fameux empirique qui fut à la fois le médecin et le garde des sceaux de Louis XI. La troisième, qui s'appelait Gilenne, épousa Jean Ruzé, et maria Jeanne Ruzé, l'une de ses filles, avec le baron de Semblançay, l'illustre et malheureux surintendant des finances.

Gilles Berthelot, sous l'autorité de Semblançay, devint un des quatre trésoriers de France. Il s'employa avec un zèle plein de ressources au recouvrement des deniers publics, et, puisqu'il faut tout dire, à la création de nouveaux impôts. Tout le monde connaît la terrible issue de l'administration du baron de Semblançay. Accusé de malversation dans les finances, poursuivi par des ennemis acharnés à sa perte, il fut condamné et pendu à Montfaucon. Sa mémoire, il est vrai, fut réhabilitée plus tard. Gilles Berthelot crut qu'il était prudent de prendre la fuite; il réussit à s'esquiver et se retira à Metz, alors une des villes libres de l'Allemagne. Malheureusement pour lui, il mourut à Cambrai, peu de temps après la signature des lettres de rémission et d'abolition, par lesquelles François 1er permettait au fils de Semblançay de rentrer en France et lui restituait les biens de son père. Ces lettres furent données au mois d'avril 1529. Gilles Berthelot, mort en exil, eut encore la douleur de voir ses biens confisqués et son château d'Azay réuni au domaine royal.

Le joli manoir d'Azay-le-Rideau n'était pas entièrement achevé quand la disgrâce atteignit si cruellement le maître. Alors, probablement, François I*er* y fit sculpter son emblème, *la salamandre au milieu des flammes,* avec la devise NVTRISCO ET EXTINGVO. Le roi vint-il au château d'Azay? c'est un fait communément admis, quoiqu'il ait été contesté. Rien n'empêche d'admettre cette tradition, que semblent confirmer plusieurs détails de la décoration et de l'ameublement du château [1]. Il faut confesser toutefois que, si la cour y a résidé, elle n'y a laissé aucun de ces souvenirs si nombreux à Chambord, à Chenonceaux et à Fontainebleau. La façade du château d'Azay, où se trouve l'escalier d'honneur, est bâtie avec une magnificence toute royale. « Tout le monde connaît l'escalier de Chambord, dit M. le comte de Galembert; malgré des proportions plus modestes, l'escalier d'Azay n'est pas moins intéressant; car il peut être considéré comme le type de tous ceux qui furent bâtis selon le nouveau système. Mais ce qui lui donne une valeur particulière, c'est la richesse de sculpture prodiguée aux voûtes des deux travées parallèles. On ne sait lequel admirer le plus, de la fécondité d'imagination ou du bon goût de l'artiste, dans cette décoration splendide, où les objets les plus

---

[1] Le grand appartement fut, dit-on, habité par les rois François I*er*, Louis XIII et Louis XIV.

divers, statuettes, fleurs, fruits, animaux, lettres ornées, cuirs héraldiques, mascarons, se casent, s'unissent, se groupent avec harmonie. De ce mélange d'objets chimériques et réels, jetés à profusion sur des surfaces où se coupent à angle droit les lignes d'une architecture imitée de l'antique, est résulté cet escalier monumental, qui, non moins admirable à l'intérieur qu'à l'extérieur, forme, par un motif savamment développé, la façade septentrionale du château[1]. »

Vers la fin du règne de François Ier, Antoine Raffin, capitaine de cent hommes d'armes de la garde du roi, devint seigneur d'Azay-le-Rideau, qu'il transmit à ses descendants. Cette terre fut ensuite acquise par Henri de Beringhen, originaire du duché de Clèves, un des plus fidèles serviteurs de Louis XIII. En 1788, elle fut achetée par le marquis Charles de Biencourt, et elle est aujourd'hui la propriété de son arrière-petit-fils.

[1] *La Touraine*, p. 420.

XXVIII

AMBOISE

Des terrasses élevées du château d'Amboise, comme d'un belvédère, le regard embrasse un horizon immense. Aux pieds du spectateur, la Loire déroule ses eaux limpides, au milieu des grèves et des îlots de verdure, dans une large vallée remplie de maisonnettes, d'arbres, de troupeaux et de moissons. Les coteaux de Limeray, de Poçay, de Nazelles, de Noizay, semblent fuir dans un lointain vaporeux, laissant apercevoir entre le feuillage de nombreuses et charmantes maisons de campagne. Il y a quelques années, on aimait à regarder courant sur le fleuve les bateaux à vapeur, glissant entre les longs bateaux plats à larges voiles qui le couvraient alors, semblables aux flottes antiques. De rares flottilles apparaissent encore quand soufflent les vents d'ouest, comme un souvenir d'autrefois; mais leur allure pacifique, trop souvent retardée par les vents contraires, ne convient plus à l'activité du commerce moderne. Jadis on attendait avec patience; aujourd'hui on trouve les heures trop longues; on compte par minutes. Apercevez-vous, sur les rives de la Loire, à travers les touffes de peupliers, un panache de vapeur blanchâtre, semblable à un léger nuage, courant avec la rapidité de l'éclair? c'est la locomotive du chemin de fer, avec ses bruits stridents et ses grondements sourds, entraînant sur la voie ferrée voyageurs et marchandises comme dans un tourbillon d'orage. Tel est l'instrument et le symbole de l'agitation des temps présents. Les vieux chariots gaulois, les chars romains, les voitures rapides que dans notre enfance nous entendions appeler *diligences* à cause de la vitesse inouïe qu'elles donnaient aux voyages, les pittoresques bateaux de la Loire, qui transportaient d'Orléans à Tours en trois longues journées ceux qui maintenant font le même trajet en moins de trois heures, devaient promptement disparaître. Avec plus de rapidité peut-être encore, hélas! ont disparu les beaux souvenirs qui se rattachent à ces riches coteaux, à ces riantes campagnes, à ces vieux manoirs! Combien parmi les habitants du pays pensent aux événements dont ces lieux furent le théâtre? combien parmi ces voyageurs pressés, traversant notre province à la hâte, en est-il qui jettent un regard curieux vers le noble château d'Amboise?

Ces belles terrasses ont été foulées par les pieds de grands personnages, rois, reines, princes, chevaliers et illustres dames. A ce même endroit où l'histoire nous montre César, Clovis, les comtes d'Anjou, les seigneurs d'Amboise, Louis XI, Charles VII, Louis XII et Anne de Bretagne, François 1er, nous avons vu récemment l'émir Abd-el-Kader prisonnier, et Napoléon III venant lui rendre la liberté. Vraiment, en évoquant ainsi, dans un site enchanté, tant et de si nobles souvenirs, on apprend à mieux aimer la patrie. Qui n'est ému jusqu'aux larmes, en regardant sur cette même terrasse une jeune et brillante princesse, veuve à dix-sept ans, Marie Stuart sur le point de retourner en Écosse, et répétant sans cesse, les yeux fixés sur le paysage que nous contemplons : France! France! doux pays de France!

Suivant une ancienne tradition, confirmée du reste par de curieux monuments, Amboise aurait été, plusieurs siècles avant l'ère chrétienne, le centre d'un établissement de druides. A cette circonstance on devrait attribuer divers voyages de saint Martin à Amboise et la création d'une église.

Les Romains, deux siècles avant l'évêque de Tours, par suite, sans doute, de l'importance de cette place, établirent un camp fortifié au sommet du coteau. Les traces en sont encore reconnaissables. Peu de temps après, les Gaulois s'en emparèrent : on y découvre fréquemment de nombreuses monnaies romaines et des monnaies gauloises en plus grande quantité encore. Au-dessous ont été creusées de vastes caves-silos, voûtées avec soin, connues aujourd'hui sous le nom de *greniers de César*.

Évidemment la position était avantageuse. Aussi la résidence des conquérants fut-elle remplacée plus tard par une forteresse, transformée enfin en une somptueuse résidence royale. A la fin du ive siècle de l'ère chrétienne, le comte Anicien reçut de la munificence impériale la propriété du château et du domaine d'Amboise, et la transmit à ses enfants. Mais un nouveau conquérant a paru sur les rives de la Loire. Clovis, à la tête des Francs, sera bientôt le maître du pays. Le territoire d'Amboise lui fut donné par testament, dit le moine Jean, par Lupa, veuve d'Eudoxe, comte de Tours. Le bon moine de Marmoutier était-il inquiet sur la légitimité de la possession du monarque chrétien? En 504, Clovis et Alaric eurent une entrevue célèbre dans l'île Saint-Jean, au milieu de la Loire. Les deux princes, également ambitieux, s'y jurèrent une alliance éternelle : cette éternelle amitié dura trois ans.

Les princes carlovingiens, à l'exemple des mérovingiens, concédèrent successivement le château d'Amboise à titre de bénéfice à plusieurs personnages, dont le plus célèbre sans contredit fut Ingelger, comte d'Anjou, qui avait mérité cette faveur par son courage à guerroyer contre les hordes normandes. Enfin, dans les dernières années du xie siècle, Hugues devint maître d'Amboise. C'était un brave seigneur, qui avait hérité d'immenses richesses de Geoffroy de Chaumont, son grand-oncle, un des compagnons de fortune de Guillaume de Normandie à la conquête de l'Angleterre. Deux fois Hugues prit part aux croisades; il mourut en Palestine, et fut enseveli sur le mont des Oliviers. Il fut la tige de l'illustre maison d'Amboise, si renommée pour sa valeur guerrière qu'on l'avait surnommée *la race de Mars*. Ses descendants demeurèrent en possession du château d'Amboise durant plus de deux siècles. Ce fut Louis d'Amboise, en 1431, qui perdit ce beau domaine pour avoir fait partie d'une conjuration tramée contre le favori de Charles VII, Georges de la Trémouille. Louis d'Amboise avait même été condamné à perdre la tête. Il reçut grâce de la vie; plus tard on lui restitua plusieurs terres de sa famille; mais le château d'Amboise resta pour jamais uni au domaine de la couronne.

Charles VII prit possession sur-le-champ de la ville et du château d'Amboise. L'importance de la place lui en faisait un devoir. La France était alors en proie à mille difficultés : l'heure de la délivrance était arrivée; mais combien de plaies étaient encore saignantes! Le château fut restauré et agrandi.

Ce serait une erreur de croire que ce château, si magnifiquement construit depuis, présentait dès lors ces appartements somptueux qui en firent quelque temps la plus charmante habitation princière des bords de la Loire. Déjà les bâtiments étaient hauts et spacieux; mais ils offraient plutôt l'apparence d'une forteresse que d'une maison de plaisance. Quelques années plus tard, le monument fut habilement transformé. On ajouta à l'édifice principal une belle église collégiale dédiée à saint Michel, où plus tard Louis XI institua l'ordre royal de chevalerie qui porte le même nom.

Louis XI résidait habituellement au Plessis-lez-Tours; il vint fréquemment à Amboise. Ce monarque soupçonneux y tenait à distance la reine sa femme, Charlotte de Savoie. Il y fit élever, dans une ignorance absolue des affaires, son fils, depuis roi sous le nom de Charles VIII. C'est à Amboise que le prince découvrit la trahison de son ministre, le cardinal Balue : ce serviteur infidèle vendait les secrets de son maître au duc de Bourgogne. Tout le monde connaît la punition effroyable à laquelle il fut condamné. Le ministre passa plusieurs années de sa vie enfermé dans une cage de fer, genre de supplice plus d'une fois employé par le terrible châtelain du Plessis, en punition de crimes impardonnables à ses yeux.

A cette époque Amboise est résidence royale; mais il faut ajouter que c'est presque une prison. La reine et le Dauphin n'avaient pas la permission d'en sortir. Louis XI les y visitait quand la fantaisie lui en prenait; mais ses visites étaient rares. Dans les premiers jours du mois d'août 1483, on vit monter péniblement au château d'Amboise un vieillard maigre, courbé, chancelant, soucieux, le regard éteint, déjà marqué au front par la mort. Il était vêtu d'habits simples, presque sordides; on remarquait à son chapeau des médailles de plomb, entremêlées de petits reliquaires d'argent. Qui eût reconnu le roi de France? C'était Louis XI, sentant les approches de la mort, et apportant ses suprêmes instructions à son héritier. Louis XI affecta de donner à son fils le titre de roi, et lui prodigua toute espèce de démonstrations. Singulière conduite, toujours portée aux extrêmes! Louis XI avait fait sur lui sans doute un violent effort. Les ressorts de la vie étaient usés. Quelques semaines après cette visite mystérieuse, il rendit le dernier soupir, laissant entre les mains inexpérimentées d'un adolescent les rênes d'un empire, tenues jusque-là avec une fermeté tyrannique et parfois cruelle. Charlotte de Savoie mourut à Amboise quelques mois seulement après le roi son époux.

Né à Amboise en 1470, Charles VIII, enfermé dans le château par son père, y passa paisiblement les années de son enfance. Monté sur le trône, il conserva la plus vive affection pour cette résidence, qu'un autre eût prise en horreur comme une prison. Il se plut à l'embellir, et y parut toujours trouver le plus vif plaisir. Quand il eut épousé Anne de Bretagne, il s'efforça, par tous les moyens en son pouvoir, d'en rendre le séjour encore plus agréable. Ce prince avait un goût prononcé pour les beaux-arts. Il se montra constamment sensible aux délicates jouissances que procurent aux esprits éclairés les œuvres artistiques et littéraires. L'architecture reçut ses encouragements. On lui doit des travaux remarquables à Amboise, et quoique une mort prématurée ne lui ait pas laissé le temps d'accomplir ses desseins, la chapelle d'Amboise, vrai bijou de l'art de bâtir qui précéda immédiatement la renaissance, fait le plus grand honneur à sa mémoire. Qui ne connaît ces tours monumentales bâties par ses ordres, d'un effet si majestueux, d'une structure si savante, qui, à l'aide de pentes et de voûtes habilement combinées, permettent de conduire les voitures jusque dans la cour intérieure du château? Ce magnifique ouvrage, objet de l'admiration de tous les connaisseurs, fut achevé avant le retour de l'expédition d'Italie. Cette remarque a son importance : on y doit voir une œuvre de l'architecture française, avant qu'elle eût subi l'influence italienne.

Enlevé à vingt-huit ans, dans la première fleur de la jeunesse, Charles VIII laissa la France dans le deuil. « C'estoit, dit Commines, ung si excellent prince, que meilleur ne sçauroit estre. » La reine Anne parut d'abord inconsolable. Elle se consola pourtant bien vite; car, peu de temps après, elle épousa le roi Louis XII. Claude, fille de Louis XII, se plaisait fort à la résidence d'Amboise. Elle y séjourna fréquemment, même après que son époux, François Ier, fut monté sur le trône de

France. C'est là qu'elle donna naissance au Dauphin François, qui eut le pape Léon X pour parrain. A l'occasion du baptême, il y eut des fêtes brillantes à Amboise. Le roi, qui aima toujours le faste, et qui ne compta jamais avec la dépense, y déploya la plus grande magnificence.

Nous ne devons pas omettre ici un trait propre à faire connaître les mœurs du temps, et qui fait honneur au courage et au sang-froid du prince. François Ier se livrait avec passion à l'exercice de la chasse. Il ordonna d'amener dans une des cours intérieures du château d'Amboise un sanglier que les chasseurs avaient pris vivant. L'animal devait être excité et tué ensuite, pour l'amusement des dames. Rendu furieux par les cris et les attaques des veneurs, le sanglier, l'œil en feu, le poil hérissé, se précipite sur la porte d'un escalier, l'enfonce d'un coup de boutoir, et monte les degrés. Bientôt il entre dans l'appartement des dames. Toutes poussent un cri de terreur. Les assistants, surpris, semblent paralysés. François Ier tire son épée, s'avance vers le monstre, et, avec la vigueur et la grâce d'un lutteur antique, il le renverse expirant sur le plancher.

Aux bruyants éclats des fêtes et des plaisirs devaient bientôt succéder les alarmes. François II et Marie Stuart arrivèrent à Amboise, pour échapper aux fureurs des partis. Le complot connu sous le nom de *Conjuration d'Amboise* éclata en 1560. Les menées des conspirateurs furent déjouées; plusieurs infortunés, pris les armes à la main, furent décapités ou pendus aux créneaux du château. Les meneurs de cette malheureuse expédition étaient protestants; de là les déclamations des écrivains huguenots. L'histoire cependant ne doit pas s'inspirer des rancunes des partis; elle nous apprend qu'une quinzaine de rebelles payèrent de leur vie une folle tentative contre l'autorité royale. Il y a loin de là aux boucheries inventées par la mauvaise foi. La Loire ne fut pas rougie du sang des victimes, et les flots paisibles de ce fleuve n'eurent pas à rouler des cadavres sur leurs rives épouvantées. Ce triste résultat de la révolte de sujets mécontents est déplorable : mais bientôt les discordes civiles, fomentées par la même cause, répandirent partout en France la ruine, l'incendie et le meurtre, le mépris des lois, et toutes les calamités qui en sont la suite inséparable. Charles IX signa un édit de pacification vers la fin de 1562, au château d'Amboise. Malheureusement les concessions royales furent impuissantes alors à calmer les passions surexcitées. Nos provinces restèrent encore trop longtemps en proie aux violences et aux luttes de partisans indisciplinés. La cause de l'autorité ne fut décidément gagnée qu'en 1569, dans les plaines de Montcontour.

A partir de cette époque, le château d'Amboise fut abandonné comme résidence royale. La politique en fit une prison d'État, où l'on vit successivement enfermés les princes épargnés au congrès de Blois, le surintendant La Vieuville, César duc de Vendôme et son frère Alexandre, grand prieur de France, Fouquet, Lauzun et plusieurs autres. Louis XIV s'arrêta quelques instants à Amboise, en 1650, dans son voyage à Bordeaux. Plusieurs princes de la famille royale y parurent à de longs intervalles. Enfin, en 1762, le duc de Choiseul échangea la terre de Pompadour en Périgord contre la baronnie d'Amboise. Deux ans auparavant, il avait acquis Chanteloup, où il s'était plu à faire bâtir un magnifique pavillon. Tombé en disgrâce, le ministre se retira à Chanteloup. Les mécontents lui ménagèrent un triomphe propre à flatter son amour-propre, mais qui fut cependant le commencement d'une ruine complète. En 1785, le duc de Penthièvre acquit le domaine et le château d'Amboise. C'était à la veille de la révolution, qui dévasta et vendit cette belle résidence. Ce ne fut pourtant que de 1806 à 1810 que l'antique église collégiale et les constructions situées à l'aspect du couchant et du midi furent entièrement rasées. La jolie chapelle de Charles VIII trouva grâce, avec les bâtiments ayant vue sur la Loire. Ces tristes mutilations ont déshonoré le palais princier d'Amboise, qui n'offre plus que l'ombre de ce qu'il fut jadis. C'est néanmoins encore un noble édifice que recommanderont à jamais aux amis de nos gloires nationales de précieux souvenirs et un des sites les plus pittoresques du monde.

CHAUMONT.

RÉSIDENCES ROYALES ET IMPÉRIALES.

XXIX

CHAUMONT

Comme tant d'autres vieux manoirs qui couronnent les coteaux de la Loire, le château de Chaumont a une origine féodale. Longtemps même les seigneurs, ou peut-être simplement leurs procureurs, avides et mal endurants, valurent à cette localité une assez mauvaise réputation. Les voyageurs avaient à payer des droits de plusieurs sortes, et les collecteurs de l'impôt seigneurial n'étaient ordinairement pas faciles à apitoyer. Mais ce qui fixe l'attention de l'historien sur ce manoir, qui commande le cours de la Loire, dans une position avantageuse, ce ne sont pas les exactions de quelques pillards du second ordre, chose trop commune en une foule de passages dominés par une forteresse féodale, c'est le rôle que les possesseurs de ce château jouèrent dans le cours des événements.

Au commencement du xie siècle, les rives de la Loire

et les champs de la Touraine étaient sans cesse troublés par le bruit des armes. Des bandes d'aventuriers sillonnaient le pays, semant de tous côtés les alarmes et ne se faisant pas faute, au besoin, de piller, de rançonner et de tuer les vilains. Des corps d'armée venaient ensuite fouler la campagne, et causaient des maux souvent irréparables. Ces mouvements continuels étaient entretenus par l'ambition des comtes d'Anjou, déjà maîtres d'une partie de la Touraine et qui voulaient joindre cette belle province en entier à leurs autres possessions. Les comtes de Touraine défendaient vaillamment leurs droits; ils n'allaient pas tarder cependant à succomber dans les plaines de Montlouis.

Dans ces luttes acharnées et journalières, les légitimes ou du moins les anciens possesseurs du sol rencontrèrent des compagnons d'armes, hardis batailleurs, n'ayant peur de rien, excepté de passer pour lâches. Un des tenants les plus intrépides d'Eudes II, comte de Champagne, de Blois et de Touraine, était Gilduin de Saumur. C'était un homme au cœur dévoué, à la main de fer, à la tête ardente, ami ou ennemi passionné, ne sachant pas être hostile ou fidèle à demi, d'une activité dévorante, fertile en ressources, surtout quand il s'agissait de faire du mal à son adversaire. Il était la terreur de ses voisins, et on l'avait surnommé *le Diable de Saumur*. Foulques Nerra, certes, n'était guère accessible à la frayeur. Il craignait pourtant la fougue et les ruses de

Gilduin, qui lui avait donné de rudes leçons en plus d'une occasion. Le *Diable de Saumur* ne put cependant lutter victorieusement contre la mauvaise destinée de son suzerain. Mais celui-ci, pour récompenser son zèle, lui donna Chaumont. Peut-être était-ce une compensation à la perte de Saumur; c'était certainement de la part du suzerain un acte d'adroite politique. Chaumont était limitrophe d'Amboise, que possédait Foulques Nerra. Les deux voisins n'étaient commodes ni l'un ni l'autre; Eudes, par conséquent, était assuré de voir ses frontières bien gardées de ce côté-là.

Sur la fin de sa vie, Gilduin devint pacifique et religieux. On lui doit la fondation de l'abbaye de Pont-Levoy. Sa carrière fut bien remplie. On ne saurait s'empêcher de rendre hommage à sa mémoire: il resta fidèle à son maître, même dans l'adversité, chose rare à cette époque, rare peut-être en tout temps.

Le château de Chaumont était alors une citadelle, où tout était disposé pour la résistance, rien pour l'habitation commode. On pourrait le relever en imagination en plaçant au sommet du coteau un donjon flanqué de contre-forts ou de tourelles, entouré d'un mur d'enceinte et de fossés profonds, à peu près dans la forme que nous offrent aujourd'hui les ruines pittoresques et grandioses du château de Montrichard. Les abords n'en sont pas gracieux: des forêts l'entourent, quelques postes militaires disséminés sur les hauteurs veillent à la sûreté générale, des cavaliers rôdent sans cesse aux environs; des maisonnettes se serrent à l'abri des murailles, cherchant humblement à se faire oublier à l'ombre des tourelles seigneuriales.

Bientôt des fêtes bruyantes sont pour la contrée le signal d'une sécurité inconnue auparavant. Sulpice, fils de Lisois de Bazougers, seigneur d'Amboise, épouse Denise, petite-fille de Gilduin de Chaumont. Cette alliance est de bon augure; les deux redoutables voisins sont devenus amis. De ce mariage date l'union des deux domaines : telle fut l'origine de cette illustre famille d'Amboise-Chaumont, qui joua plus tard un si grand rôle dans l'État.

Malheureusement Sulpice II, issu de cette alliance, ne sut pas rester tranquille dans son manoir de Chaumont, ni dans son magnifique château d'Amboise. Dans ses veines coulait le sang de ces fiers chevaliers, impatients du joug, toujours prêts à recourir aux armes pour venger leurs querelles, pour faire respecter ce qu'ils regardaient comme un droit, ou pour agrandir leur puissance. Les traditions du Tricheur et celles du *Diable de Saumur* n'étaient pas perdues. Sulpice, oublieux du passé ou dédaigneux des leçons de l'expérience, se mit en révolte ouverte contre son suzerain, le comte de Blois, sans respecter davantage les légitimes susceptibilités des comtes d'Anjou et de Touraine, desquels il relevait pour son château d'Amboise. La lutte s'ouvrit sans délai : le Blésois servit de champ de bataille. Mais les rêves du seigneur d'Amboise et de Chaumont ne devaient pas durer longtemps. Il fut battu, fait prisonnier et jeté dans un cachot du donjon de Châteaudun. Là, il put à loisir méditer sur les inconvénients des appétits immodérés et sur les dangers de l'ambition. L'horreur de la prison ne fut que le prélude de supplices atroces. Le vainqueur renouvela sur le chevalier désarmé les cruautés que les âges barbares avaient inventées, et dont la seule indication fait dresser les cheveux sur la tête. Sulpice, dépouillé de ses vêtements, chargé de chaînes, fut étendu à plusieurs reprises sur un lit de fer placé au-dessus d'un brasier ardent. Les chairs du malheureux étaient grillées à petit feu, et l'on avait la féroce précaution d'arrêter la torture au moment où les forces commençaient à défaillir. On laissait le patient respirer quelques jours, après quoi on reprenait cette scène sauvage. On ne saurait penser sans frissonner aux douleurs excessives que devait endurer le malheureux prisonnier, lorsque le fer rouge ranimait les plaies mal fermées et en ouvrait de nouvelles, non moins effroyables. Thibault de Blois faisait ainsi tourmenter Sulpice de Chaumont pour le contraindre à céder sans conditions sa forteresse, que la force des armes n'avait pu réduire. Sulpice eut assez de courage pour refuser jusqu'au bout. Il mourut sans céder. Son fils Hugues, effrayé de la perspective de souffrir les mêmes traitements après la mort de son père, aima mieux abandonner Chaumont que de s'étendre sur ce lit d'affreuse agonie. La cession fut signée à Châteaudun, et à ce prix il recouvra la liberté.

Thibault usa de la faiblesse de son adversaire comme il avait usé de la victoire, en maître, ou plutôt en tyran; il fit raser le château de Chaumont. C'était un acte de vengeance irréfléchie; c'était une faute : les événements ne tardèrent pas à en pousser la démonstration jusqu'à l'évidence. Devenus rois d'Angleterre, les comtes d'Anjou et de Touraine étaient des voisins bien plus inquiétants que par le passé. Les vues de sage politique qui avaient porté les comtes de Blois à donner Chaumont au vaillant Gilduin ne pouvaient être méconnues. Aussi Thibault V, fils du démolisseur de Chaumont, se hâta-t-il de rééditier cette forteresse, le boulevard de l'indépendance de ses États contre les prétentions de princes devenus les plus puissants de l'Europe. Il était trop tard! mot fatal prononcé la veille et le lendemain des catastrophes. En vain, pour abaisser l'orgueil et la domination de Henri II d'Angleterre, le comte de Blois se mit-il à la tête d'une coalition formidable contre l'habile et rusé monarque. Henri II entra en campagne, humilia ses adversaires, et, pour ne pas nous éloigner des rives de la Loire, s'empara de Chaumont, où il laissa une garnison. Pour tenir en échec le comte de Blois, il ne crut pas pouvoir mieux agir qu'en donnant Amboise et

Chaumont à Hugues II, fils de ce Sulpice si indignement traité dans la citadelle de Châteaudun. Il pouvait se fier à la haine du fils de la victime pour surveiller le comte de Blois et pour servir chaudement ses intérêts. Hugues II ne fut pas ingrat : il resta fidèle au parti de Henri II; il reçut même plusieurs fois à Chaumont le roi d'Angleterre, et le traita, ainsi que sa cour, avec une extrême magnificence. Néanmoins, quand la paix fut affermie, il maria son fils aîné, Sulpice III, avec Isabelle, fille aînée de Thibault, comte de Chartres et de Blois. Ce Sulpice III donna un nouvel exemple des changements auxquels l'ambition expose les hommes. Quand le moment du danger fut venu, il abandonna le roi d'Angleterre, son bienfaiteur, pour épouser la cause de Philippe-Auguste. Nous ne lui en ferons pas cependant de durs reproches; car dans la vie des peuples il vient un moment où l'esprit national domine les hommes, sans qu'ils puissent, pour ainsi dire, se rendre compte de l'entraînement qu'ils subissent. Philippe-Auguste voulait la France forte et puissante : il porta un coup décisif à la prépondérance de l'Angleterre, qui, devenue, par suite d'événements extraordinaires, propriété de vassaux trop riches relevant de la couronne de France, lui causait des inquiétudes très-fondées. Philippe-Auguste sut frapper juste, fort et ferme. Mais que de sang sera versé encore avant que la France soit débarrassée d'influences néfastes!

Après Hugues II la maison d'Amboise-Chaumont présente une généalogie assez embrouillée. Nous n'avons aucun intérêt ici à établir clairement les alliances et la descendance de seigneurs qui n'ont pas réussi, par leur conduite, à percer l'obscurité des temps. Nous les laisserons dormir en paix dans l'oubli qui pèse sur leur mémoire et sur leurs tombes. Nous arriverons tout de suite à ceux qui sont devenus justement célèbres.

Louis d'Amboise fut un des courtisans en faveur à la cour de Charles VII. L'envie le perdit. En compagnie de plusieurs seigneurs ses amis, il entra dans un complot qui avait pour but de faire disparaître La Trémouille, favori du roi. La Trémouille fut enlevé, près des appartements du roi, sans respect pour la majesté royale, et avec des circonstances outrageantes. Le parlement fit le procès aux conjurés : trois des principaux furent condamnés à perdre la tête. Deux, Lezay et Vivonne, subirent la sentence; le troisième, Louis d'Amboise, eut grâce de la vie; mais ses biens furent confisqués. Plus tard ils lui furent rendus en partie : Amboise resta définitivement annexé au domaine de l'État. C'est à partir de cette époque que la branche principale de la famille d'Amboise fixa sa résidence au château de Chaumont. Pierre d'Amboise, seigneur de Chaumont, eut d'Anne de Bueil, sa femme, dix-sept enfants, parmi lesquels nous devons signaler spécialement Georges, cardinal d'Amboise, le huitième de ses fils, et Émery, qui devint grand maître de l'ordre de Malte.

Le cardinal Georges d'Amboise, ministre de Louis XII, a répandu sur sa famille un éclat immortel, plus durable que l'illustration des armes. Né à Chaumont en 1460, il devint premier ministre de Louis XII. Le roi eut à s'applaudir de ce choix, et la nation ne tarda pas à en connaître tout le prix. Les premiers soins du ministre se dirigèrent vers le dégrèvement des impôts. Avec un pareil souci, si rare dans les courtisans, il était bien sûr de plaire au peuple. Rien, du reste, ne le détourna du but auquel il voulait atteindre : sa conduite fut appréciée. Aussi mérita-t-il le surnom glorieux d'*Ami du peuple,* qui lui fut décerné dans l'assemblée des états tenue au château du Plessis-lez-Tours, quand le roi fut salué du titre de *Père du peuple.* Peu de ministres ont fait plus de bien et moins de mal que lui. On lui a reproché quelques fautes, telles que la guerre du Milanais, qu'il conseilla à Louis XII. La suite des événements a suffisamment montré que c'était une erreur; mais quel est l'homme d'État, de quelque fermeté d'esprit qu'il soit doué, au milieu des détours obscurs de la politique, ayant à lutter contre des influences diverses, modérant les uns, aiguillonnant les autres, assez sûr de son jugement pour ne jamais se passionner, qui ne soit exposé parfois à faire fausse route? Ses contemporains avaient grande confiance en lui. En toutes choses, en effet, il procédait avec une sage lenteur et une extrême réserve. Quand les circonstances devenaient trop critiques, il était passé en proverbe de dire : « Laissez faire à Georges. » On a dit et répété qu'il avait nourri l'ambition de monter sur le trône pontifical. Cela ne paraît pas douteux, et l'on ajoute que, sans l'opposition des Vénitiens, il eût été élevé sur la chaire de saint Pierre après la mort du pape Pie III. Mais ce qui est un conte ridicule, trop aisément accepté par quelques historiens peu bienveillants pour les grands hommes du clergé, c'est que le cardinal, irrité de cet échec, aurait engagé le roi, pour se venger, à déclarer la guerre à Venise. Le cardinal Georges d'Amboise mourut à Lyon, en 1510, âgé de cinquante ans. La régularité de sa vie, au milieu d'une cour fort dissipée, l'avait préparé à la mort. Sur son lit d'agonie, au couvent des Célestins, et jetant un coup d'œil en arrière sur les événements auxquels il avait pris part, il répétait souvent au frère infirmier qui le soignait : « Frère Jean, que n'ai-je été toute ma vie frère Jean ! » Georges possédait les qualités qui font les grands ministres et les grands citoyens : il aimait sincèrement le prince qu'il servait, et il était également dévoué au bien public. Son corps fut transporté dans la cathédrale de Rouen, dont il était archevêque, et enseveli sous un magnifique tombeau de marbre.

Tandis que le cardinal dirigeait les affaires avec autant de prudence que de succès, son frère Émery d'Amboise, né à Chaumont en 1454, un des plus braves capitaines de son temps, fut élu grand maître de l'ordre de Malte, pour succéder à Pierre d'Aubusson. Ce choix causa une vive joie, et nous devons ajouter qu'il fut comme le signal des victoires les plus signalées remportées contre les ennemis du nom chrétien. Comme son frère, Émery joignait l'adresse et la prudence à une ténacité de caractère qui garantit le succès quand ces qualités sont unies à un jugement droit. En peu d'années, trois batailles navales furent livrées et gagnées, les corsaires les plus redoutables délogés et chassés.

Tandis que s'accomplissent ces graves événements, nous pouvons apercevoir à Chaumont une jeune fille rêveuse, d'une rare beauté, d'un esprit plus remarquable encore : elle se nomme Catherine d'Amboise. Entraînée vers la poésie par ce charme secret qui exerce un irrésistible empire, elle faisait elle-même des vers. Sa muse était inspirée par le magnifique paysage qui se déroule sous les yeux au bas du manoir de Chaumont. Que son imagination devait entrevoir de riants fantômes, poursuivre de gracieuses pensées, ébaucher de charmantes compositions, en face de cette nature parée de tous les dons de Dieu, devant ce fleuve roulant lentement ses eaux entre des rives enchantées ! N'est-il pas permis de regarder comme l'expression de ses poétiques et religieuses émotions la naïve *épistre* adressée par elle *à la Mère de Dieu, la Vierge benigne, mère de paix, pucelle de concorde, mon advocate, ma Dame, maistresse et amie*[1], ou le *Chant Royal* dans lequel elle célèbre avec enthousiasme

> La plus belle qui jamais fut au monde.

Pour honorer dignement la Vierge, Catherine invoque les Anges et les Muses. Par un mélange du sacré et du profane dont la renaissance des lettres nous a laissé plus d'un exemple, elle s'adresse aux personnages les plus fameux de la Bible et de la Mythologie. Dans son ravissement elle s'écrie :

> Viens, Apollo, jouer des chalumeaux ;

elle appelle *Aurora,* qui prélude aux beaux jours; Orpheus, *pour sonner harpes et clarins;* Amphion, si connu par des prodiges dus à l'harmonie de sa lyre. Elle continue :

> Viens, royne Hester, preparée de joyaulx,
> Venez, Judith, Rachel et Florimonde,
> Accompagnez par honneurs speciaulx
> La plus belle qui jamais fut au monde.

La douce figure de Catherine d'Amboise à Chaumont repose un peu des souvenirs de batailles. Et pourtant à côté d'elle, nous découvrons son frère, Charles d'Am-

---

[1] Voyez *Les Devotes Epistres de Katherine d'Amboise.* Publication de la Société des bibliophiles de Touraine ; Tours, Mame, 1861.

boise, II⁰ du nom. Ce jeune homme monta rapidement au sommet des honneurs : il fut successivement grand maître, maréchal et amiral de France. La mort le surprit en Lombardie, à l'âge de trente-huit ans. Il mérita ce bel éloge: « Mort le prinst un peu bien tost, car il fut homme de bien toute sa vie. »

Le nom de Charles d'Amboise rappelle les embellissements, pour ne pas dire la reconstruction du château de Chaumont, dans les dernières années du xv⁰ siècle. La haute position à laquelle furent élevés les membres de la famille d'Amboise, et plus encore peut-être les fréquents voyages de quelques-uns d'entre eux en Italie, exercèrent une forte influence sur leur goût pour les beaux-arts. La maison d'Amboise exerça une action marquée sur le mouvement de la renaissance en France : nous ne sommes pas les premiers à en faire la remarque. Des monuments dus à leur initiative ou à leurs libéralités, outre le château de Chaumont et le fameux château de Gaillon, subsistent encore à Albi, à Clermont-Ferrand, à l'hôtel de Cluni, à Paris, etc. Après la mort du fils unique du maréchal d'Amboise, mort sur le champ d'honneur à Pavie, âgé de vingt-deux ans, les vastes domaines de la famille d'Amboise passèrent à Antoinette d'Amboise, mariée à Jean de la Rochefoucauld, de la branche de Barbezieux. Antoinette vendit Chaumont à la reine Marie de Médicis pour la somme de cent vingt mille livres : l'acte de vente est du 31 mars 1550.

Le roi Henri II aimait la résidence de Chaumont : il y séjournait volontiers avec la reine son épouse. Mais la jalousie de la princesse italienne y souffrait cruellement du voisinage de Chenonceaux, où habitait Diane de Poitiers. Aussi, dès que Henri II eut rendu le dernier soupir, Catherine songea-t-elle à devenir maîtresse de Chenonceaux. Dans cette possession elle trouvait une double satisfaction : d'abord, le plaisir de la vengeance, qui n'était pas médiocre dans le cœur d'une femme originaire du pays de la *vendetta* ; ensuite la jouissance paisible d'une délicieuse habitation qu'elle avait toujours enviée à sa rivale. Avant de quitter Chaumont, où Catherine de Médicis, toujours éprise d'une folle passion pour l'astrologie, avait poursuivi à l'aise bien des rêveries, au milieu de ses observations nocturnes, elle prit part à une scène magique dont le souvenir a été conservé par l'histoire. A peine a-t-elle vu son mari descendre prématurément dans la tombe, qu'elle voit l'aîné de ses fils, François II, prince débile, pencher vers la mort, en proie à une maladie dont les symptômes sont effrayants. Le visage du jeune roi est livide et taché de pustules ardentes. La flamme de son regard est éteinte ; mais par moments de ses yeux s'échappent des lueurs sinistres. Ce malheureux prince, après quelques mois de règne, n'a même plus la force de sourire à sa gracieuse compagne, Marie Stuart. Son esprit s'engourdit en même temps que son sang appauvri se glace.

Émue, comme l'est toujours une mère, dans la perspective d'une catastrophe prochaine, la reine régente eut recours à l'astrologie. Tandis que le jeune prince restait à Blois, elle alla s'enfermer à Chaumont avec le trop fameux Ruggieri. L'astrologue avait fait ses préparatifs dans une vaste salle, où l'on découvrait disposés avec un désordre qui n'avait peut-être pas été laissé au hasard, des squelettes d'animaux, des minéraux, des paquets d'herbes sèches, des instruments d'une forme bizarre, des parchemins couverts de figures géométriques ou de caractères cabalistiques, des baguettes magiques, des miroirs en métal, des anneaux, des chaînes, enfin tout l'attirail de la sorcellerie [1].

L'astrologue montra d'abord à la reine quatre thèmes de nativité dressés d'après ses ordres, et qui étaient ceux de ses quatre fils. Ces thèmes étaient le résumé d'observations astronomiques, combinées d'après des règles fixes, d'où l'on faisait découler une série de conséquences fatales, heureuses ou malheureuses. La destinée humaine était déterminée à l'avance : les initiés pouvaient la lire dans le ciel écrite en caractères de feu. Ces quatre princes, d'après les oracles immuables de l'astrologie, étaient destinés à mourir de mort violente, à descendre dans la tombe sans laisser de postérité; tous quatre devaient ceindre leur front d'une couronne royale.

[1] M. J. Loiseleur, *Chaumont*, p. 34.

Ces tristes révélations firent l'impression la plus douloureuse sur l'esprit de la reine. En proie à une violente angoisse, Catherine, également superstitieuse et crédule, voulut savoir si la magie confirmerait le langage des astres et parviendrait à préciser leurs arrêts.

« Ruggieri, dit M. Loiseleur, la conduisit devant un miroir magique, sans doute appliqué à la muraille qui fait face à la cheminée, à l'endroit où l'on voit maintenant un lit à colonnes torses; en sorte que la lumière, une pâle lumière d'un soir d'octobre, déjà tamisée et dénaturée par des vitraux de couleur, n'arrivait au miroir que grâce à l'insuffisante réfraction du côté opposé à l'épaisse muraille où est percée la fenêtre. Dans ce miroir enchanté la reine vit une salle qui sans doute n'était pas celle où elle se trouvait, et le magicien l'avertit que ceux qu'elle allait voir passer à travers cette salle règneraient autant d'années qu'ils y feraient de tours.

« D'abord s'avança le roi régnant, figure triste et morne que la reine eut à peine le temps d'apercevoir, tant elle fut prompte à s'évanouir.

« Catherine, pâle de terreur, connut ainsi qu'elle devait, avant qu'une année entière s'écoulât, voir mourir son fils aîné.

« A la suite vint le futur Charles IX, qui fit treize tours et demi et disparut, laissant dans la glace comme un nuage sanglant.

« Ensuite le duc d'Anjou, qui devait être Henri III, fit quinze tours avant de s'arrêter.

« Et comme Henri troisième, dit Pasquier, eut fait quinze tours, voilà le feu roi (Henri IV) qui entre dans la carrière, gaillard et dispos, qui fit vingt tours entiers, et voulant achever le vingt-unième, il disparut. A la suite vint un petit prince de l'âge de huit à neuf ans, qui fit trente-sept ou trente-huit tours, et après cela toutes choses se rendirent invisibles, parce que la reine mère n'en voulut pas voir davantage. »

Cette visite, à ce qu'il paraît, fut la dernière que Catherine de Médicis fit au château de Chaumont. Peu de temps après, elle échangea cette terre contre celle de Chenonceaux. Diane de Poitiers vint rarement à Chaumont. Après la mort de Henri II elle se retira dans son château d'Anet, où elle mourut dans la solitude. « Elle n'était pas méchante, dit un écrivain moderne; et, comme vers la fin de sa vie, elle ne pouvait faire à personne ni bien ni mal, on l'oublia et on la méprisa. »

La terre de Chaumont, au décès de la duchesse de Valentinois, passa aux mains de l'aînée de ses filles, Françoise de Brézé, duchesse douairière de Bouillon. Celle-ci était veuve alors de Robert de la Marck, petit-fils du fameux *Sanglier des Ardennes*, maréchal de France, prince de Sedan et quatrième duc de Bouillon. La mère de ce Robert de la Marck était la nièce du cardinal Georges d'Amboise. Le château et le domaine de Chaumont restèrent à peine trente-quatre ans dans cette famille; ils furent vendus à Jean Largentier, traitant riche et fastueux, qui eut le sort de tant d'autres parvenus enrichis dans la manutention des finances de l'État. Chaumont, en vertu du retrait lignager, fut retiré de la possession de ce traitant par Scipion Sardini, autre aventurier, venu d'Italie à la suite de Catherine de Médicis, mari d'Isabelle de la Tour, demoiselle de Limeuil.

Plus tard Chaumont échut par alliance aux seigneurs de Ruffignac en Périgord. Le duc de Beauvillier l'acheta en 1699. Tout le monde connaît le noble caractère du duc de Beauvillier, qui fut gouverneur du duc de Bourgogne, partageant avec Fénelon l'honneur de cette éducation si justement célèbre. De son mariage avec la fille de Colbert, il eut huit filles, dont sept se firent religieuses. La huitième épousa Louis de Rochechouart, duc de Mortemart, prince de Tonnay-Charente, auquel elle porta le domaine princier de Chaumont. Enfin le château fut de nouveau mis en vente. Il devint successivement la propriété de Nicolas Bertin de Vaugyen, en 1740; de M. Leray, en 1750; de M. d'Etchegoyen, en 1829; de M. le comte d'Aramon, en 1834; de M. le vicomte Walsh, qui épousa la veuve de M. le comte d'Aramon, mort en 1847.

En 1810, le château de Catherine de Médicis, des

cardinaux d'Amboise et de tant d'illustres représentants de la *race de Mars*, des turbulents chevaliers du moyen âge, de Gilduin le Danois, après quelques années d'un silence trop long pour l'histoire, servit de résidence à une femme spirituelle, dont le génie exerça une espèce d'entraînement, l'auteur de *Corinne*, Mme de Staël, la fille du fameux ministre Necker. Dès 1801, elle avait été exilée à cent soixante kilomètres de Paris. En 1807, cet exil fut renouvelé. Ces actes de sévérité avaient été occasionnés par des écrits politiques, où l'auteur attaquait violemment le chef du gouvernement. La remarque en a été faite avant nous : Mme de Staël, engouée des doctrines révolutionnaires, et même, il faut le dire, des plus dangereux sophismes de la révolution, se montra hostile au nouvel empire, non par amour d'un autre ordre de choses, mais par rancune contre Napoléon, qui l'avait dédaignée. Elle manifesta d'abord un vif enthousiasme pour le jeune vainqueur d'Italie. Comptant sur la souplesse de son esprit et le charme éblouissant de sa conversation, elle se hasarda un jour à tracer devant lui un plan d'administration et à lui adresser directement des leçons sur le gouvernement d'un grand peuple. « Madame, lui dit Napoléon, a-t-elle nourri ses enfants? » Cette interruption lui causa une mortification profonde. Depuis ce jour, elle lui témoigna autant de haine qu'elle était disposée, dit-on, à lui montrer d'affectueux dévouement. Son rôle d'Égérie avait eu à peine la durée d'un rêve. Les vues politiques de Mme de Staël, on est forcé maintenant d'en convenir, étaient loin d'avoir la portée que leur attribuaient les gens de parti qui se servaient de son talent d'écrivain. « Je ne crois pas, dit un auteur célèbre, qu'il y eût en Europe un écrivain moins appelé à écrire sur la politique; et Mme de Staël a fait la même méprise qu'avait faite M. Necker en gouvernant. M. Necker était un homme d'affaires et un littérateur, et il se crut un homme d'État. Mme de Staël s'est tout à fait trompée lorsqu'elle a voulu traiter de la constitution de la société; sa doctrine politique est toute en illusions, sa doctrine religieuse en préventions ou en préjugés, et sa doctrine littéraire en paradoxes[1]. »

Nul doute que Mme de Staël n'ait écrit quelques-unes de ses meilleures pages à Chaumont, en présence de cette nature calme et souriante. Elle quitta cette délicieuse retraite à l'arrivée de M. Leray, revenant d'Amérique, où il avait essayé vainement de réaliser ses plans de colonisation. Cette femme célèbre mourut à Paris, en 1817.

En dehors des souvenirs, le château de Chaumont séduit toujours, par sa position pittoresque et le style de l'architecture, le touriste, le peintre et le littérateur. L'imagination y trouve un des rares édifices qui captivent le regard, appellent l'attention et font naître la

[1] M. de Bonald.

rêverie. La vue en est ravissante de la rive droite de la Loire. Le coteau, que domine le monument, et qui lui a donné son nom, est brûlant et escarpé. On peut le gravir au moyen d'un escalier creusé dans le roc, en faisant une station sur une petite plate-forme qui sert d'emplacement à l'église du village. L'aspect extérieur du manoir, quand on est au pied des murs, rappelle encore la sévérité d'une forteresse; l'architecture cependant, quoique vigoureuse, n'est pas dépourvue d'élégance. Les bâtiments qui environnent la cour d'honneur portent tous les caractères de l'architecture française qui précéda immédiatement la renaissance. Un corps de logis, flanqué de deux tours qui commandaient la Loire, a été démoli il y a un siècle environ : il est remplacé par une esplanade, d'où la vue embrasse un immense et magnifique panorama.

RÉSIDENCES ROYALES ET IMPÉRIALES

XXX

BLOIS

Avant d'appartenir au domaine royal, le château de Blois fut d'abord une forteresse féodale. Peut-être y doit-on reconnaître l'emplacement d'un camp romain. Plusieurs voies romaines y aboutissaient, et les conquérants de la Gaule, soit pour assurer leur domination, soit pour exploiter les territoires soumis, ne négligèrent jamais l'entretien des grands chemins militaires. Ces belles routes, dont nous admirons encore des fragments bien conservés dans les cantons les plus écartés de nos provinces, furent longtemps foulées par les légions romaines. Il vint un moment pourtant où les aigles, effarouchées par l'approche des barbares, reprirent leur vol vers les Alpes. Les chaussées solides des vainqueurs servirent à la marche impétueuse de nouveaux vainqueurs. Sur les hauteurs qui dominent la ville actuelle de Blois, les immenses plaines de la Sologne et la vallée de la Loire, on vit apparaître les phalanges serrées des Francs. C'en était fait du gouvernement des Césars dans les Gaules; un nouvel ordre de choses était inauguré pour notre pays. Les Mérovingiens s'établirent dans la citadelle romaine : des sous d'or de cette époque reculée, frappés au château de Blois, prouvent assez leur présence.

Dès la fin du vi^e siècle, le Blésois eut ses gouverneurs, représentant directement l'autorité royale. Mais nous sommes à la veille de voir les bénéfices concédés par le prince, et révocables à sa volonté, devenir héréditaires et presque indépendants. La féodalité s'organise partout solidement : toute la France se couvre de forteresses; la force crée une nouvelle hiérarchie. La nation est déchirée en mille pièces; les habitants ont mille maîtres qui se disputent le pouvoir. Au milieu de ces conflits, dont l'histoire peut seulement tracer un tableau d'ensemble, dans son impuissance à en retracer les scènes multipliées, le château de Blois, comme tant d'autres des bords de la Loire et du centre de la France, fit partie des immenses possessions de Robert le Fort, *le Fléau des Normands,* dont la postérité mérita de s'asseoir sur le trône de France.

Au xe siècle, Thibault le Tricheur, devenu maître de Blois et d'autres domaines importants, joua un grand rôle dans nos contrées. On peut le regarder comme un des types les plus accomplis des hauts barons de ce temps. Brave, entreprenant, avide, querelleur et pillard, sa vie entière se passa en marches, contre-marches, surprises et batailles. A l'exception de sa *tricherie*, qu'on qualifierait aujourd'hui du nom plus noble de *politique*, l'histoire nous le montre uniquement sous des traits avantageux. Si le métier des armes absorba tous ses moments, c'est que les seigneurs alors ne connaissaient guère d'autres occupations. La vieillesse et les différentes traverses qu'il éprouva finirent par le dégoûter du monde et des intrigues. Il se retira à Tours, où il s'occupa d'œuvres de bienfaisance et de dévotion. Il y mourut en 978, et son corps fut enseveli dans la basilique de Saint-Martin.

Nous n'avons point ici à raconter la vie des seigneurs féodaux de la maison de Champagne et de la maison de Châtillon, qui parurent successivement à Blois. Faisons exception en faveur du comte Guy de Châtillon, prince ami des lettres; il eut pour chapelain l'illustre Jean Froissart, qui, à sa sollicitation, écrivit la Chronique si connue du monde savant. Froissart était poëte et historien. Après une jeunesse orageuse, il régla sa vie, et partagea son temps entre les exercices de piété et les occupations littéraires. Ses écrits, justement estimés, ont été imprimés plusieurs fois. On y trouve les détails les plus curieux sur les événements contemporains de l'auteur. « A toutes ces choses, dit-il, dont je parle, je fu present. » Il faut convenir cependant que ses *Pastourelles* sont peu dignes de la gravité d'un ecclésiastique. Peut-être furent-elles composées durant la jeunesse de l'auteur. En tout cas, elles donnent mauvaise idée des mœurs du temps.

Le château de Blois n'acquiert toute son importance qu'en devenant l'apanage des princes de la famille royale. Dès lors les événements qui s'y accomplissent n'ont plus un simple intérêt local : ils appartiennent à l'histoire générale. A la fin du xive siècle, le comté de Blois passa entre les mains de Louis d'Orléans, frère du roi Charles VI : il eut ce beau domaine à la mort de Guy de Châtillon, auquel il l'avait acheté, en le payant au moyen de la riche dot apportée par Valentine de Milan, sa femme. Le comte de Blois s'en était réservé la jouissance durant sa vie, et, au moment de la vente, il reçut comptant deux cent mille couronnes d'or, qui équivaudraient à deux millions quatre cent mille francs de notre monnaie [1].

Louis d'Orléans mena une vie fort agitée, disputant sans cesse le pouvoir à Philippe le Hardi et à Jean Sans-Peur, ducs de Bourgogne, funeste rivalité qui causa la plus grande partie des maux qui désolèrent le royaume durant le règne de l'infortuné Charles VI. Après l'assassinat commis en 1407, et qui souleva l'indignation générale, la veuve de Louis d'Orléans, Valentine de

---

[1] De la Saussaye, *Le Château de Blois*, p. 77, en note.

Milan, impuissante à obtenir la punition des meurtriers de son mari, se retira au château de Blois, pour y mettre en sûreté sa personne et celle de ses enfants. Telle était alors la division qui régnait en France, que la justice n'était plus, pour ainsi dire, qu'un vain mot; l'audace et la violence semblaient maîtresses souveraines. La douleur et le chagrin de ne pouvoir obtenir justice empoisonnèrent les derniers jours de Valentine de Milan. Cette princesse, un an après la mort de son époux, succomba à l'âge de trente-huit ans, objet de l'affection de tous, et de l'estime même de ses ennemis. « Le quatriesme jour de décembre, dit Juvénal des Ursins, mourut de courroux et de deuil la duchesse d'Orléans; c'estoit grand'pitié d'ouyr avant sa mort ses regrets et complainctes. » Charles d'Orléans, son fils, voulut venger la mort de son père. Mais, par une erreur fatale que rien n'excuse, il demanda et accepta le secours des ennemis de la France. Les Anglais se mirent à la solde des deux factions rivales, vendant leurs services au plus offrant, et profitant d'ailleurs de ces luttes intestines pour se rendre maîtres de nos plus riches provinces. En 1415, le duc d'Orléans fut fait prisonnier à la bataille d'Azincourt : il expia par vingt-cinq années de captivité la faute qu'il avait commise en appelant l'étranger sur le sol de la patrie. La France gémit longtemps sous un joug odieux. Non-seulement les étrangers, mais encore ses propres enfants déchiraient son sein par de cruelles et sanglantes blessures. Enfin Dieu eut pitié de notre pays : Jeanne d'Arc parut sur les bords de la Loire; elle passa à Blois en allant délivrer Orléans.

En 1440, Charles d'Orléans revit son château de Blois. Les malheurs dont il avait été la cause, du moins en partie, le témoin et la victime, le dégoûtèrent de la politique. Après une tentative infructueuse sur le Milanais, auquel il avait des droits au nom de Valentine de Milan, sa mère, il ne songea plus qu'à jouir des agréments d'une vie paisible. Ce prince était pieux, lettré et ami des arts. Il réussit à se former une petite cour fréquentée par une foule de beaux esprits, de seigneurs de mérite et d'artistes célèbres. Ce fut, pendant plusieurs années, le rendez-vous de ce qu'il y avait en France d'hommes instruits, bien pensants et bien disants. « Il estoit saige et plein de lettres, par dessus tous ceux de son estat, dit Saint-Gelais; il estoit merveilleusement beau et de belle taille, libéral et honorable sur tous aultres. Et avoit tousjours à son hostel des fils de princes et grands seigneurs qui y estoient nourris; tellement que c'estoit le séjour d'honneur que sa maison. »

Le château de Blois reçut alors plusieurs embellissements, auxquels présida le goût le plus raffiné. « Non content d'aimer la littérature, le prince cultivait la poésie. On lui doit de charmantes pièces de vers, pleines de grâce, de naïveté et de délicatesse. Nous ne saurions résister au plaisir de citer ici une de ces pièces de poésie, d'autant plus, s'il faut en croire M. de la Saussaye, l'historien du château de Blois, qu'elle a été composée probablement à Blois.

>Le tems a laissié son manteau
>De vent, de froidure et de pluye,
>Et s'est vestu de broderye,
>De soleil raiant[1] cler et beau.
>
>Il n'y a beste, ne oiseau,
>Qui en son jargon ne chante ou crye :
>Le tems a laissié son manteau
>De vent, de froidure et de pluye.
>
>Rivière, fontaine et ruisseau
>Portent, en livrée jolie,
>Gouttes d'argent, d'orfévrerie ;
>Chacun s'habille de nouveau,
>Le tems a laissié son manteau
>De vent, de froidure et de pluye.

En 1462, ce prince eut de Marie de Clèves, sa troisième femme, un enfant qui devait un jour monter sur le trône de France sous le nom de Louis XII, et mériter le glorieux surnom de *Père du peuple*. Charles d'Orléans mourut à Amboise le 4 janvier 1465.

Pendant la nuit du 7 avril 1498, des messagers arrivaient précipitamment au château de Blois. Ils accou-

---

[1] Rayonnant.

raient annoncer au duc d'Orléans la mort inopinée de Charles VIII. Le prince reçut avec calme et dignité la nouvelle de l'événement qui le rendait héritier du trône de France. Devenu roi, Louis XII étonna le monde par la sagesse de son administration, par une application constante à réformer les abus, par une série de mesures propres à assurer le bonheur du peuple. Il fut le premier roi qui mit le laboureur à couvert de la rapacité du soldat, et qui fit punir de mort les gens d'armes qui rançonnaient le paysan. Dès l'année 1499, il convoqua au château de Blois une assemblée des notables du royaume pour travailler à la réformation de l'administration générale. Le résultat des délibérations fut la célèbre *Ordonnance de Blois,* rédigée en cent soixante-deux articles, et qui, malgré quelques imperfections, doit être regardée comme un progrès immense, surtout si l'on considère que cette ordonnance touchait à peu près à toutes les branches du gouvernement, et qu'en tout temps il fut difficile d'extirper des abus ayant en leur faveur, pour ainsi dire, la consécration du temps. Ce qui fera l'éternel honneur de Louis XII, c'est qu'il commande de *suivre toujours la loi, malgré les ordres contraires que l'importunité pourroit arracher du monarque.*

Louis XII se plaisait beaucoup à Blois. Nous le voyons constamment y revenir, après ses campagnes d'Italie et ses voyages dans les diverses provinces de son royaume.

il y signa des édits et des traités de paix. Il y reçut des ambassades, et y eut des entrevues avec les princes. En 1501, il y fut atteint d'une grave maladie; et l'on vit clairement en cette circonstance combien il était aimé de la nation. Quand on sut que les jours du roi étaient en danger, la foule se porta dans les églises pour y adresser à Dieu des prières jour et nuit, « afin d'impétrer envers la divine clémence grâce de santé et de convalescence à celuy que l'on avoit si très-grand peur de perdre, comme s'il eust été père d'un chascun. »

Ce fut durant sa convalescence que Louis XII fit achever les travaux qu'il avait ordonné d'exécuter au château de Blois. On ne saurait rien imaginer de plus achevé et de plus élégant. Ce qui en est venu jusqu'à nous, malgré d'affreuses mutilations, excite encore l'admiration des connaisseurs.

Le 9 janvier 1514, la reine Anne de Bretagne rendit le dernier soupir au château de Blois. Louis XII la pleura sincèrement. Pour tromper sa douleur, il ordonna qu'on lui fit des funérailles magnifiques. Après que le convoi funèbre eut quitté Blois, le roi lui-même abandonna son château pour n'y plus revenir. Ayant contracté dans des vues politiques un nouveau mariage avec une princesse anglaise, il tomba bientôt malade, et mourut le 1er janvier 1515, deux ans après avoir perdu la reine Anne; il était âgé de cinquante-trois ans.

François Ier, son successeur, parut souvent à Blois;

mais, d'humeur changeante, sans cesse en mouvement, il fit à peine quelques séjours passagers au château, où mourut en 1524 la reine Claude, à l'âge de vingt-cinq ans. Cette princesse, digne fille de Louis XII, avait les goûts simples et modestes de son père. François Ier l'oublia promptement au milieu du tourbillon dans lequel il ne cessa d'être emporté et comme étourdi pendant la plus grande partie de son règne. Ses préférences, plus tard, furent pour le château de Chambord; Blois fut négligé : le roi ne s'y montra qu'à de rares intervalles et pour peu de temps. Cette résidence avait pourtant conservé tous ses charmes; aussi les rois Henri II et François II, Catherine de Médicis et Henri III manifestèrent-ils leur goût pour un palais où rien ne manquait de ce qui peut être agréable à une cour brillante et nombreuse. La France alors était en proie à des agitations tumultueuses; la cour elle-même, trop fidèle image du pays, était divisée par des factions hostiles. En 1588, Henri III convoqua les états généraux du royaume à Blois, pour porter remède aux maux qui affligeaient la nation. Le prince avait fait semblant de se réconcilier avec le duc de Guise, chef du parti de la Ligue. Tous deux, en signe d'oubli du passé, se présentèrent au même autel; ils y communièrent ensemble. Le roi promit de ne plus songer au passé; le duc jura d'être obéissant et fidèle à l'avenir. Mais dès ce moment la mort du trop puissant duc de Guise était résolue : le poignard allait bientôt le frapper. Pour faire justice d'un sujet dont il avait à se plaindre, qui croirait qu'un roi de France s'abaissa au rôle de conspirateur?

Le 18 décembre 1588, Henri III réunit dans son cabinet quelques seigneurs, dont le dévouement à sa personne lui était connu. Il leur dévoile ses projets, incertain seulement sur les moyens à prendre pour se défaire d'un adversaire si redoutable. Après de longues hésitations, on se décide enfin pour une mesure violente : on aura recours à l'assassinat. Qui sera le bourreau? Le premier auquel on fait des ouvertures à ce sujet s'écrie avec fierté : « Sire, je suis bon serviteur de Votre Majesté; mais que je serve de bourreau et d'assassin, c'est ce qui ne convient ni à un soldat, ni à un gentilhomme. » Il se trouva pourtant quelqu'un pour accepter cette lâche et déshonorante commission. Le 23 décembre, au sortir de la salle du Conseil, le duc de Guise est frappé par derrière; les assassins le renversent, et il va tomber au pied du lit du roi en criant : « Mon Dieu! miséricorde! » Quelques minutes après il rendit le dernier soupir. Le lendemain le cardinal de Guise fut également assassiné. Les corps des deux frères furent brûlés, et leurs cendres jetées dans la Loire. Douze jours après, la reine Catherine de Médicis, dévorée par une fièvre ardente, succombait dans une des salles du château de Blois. Les maux de l'État, loin de s'amoindrir, ne firent que s'aggraver : le désordre était arrivé à son comble. Enfin, par un horrible attentat, le roi lui-même tomba sous le couteau d'un infâme assassin, le 2 août 1589.

Après ces événements tragiques, le château de Blois servit de prison à Marie de Médicis, mère de Louis XIII. Gaston d'Orléans y fut exilé à son tour : ce prince comprit enfin que son influence politique, dont il avait jusque-là tant abusé, était perdue sans retour. Il employa ses loisirs à l'étude des sciences, de l'histoire et des lettres. On lui doit la construction d'un des principaux corps de bâtiment du château. Il mourut, le 2 février 1660, dans de grands sentiments de piété, de résignation et de repentir. Il était âgé de cinquante-deux ans.

En 1668, Louis XIV, revenant de Chambord, donna une fête somptueuse au château de Blois. C'étaient les adieux de la royauté. Depuis cette époque, cette magnifique habitation fut presque abandonnée, jusqu'à ce que la révolution vînt la piller et la mutiler. La statue de Louis XII, le Père du peuple, ne trouva pas grâce devant la multitude égarée. Le château royal semblait destiné à périr lentement. Des dégradations successives devaient en hâter la chute, lorsque enfin, il y a quelques années, on entreprit de le restaurer. Grâce à l'habile direction imprimée aux travaux, il a retrouvé une partie de son élégance première, et les curieux y peuvent admirer l'œuvre gracieuse de la renaissance française, et les constructions nobles, quoique un peu froides, du commencement du xviie siècle.

RÉSIDENCES ROYALES ET IMPÉRIALES.

XXXI

EU

Dans son état actuel, le château d'Eu est de construction moderne. Des souvenirs historiques du moyen âge se rattachent néanmoins au vieux manoir qui l'a précédé, et le nom des comtes d'Eu n'est pas sans honneur dans les annales de la Normandie. La date précise de la fondation de ce château est inconnue : elle remonte probablement à l'époque agitée qui précéda l'arrivée des Normands dans la belle province à laquelle ils ont donné leur nom. Ce fut d'abord une simple forteresse féodale, où tout fut sacrifié aux besoins de la résistance. Les rudes guerriers de ces âges troublés ne songeaient guère à embellir des résidences où chaque jour retentissait le bruit des armes, et dont la sévère beauté, propre à charmer leurs regards, consistait en hautes tourelles, murailles épaisses, courtines faciles à défendre, douves profondes et remplies d'eau, ponts-levis, créneaux, mâchicoulis et meurtrières.

Les comtes héréditaires d'Eu ne paraissent pas remonter plus haut que le commencement du xie siècle. Le premier qui porta certainement ce titre est Guillaume, fils de Richard Sans-Peur, duc de Normandie et petit-fils de Rollon. Quand il descendit dans la tombe, en 996, il laissa ses États à son fils Richard le Bon, dont le règne fut troublé par les prétentions de seigneurs turbulents; le peuple lui-même, au début, se souleva en plusieurs contrées, irrité des excès de pouvoir d'une foule de petits tyrans, maîtres des forteresses et toujours en armes sur le territoire. Jaloux de sa puissance, les princes voisins l'inquiétèrent plus vivement encore. Parmi ces derniers, Richard eut la douleur de compter Guillaume, son frère naturel, qui refusait de lui rendre hommage. Le duc de Normandie triompha de ses ennemis, et sut faire un noble usage de la victoire. Guillaume, fait prisonnier les armes à la main, fut d'abord enfermé à la tour de Rouen; il obtint ensuite sa grâce, et, en signe de généreux pardon, Richard lui donna le comté d'Eu, « et l'ama puis tous jorz comme son frère [1]. » Guillaume ne fut pas ingrat : il resta fidèle à son frère et s'efforça, par une conduite loyale, de réparer le passé.

Robert, comte d'Eu, joua un grand rôle dans la fa-

---

[1] *Chroniques de Saint-Denis.*

meuse expédition de Guillaume le Conquérant en Angleterre. Depuis assez longtemps le comte était initié aux desseins du duc de Normandie. A peine le roi Édouard a-t-il fermé les yeux, que le duc de Normandie appelle à ses côtés le comte Robert, pour s'aider de ses conseils. La délibération alors ne fut pas longue; les projets avaient été mûris depuis plusieurs années. La mort d'Édouard n'avait surpris personne, et son héritage était ouvert. Les préparatifs d'une descente en Angleterre se firent avec une prodigieuse activité. Le comte d'Eu fournit soixante navires pour sa part, et se vit bientôt entouré de vaillants chevaliers et de nombreux hommes d'armes. A la bataille d'Hastings, où fut décidé le sort de l'Angleterre, Robert commandait l'aile droite. En récompense de sa bravoure et de son habileté, il eut le château d'Hastings et des domaines de grande valeur dans les comtés de Sussex et de Kent. Pendant quelques années, la position des Normands resta difficile sur le sol de la conquête : ils eurent à lutter contre des obstacles de plus d'un genre. Le comte d'Eu ne déposa pas les armes; il déploya une activité et une vigueur dignes de son dévouement à la cause qu'il avait embrassée. En 1069, il repoussa Suénon, roi de Danemark, venu au secours des Anglais mécontents. Telle était son impétuosité dans le combat, que personne ne pouvait lui résister. Maltraités et rejetés en désordre sur leurs légers navires, après avoir subi des pertes considérables, les Danois durent garder bon souvenir de l'ardeur belliqueuse du comte Robert. En 1080, ce brave guerrier mourut, et fut enseveli dans l'abbaye du Tréport, fondée par son père, où reposaient déjà les restes mortels de Béatrix, sa femme.

Guillaume, son fils et son successeur, n'hérita ni de la droiture ni des autres belles qualités de son père. C'était un esprit inquiet et un cœur pusillanime. Il se laissa aller à la débauche ; bientôt après, dominé par ses mauvaises passions et entraîné par des compagnons mal inspirés, il se jeta dans les entreprises aventureuses et les conspirations. Cette vie folle et dissipée le conduisit à une fin ignominieuse. On a dit pour l'excuser, ce qui pourtant n'est pas une excuse, que ses fautes furent plutôt l'effet de la faiblesse de son caractère que de la méchanceté de son âme. Quoi qu'il en soit, honteusement mutilé, les yeux crevés, dépouillé de ses dignités, condamné à l'opprobre, pauvre et abandonné de tous, il s'éteignit obscurément. Dans sa première jeunesse, il avait reçu les leçons d'un homme distingué, Sterling, Anglais d'origine, guerrier expérimenté, qui renonça au monde et prit l'habit monastique au Tréport [1].

Aucun événement digne de fixer l'attention ne se passe à Eu, jusqu'aux guerres des Anglais, au xive siècle.

---

[1] Désiré Le Beuf, *La Ville d'Eu*, p. 44.

Les côtes de Normandie furent souvent témoins de luttes acharnées; mais, il faut en convenir, les plus cruels fléaux, suite ordinaire de ces discordes sanglantes, sévirent dans les provinces centrales de notre pays. Le comté d'Eu était alors possédé par l'illustre maison de Brienne, qui produisit plusieurs grands officiers de la couronne, et se distingua sur les champs de bataille de l'Orient et de la France. Raoul de Brienne cependant fut soupçonné, en 1346, en remettant son épée à Geoffroy d'Harcourt, après le siége malheureux de Caen, d'avoir été d'intelligence avec l'ennemi : on l'accusa même de trahison. Revenu à Paris en 1350, à la suite de quatre années de captivité en Angleterre, il fut arrêté en son hôtel de Nesle, interrogé, jugé et décapité à huis clos[1]. Un plus grand malheur, un siècle environ plus tard, atteignit la ville et le pays d'Eu. En 1475, Louis XI fit passer par là sa justice terrible et expéditive. Ayant appris, sur des rapports dont la vérité ne fut pas peut-être suffisamment constatée, que Jean de Bourgogne, comte d'Eu, avait promis de livrer son château à Édouard IV, roi d'Angleterre, il ordonna la destruction complète de cette place. Les ordres du monarque furent exécutés avec une fidélité inexorable. Louis XI entendait être obéi ; ce qui avait été épargné par l'incendie fut renversé. « Le mardi, appelé *le mardi piteux,* d'après un document

---

[1] Désiré Le Beuf, *La Ville d'Eu*, p. 150 et 151.

historique contemporain, dix-huictiesme jour de juillet, an mille quatre cent soixante et quinze, environ neuf heures du matin, fut la ville de Eu et chastel ars et bruslés par les gens de guerre, par le commandement et ordonnance du roi, la ville tenant son party. Et furent les commissaires à bouter le feu le seigneur de Burquebet, comte Rouhaut de Gamaches, mareschal de France, maistre Jehan du Bellay et François de la Sauvagère, et avoient cinq cents hommes. »

Cinq ans après ce désastre, en 1480, un modeste manoir s'éleva sur les ruines du vieux castel. Un siècle entier s'écoulera avant la construction d'un vaste et somptueux château. Cette œuvre s'exécuta de 1581 à 1583, après le mariage de Catherine de Clèves, comtesse d'Eu, avec Henri de Guise, le Balafré. L'entreprise ne fut pas achevée. Le duc de Guise passa quelque temps au château d'Eu; mais ses pensées étaient absorbées par des préoccupations bien plus importantes. Ce prince fut l'âme et le bras de la Ligue. « Sa bonne mine, dit un historien moderne, son air noble, ses manières engageantes lui conciliaient tous les cœurs. Idole du peuple et des soldats, il voulut jouir des avantages que le suffrage public lui promettait. Il se mit à la tête d'une armée pour défendre la foi catholique contre les protestants. » Bientôt, grâce à son influence toujours croissante, il fut en état de dicter des lois au faible Henri III. Il en profita pour assurer à son parti des avantages qui devaient causer sa perte. Forcé de quitter Paris après la *journée des Barricades*, le roi se retira au château de Blois, où il convoqua les états généraux, sous couleur de porter remède aux maux de l'État. Les affaires publiques, il est vrai, étaient dans le plus grand désordre. Mais l'idée d'un crime, dès l'origine, au témoignage des plus graves auteurs, avait présidé à la convocation de cette assemblée. Henri de Guise se rendit à Blois, et, malgré les avertissements qui ne lui furent pas ménagés, il y resta, jusqu'à ce qu'il tombât sous le fer des assassins. Le cardinal de Guise fut tué, comme son frère. Ces attentats épouvantèrent même ceux qui en furent les auteurs ou les complices. On ne joue pas impunément avec les armes empoisonnées du mensonge et de la duplicité : Henri III lui-même succombera un jour sous le poignard d'un infâme régicide!

Charles de Lorraine, duc de Guise et fils du précédent, hérita du comté d'Eu; mais il ne visita jamais son château ni sa ville d'Eu. Arrêté à Blois le jour du meurtre de son père, il fut transféré à Tours et renfermé dans une des tourelles du château. Il réussit à s'en échapper en 1591, et, aujourd'hui encore, la *tour de Guise* rappelle sa captivité en même temps que son heureuse délivrance.

Le 26 juin 1641, le roi Louis XIII, se rendant à Dieppe, s'arrêta au château d'Eu. Le 31 juillet 1647, Louis XIV y séjourna avec toute sa cour. Mlle de Montpensier, qui était dans la compagnie du roi, en parle longuement dans ses Mémoires. Cette princesse allait bientôt posséder le comté d'Eu. En effet, Henri de Lorraine, deuxième du nom, petit-fils du Balafré, après une vie remplie d'aventures, vint passer quelques jours à Eu pour opérer la cession de ce domaine à son frère, le duc de Joyeuse. Celui-ci eut pour héritier son fils Joseph-Louis de Lorraine, duc de Joyeuse-Angoulême, prince de Joinville, comte d'Eu et de Ponthieu, sur qui le comté d'Eu fut saisi et vendu par décret, en 1660. Anne-Marie-Louise d'Orléans en fit l'acquisition, et vint en prendre possession en personne, le 24 août 1661. Nous avons eu l'occasion de dire quelques mots de cette princesse en parlant du palais du Luxembourg. Née en 1627, après une vie consumée dans les intrigues et les chagrins, elle mourut le 5 mars 1693. Elle avait espéré porter une couronne; elle se résigna, âgée de quarante-trois ans, à épouser secrètement le comte de Lauzun. C'était un gentilhomme gascon, plus remarquable par sa jactance que par son habileté, comme la suite le fit voir. Il s'attira le mépris de tous et même de sa bienfaitrice, qui, dans le dessein de lui faire ouvrir les portes de la prison de Pignerol, où il passa dix ans sous les verrous, céda au duc du Maine la souveraineté de Dombes et le comté d'Eu. *Mademoiselle* avait pris en affection particulière son château d'Eu, où elle fit exécuter des travaux considérables. On lui doit la création des jardins, des embellissements intérieurs, et même des constructions importantes. Elle avait réussi à s'y former une petite cour; lassée, plus peut-être que dégoûtée des agitations stériles qui troublèrent son existence, elle songeait à y passer la fin de sa vie dans le calme de la retraite. Le perfide et volage Lauzun y noua des intrigues de bas étage, qui achevèrent de le ruiner dans l'esprit d'une princesse trop indulgente à son égard. Les dernières années, du moins, passées à Eu par Mademoiselle, furent signalées par des actes de bienfaisance et par de pieuses fondations, dont quelques-unes ont subsisté jusqu'à nos jours. En vertu de son testament, elle laisse à Philippe d'Orléans, frère de Louis XIV, tout ce qui n'était pas compris dans les dons faits au duc du Maine. On prétend que ses *Mémoires* furent rédigés au château d'Eu [1]. C'est un recueil d'anecdotes assez bien racontées, où la princesse se met constamment en scène; au milieu de mille détails sans intérêt, on y trouve quelques traits historiques dignes d'être conservés. Cette princesse aimait les arts; elle avait réuni quantité d'excellents tableaux, dont quelques-uns ont été conservés dans les appartements où elle-même les avait placés.

Le duc du Maine était âgé de vingt-trois ans lorsque

---

[1] L'édition la plus complète fut publiée à Amsterdam (Paris), 1735, en huit volumes in-12.

mourut Mlle de Montpensier. Sur-le-champ il prit possession du château d'Eu, et reçut les hommages des habitants de la ville et du comté, qui lui envoyèrent une députation. Jamais cependant ce prince n'habita le château, quoique le roi eût confirmé, en sa faveur, le titre de pairie au comté d'Eu. L'histoire nous représente le duc du Maine comme un homme d'un caractère doux, d'un esprit calme et modéré, d'habitudes régulières : il mourut, en 1736, dans de vifs sentiments de religion. La princesse son épouse, petite-fille du grand Condé, avait de l'ambition pour lui. Elle avait réussi, durant les dernières années de Louis XIV, à obtenir des priviléges, qui furent abolis à la mort du roi. Entraînée par le premier dépit, elle suscita des troubles en Bretagne et mit dans ses intérêts le prince de Cellamare, ambassadeur d'Espagne. Alors fut ourdie la conspiration connue sous ce nom, et qui avait pour but d'enlever la régence au duc d'Orléans. La duchesse du Maine fut exilée à Dijon, le prince son mari fut envoyé à la citadelle de Doullens, et leurs enfants, le prince de Dombes et le comte d'Eu, furent confinés au château d'Eu. Cette espèce de détention dura deux ans, de 1718 à 1720. En 1726, les jeunes princes y reparurent en compagnie de leur mère et y passèrent plusieurs semaines. Depuis cette époque jusqu'en 1776, c'est-à-dire pendant un demi-siècle, cette belle résidence ne fut pas visitée par ses propriétaires. La duchesse du Maine ne s'éloigna plus de Sceaux, dont elle fit un séjour charmant et le rendez-vous des sciences et des arts; elle y mourut en 1753, à l'âge de soixante-seize ans. Ses fils, Louis-Auguste de Bourbon, prince de Dombes, mourut en 1775, à cinquante-cinq ans, et Louis-Charles de Bourbon, comte d'Eu, était mort en 1755, l'un et l'autre sans alliance.

Le duc de Penthièvre, fils du comte de Toulouse, hérita du domaine d'Eu, et prit possession du château en 1776. Jusqu'en 1791, il ne manqua pas chaque année de faire une apparition et quelquefois un séjour prolongé dans cette résidence, où il consacra, comme partout ailleurs, ses loisirs à faire du bien. Dernier survivant et dernier héritier des enfants légitimés de Louis XIV, Louis-Jean-Marie de Bourbon, duc de Penthièvre, naquit à Rambouillet le 16 novembre 1725. Sa sagesse, son instruction, sa bravoure, son application aux affaires égalèrent ses autres bonnes qualités. Il était religieux et charitable. En tous lieux, on bénissait sa bienfaisance et sa générosité. La mort prématurée de son fils, le duc de Lamballe, le plongea dans une profonde mélancolie. La duchesse de Lamballe, sa belle-fille, était réservée à une mort affreuse, dont personne n'ignore les détails. Veuve à dix-neuf ans, Marie-Thérèse-Louise de Savoie-Carignan, duchesse de Lamballe, s'attacha à la reine Marie-Antoinette, et tomba sous les coups des assassins le 3 septembre 1792.

Les premiers mouvements de la révolution jetèrent le duc de Penthièvre dans une douleur inconsolable : il jugea du premier coup d'œil la profondeur de l'abîme où la France allait être précipitée. Pendant sa vie entière, il n'avait usé de son immense fortune qu'au profit des malheureux : la reconnaissance publique lui servit de rempart au moment où la naissance et la richesse étaient une cause de proscription et de mort. Il avait quitté son château d'Eu pour se retirer près de Vernon, avec sa fille, la duchesse d'Orléans. Les populations du voisinage rendirent hommage à ses vertus. Mais la tempête sévissait alors avec fureur. La fin tragique de sa belle-fille, la duchesse de Lamballe, avait altéré sa santé ; la mort de Louis XVI lui porta un coup funeste, dont il ne se releva pas. Le 4 mars 1793, il rendit le dernier soupir à Vernon, et fut enseveli à Dreux. Quelques mois après, sa fille fut dépouillée de ses biens : son époux Louis-Philippe-Joseph duc d'Orléans, qui avait tout sacrifié à la révolution, avait été condamné à monter sur l'échafaud le 6 novembre 1793. Cette princesse, après avoir mené une vie errante en Europe pendant les troubles de la révolution, rentra en France en 1814, et Louis XVIII lui rendit ses propriétés non aliénées ; elle mourut le 23 juin 1821, âgée de soixante-huit ans, et son corps fut enseveli à Dreux. Elle avait hérité de son père une piété douce et éclairée. Peu de personnes nées dans un rang si élevé ont reçu plus d'hommages :

on respectait en elle toutes les vertus réunies. Les larmes versées par les pauvres dont elle soulageait la misère furent le plus bel ornement de son convoi funèbre.

Peu de jours après la mort de sa mère, le duc d'Orléans, depuis le roi Louis-Philippe, visita le château d'Eu et y entreprit des travaux importants. Le manoir retrouva son ancien éclat; on peut même dire qu'il n'avait jamais été plus resplendissant aux meilleures époques du passé. Louis-Philippe avait une affection marquée pour ce domaine, qui lui rappelait le souvenir de sa vertueuse mère. La cour y fit de fréquentes apparitions; mais la fête la plus splendide y fut donnée à l'occasion de la visite que la reine Victoria vint rendre au roi des Français. Quel heureux avenir semblait alors sourire à la brillante famille du roi Louis-Philippe et de la reine Marie-Amélie! Quelques années plus tard un nouvel orage remue notre pays, et le prince découronné en 1848 descend exilé sur les côtes d'Angleterre, demandant un asile à cette jeune reine qu'il recevait naguère au milieu des fêtes les plus pompeuses!

LA MALMAISON (Adieux de Napoléon Ier et de la reine Hortense).

XXXII

LA MALMAISON

S'il faut ajouter foi à des traditions qui ressemblent beaucoup à des contes populaires, un soldat normand, de cette forte race d'aventuriers qui pillèrent et rançonnèrent la France, fixa sa demeure sur une des collines qui dominent le cours paisible de la Seine, entouré de quelques compagnons d'armes. Son manoir, pour dire la vérité, n'était qu'un repaire de voleurs. De là chaque jour il s'élançait, à la tête de ses rudes hommes du Nord, sur les passants et sur les habitations du voisinage, tuant, volant, dépouillant sans merci. Il n'y avait plus de sécurité pour les voyageurs ni pour les cultivateurs : les marchandises, comme les récoltes et les animaux domestiques, étaient de bonne prise. Les déprédateurs ne respectaient rien; les hommes couraient risque de la vie, et les femmes étaient maltraitées. Ce logis devint bientôt l'objet d'une terreur superstitieuse :

on ne le désigna que sous le nom de *male maison* (*mala domus*), la Malmaison.

Cette historiette paraît avoir été inventée par les chercheurs d'étymologie. Quoi qu'il en soit, le domaine de Malmaison fut donné, en 846, à l'abbaye de Saint-Denis, par le roi Charles le Chauve. Comme quantité de donations royales, celle-ci, au milieu du ixe siècle, n'avait pas grande valeur. C'était une terre en friche, peuplée de rares colons, attendant le bras de l'homme pour se couvrir de moissons et montrer sa fertilité naturelle. Les moines, ici comme ailleurs, soumis à la pénible mais salutaire loi du travail, protégés par les immunités ecclésiastiques, qui leur permettaient de profiter des fruits de leur labeur, se mirent à l'œuvre, remuèrent le sol, arrachèrent, plantèrent, arrosèrent, et réussirent à la fin à transformer une mauvaise ferme en un excellent domaine. La dénomination première subsista toujours, comme un témoignage permanent de ce que peuvent la patience et la persévérance humaines. Telle est d'ailleurs l'origine de la plupart des propriétés monastiques : des terrains stériles fécondés par les sueurs d'humbles travailleurs. Les monastères n'existent plus à présent; les moines ne peuvent plus exciter l'envie : il n'y a plus de prétexte à l'injustice ni à la calomnie.

La Malmaison resta aux mains des moines de Saint-Denis durant neuf siècles et demi. L'histoire est muette, ou plutôt elle n'existe pas pendant ce long espace de temps, pour ce modeste domaine de l'opulente abbaye. En 1792, la révolution proscrivit les moines, et déclara biens nationaux les propriétés qu'ils possédaient. La Malmaison fut vendue alors à M. Lecoulteux de Molay. A cette date se rattache pour cette résidence, qui s'embellit promptement, un souvenir intéressant dans l'histoire des lettres françaises. Delille y trouva un asile, et y corrigea son poëme des *Jardins*, déjà publié depuis quelque temps. Une critique amère et jalouse avait, dès son apparition, vivement attaqué cette charmante composition poétique. Le *Dialogue du chou et du navet*, sous une forme mordante, avait révélé à l'auteur les défauts de son œuvre. Delille ne s'offensait pas des reproches qu'il croyait mérités : il en profitait pour corriger et améliorer ses ouvrages. Tandis qu'il s'occupait, dans la retraite et le silence, à polir des vers, il fut dénoncé, arrêté et traduit devant le comité révolutionnaire. Il allait être condamné, lorsqu'un maçon, membre du terrible aréopage, s'écria : « qu'il ne fallait pas tuer tous les poëtes, et qu'on devait au moins en conserver quelques-uns pour chanter nos victoires. » Cette observation par bonheur fut goûtée, et le poëte remis en liberté.

Peu de temps après, la Malmaison changea de propriétaire : elle fut achetée par Mme de Beauharnais, Joséphine Tascher de la Pagerie. Cette femme, dont la mémoire restera célèbre à jamais, naquit à la Martinique, le 24 juin 1763. Amenée de bonne heure à Paris, elle y épousa le vicomte de Beauharnais, gentilhomme doué des plus brillantes qualités. Eugène et Hortense furent les fruits de cette union. Bientôt la révolution, par suite d'accusations mensongères, conduisit à l'échafaud le vicomte de Beauharnais, et Joséphine elle-même était condamnée à périr de la main du bourreau, lorsqu'elle fut délivrée au moment où tout espoir semblait perdu.

On venait de désarmer les sections de Paris, après les événements de vendémiaire an IV (octobre 1795); un jeune homme de quatorze ans se présente devant le général Bonaparte, dans une attitude grave, réclamant l'épée de son père : c'était Eugène Beauharnais. Frappé de cette démarche qui révèle un noble sentiment filial, le général ordonne que l'épée soit rendue sur-le-champ. Mme de Beauharnais vint avec son fils remercier le jeune général, qui dès lors lui témoigna un attachement très-vif, et l'épousa en 1796. Onze jours à peine s'étaient écoulés depuis le mariage, et Bonaparte reçut du Directoire l'ordre d'aller prendre le commandement de l'armée d'Italie. Il avait vingt-six ans au début de cette immortelle campagne, où nos soldats marchèrent de victoire en victoire.

Joséphine avait accompagné son mari en Italie; elle dut rester à Paris pendant l'expédition d'Égypte. Ses salons devinrent alors le rendez-vous de tous les hommes marquants de l'époque. Ne pouvant partager les fatigues et les dangers de la guerre, elle s'efforçait de gagner à son mari l'estime et de lui concilier l'affection de tous les partis. Sa conduite prudente et habile ne fut pas inutile pour lui frayer le chemin au pouvoir suprême.

Avant de partir pour l'Égypte, Bonaparte avait témoigné à sa femme le désir de trouver à son retour en France une maison de campagne toute meublée, avec jardin et dépendances. Toujours en quête de ce qui pouvait être agréable à son mari, Joséphine chargea plusieurs personnes de faire des courses dans les environs de Paris. Après quelques hésitations, elle se décida enfin pour la Malmaison, qu'elle acheta de M. Lecoulteux, en 1798.

Après la révolution du 18 brumaire (9 novembre 1799), Bonaparte, qui n'aimait pas à rester au Luxembourg, demeura habituellement à la Malmaison. Chaque soir, dès que les affaires du gouvernement ne le retenaient plus dans le palais des consuls, il montait soit à cheval, soit en voiture, et, accompagné d'un seul aide de camp, il s'acheminait vers la tranquille et jolie villa qu'il préférait à ce qu'il appela plus tard *la cage dorée des Tuileries*.

Les questions les plus importantes de la politique furent débattues à la Malmaison, les résolutions les plus graves y furent arrêtées. Que de fois on y vit réunis les compagnons d'armes du grand capitaine! Que de projets y furent conçus! Que de rêves y furent caressés, qui s'évanouirent en fumée! Une petite cour s'y était formée de bonne heure, et Bonaparte consul voulait qu'on ne s'y ennuyât pas : l'ennui est la maladie ordinaire des cours, et d'ailleurs le premier consul voilait d'autres soucis derrière des amusements de société. Il fit construire à la Malmaison une petite salle de spectacle, dans laquelle on jouait la comédie au moins une fois par mois. Les acteurs étaient les intimes de la société : ils formaient une troupe assez indisciplinée. C'était : Hortense de Beauharnais; Mlle Auguié, qui devint plus tard la maréchale Ney; Murat, qui venait d'épouser Caroline Bonaparte, sœur du consul; Pauline Bonaparte, cette autre sœur connue plus tard sous le nom de princesse Borghèse; puis Eugène de Beauharnais, Bourrienne, Lucien Bonaparte, etc. Le consul ne jouait jamais; mais avec Joséphine, ses frères Joseph et Louis, et les personnes qui avaient dîné ce jour-là à la Malmaison, il formait le centre du parterre, parterre rigide, et dont les remarques souvent piquantes, et formulées à haute voix, ne laissaient pas que d'ajouter au comique de la scène. Acteurs et spectateurs s'amusaient beaucoup. Hélas! ce joyeux temps fut court, et bien des larmes furent plus tard versées à la Malmaison.

Après tant de victoires qui avaient réjoui le cœur de l'impératrice Joséphine, l'heure de la tristesse sonna. L'archiduchesse Marie-Louise, après un divorce qui causa autant de peine que de surprise, allait s'asseoir sur le trône impérial. Les circonstances qui accompagnèrent le divorce furent lugubres. Au moment où il s'accomplissait, une tempête affreuse se déchaîna sur Paris : d'effroyables coups de vent portèrent l'épouvante dans tous les esprits[1]. « C'était le 16 décembre 1809. Déjà toute la famille impériale, ainsi que les grands dignitaires de la couronne, se trouvaient réunis aux Tuileries, dans la galerie de Diane, qui avait été disposée à cet effet. Napoléon s'assit sur le fauteuil qui lui avait été préparé à droite de l'archichancelier. Il était immobile comme une statue, et tenait constamment les yeux fixés sur la porte des appartements intérieurs. Tout à coup les deux battants sont ouverts à la fois; deux pages se rangent chacun d'un côté, et un huissier annonce à haute voix :

« Sa Majesté l'impératrice et reine! »

« A ces mots, il se fit dans la salle un mouvement bientôt suivi du plus profond silence. Tous les regards se dirigèrent du même côté. Joséphine parut. L'empereur se leva. Elle était vêtue d'une robe de mousseline unie; un peigne d'écaille blonde avait pris, cette fois, la place de la petite couronne dentelée qui, dans les cérémonies d'apparat, encadrait ordinairement le chi-

---

[1] Nous empruntons ce récit à des Mémoires contemporains. Voyez *Anecdotes du temps de Napoléon I*er, p. 139.

gnon de ses cheveux d'un noir d'ébène; toute sa toilette était remarquable de simplicité. Elle ne portait pas un seul bijou; seulement un petit médaillon de forme ovale, passé dans un cordonnet de soie noire, était suspendu à son cou; c'était le portrait de Napoléon, lorsqu'il n'était encore que général en chef de l'armée d'Italie. Elle s'avança lentement, appuyée sur le bras de la reine de Hollande[1], aussi pâle que sa mère. Eugène, debout à côté de l'empereur, et le regard fixe, semblait éprouver un tremblement violent.

« Joséphine était venue s'asseoir devant une table recouverte de velours vert à crépines d'or, placée un peu en avant et à gauche de Cambacérès. Napoléon fit un signe de la main, en regardant autour de lui, comme pour engager les grands dignitaires à se rasseoir.

« Alors le procureur impérial, le comte Regnault de Saint-Jean-d'Angely, donna lecture, d'une voix mal assurée, de l'acte de séparation. Il fut écouté dans un religieux silence. Une vive anxiété était peinte sur tous les visages; Joséphine seule semblait être calme; le bras posé sur la table qui était devant elle, et la tête penchée, on vit de grosses larmes couler lentement sur ses joues. Sa fille, debout derrière elle, un coude appuyé sur le dossier du fauteuil de sa mère, ne cessa de sangloter.

« La lecture de l'acte achevée, Joséphine se leva,

---

[1] La reine Hortense, sa fille, mère de l'empereur Napoléon III.

essuya ses yeux, et d'une voix ferme prononça les courtes paroles d'adhésion qui avaient été formulées à l'avance; puis, ayant pris la plume que Cambacérès lui présentait, elle signa l'acte que le comte Regnault de Saint-Jean-d'Angely avait placé devant elle, et aussitôt, couvrant ses yeux de son mouchoir, elle se retira silencieusement, soutenue par sa fille, et sans même regarder autour d'elle. »

Dans cette douloureuse conjoncture, Joséphine resta digne. On lui conserva le titre d'impératrice. Elle se retira d'abord au château de Navarre, dans le département de l'Eure; mais bientôt après elle choisit la Malmaison pour le lieu de sa retraite. Elle y vécut dans la solitude, demandant des consolations à la littérature et aux arts. Par ses soins les jardins furent plantés des arbres et des fleurs les plus rares qu'elle cherchait à acclimater en France.

Les revers qui signalèrent le déclin de l'empire affectèrent profondément Joséphine; elle voyait avec douleur approcher la crise fatale. Quand Napoléon fut contraint d'abdiquer, elle ne regretta qu'une chose, d'avoir perdu le droit de l'accompagner dans son exil. Les souverains alliés, après leur entrée à Paris, s'empressèrent de lui porter leurs hommages respectueux et de la consoler. Le 26 mai 1814, elle fit encore une promenade avec l'empereur Alexandre. Mais les émotions déchirantes que tant d'événements lui avaient fait éprouver avaient usé ses forces. Une grave maladie, qui ne dura que trois jours, vint mettre un terme à sa vie et à ses souffrances : elle expira le 29 mai 1814, dans la cinquante-unième année de son âge, entourée de ses enfants et de quelques amis fidèles. Sa mort fut un deuil populaire; car le peuple, dont les jugements sont répétés dans la postérité, a conservé le nom de Joséphine comme un type de la générosité gracieuse qui rehausse l'éclat du pouvoir. Sa dépouille mortelle repose dans l'église de Rueil.

Après la funeste journée de Waterloo, Napoléon ne fit, pour ainsi dire, que passer à l'Élysée, et se retira à la Malmaison, qui depuis la mort de Joséphine appartenait à ses enfants Eugène et Hortense. Tout était fini : l'empereur l'avait compris; il avait résolu de passer en Amérique. Heureux s'il n'avait pas commis l'héroïque imprudence de réclamer l'hospitalité d'un ennemi sans générosité! Le 29 juin 1815, toutes les personnes qui devaient suivre Napoléon se trouvaient réunies à la Malmaison : beaucoup d'autres étaient venues, courtisans du malheur, faire leurs adieux. Le grand maréchal Bertrand avait été chargé de surveiller les préparatifs de départ. Enfin, à cinq heures du soir, le général Becker se présenta à la porte du salon du rez-de-chaussée, en disant : « Sire, tout est prêt. » L'empereur venait de revêtir un habit de ville; il se leva brusquement, traversa le vestibule et entra dans le jardin. Son attitude semblait calme : en revanche, les soldats placés sur son passage ne pouvaient retenir leurs larmes. Il embrassa la reine Hortense, sa fille d'adoption, ainsi que tous les officiers de sa garde pressés autour de lui. Tous éclataient en sanglots : lui-même était visiblement ému. Après avoir fait quelques pas, il s'arrêta encore, et recommanda à tous le courage et l'union ; puis, attachant un long regard sur cette demeure qu'il quittait pour jamais, sur ces quelques soldats, humbles et fidèles compagnons qu'il ne devait plus revoir, il leur adressa, de la tête et de la main, un éternel adieu. Il s'enfonça enfin à pas rapides dans une allée du parc où l'attendait sa voiture. Quelques minutes après, il était sur le chemin de Rochefort !

Ainsi les destinées extraordinaires du plus grand capitaine des temps modernes se nouèrent et se dénouèrent à la Malmaison ! En quittant cette demeure pour un suprême et lointain exil, au milieu des brillants souvenirs qui se dressèrent un moment sous ses yeux, Napoléon dut apercevoir la douce figure de Joséphine ; et cette vision ne fut pas le moindre de ses regrets !

Peu de jours après le départ de l'empereur, les Anglais et les Prussiens pillaient et saccageaient la Malmaison.

Sous la restauration, le prince Eugène vendit les domaines que sa mère avait ajoutés au domaine primitif.

Les tableaux précieux et les objets rares furent transportés à Munich. En 1842, la reine Marie-Christine d'Espagne acheta le château et le parc de la Malmaison, qui sont encore sa propriété.

TABLE DES MATIÈRES

Avant-propos. 1
Introduction. 5
    I. Résidence des rois mérovingiens. 9
    II. Palais de la Cité. 21
    III. Palais de la cité (*suite*). 39
    IV. Le Louvre. 59
    V. Le Louvre (*suite*). 75
    VI. Les Tuileries. 87
    VII. Versailles. 103
    VIII. Versailles (*suite*). 117
    IX. Versailles (*suite*). 131
    X. Trianon. 143
    XI. Le Luxembourg. 155
    XII. Palais-Royal. 171
    XIII. Saint-Germain-en-Laye. 187
    XIV. Fontainebleau. 199
    XV. Fontainebleau (*suite*). 211
    XVI. Fontainebleau (*suite*). 225
    XVII. Vincennes. 239
    XVIII. Compiègne. 253

TABLE DES MATIÈRES.

XIX.	Saint-Cloud.	267
XX.	Rambouillet.	287
XXI.	Meudon.	297
XXII.	Chambord.	309
XXIII.	Loches.	323
XXIV.	Chenonceaux.	337
XXV.	Pau.	351
XXVI.	Chinon.	365
XXVII.	Azay-le-Rideau.	381
XXVIII.	Amboise.	391
XXIX.	Chaumont	403
XXX.	Blois.	425
XXXI.	Eu.	437
XXXII.	La Malmaison.	451

TOURS. — IMPR. MAME.

www.ingramcontent.com/pod-product-compliance
Lightning Source LLC
Chambersburg PA
CBHW071612230426
43669CB00012B/1913